Arno Baruzzi

Rechtsphilosophie der Gegenwart

Einbandgestaltung: Peter Lohse, Büttelborn.
Einbandabbildung: Darstellung der Justitia, Görlitz
(Foto von Matthias Hiekel),
© dpa – Report.

Die Deutsche Bibliothek verzeichnet diese Publikation
in der Deutschen Nationalbibliografie;
detaillierte bibliografische Daten sind im Internet über
http://dnb.ddb.de abrufbar.

Das Werk ist in allen seinen Teilen urheberrechtlich geschützt.
Jede Verwertung ist ohne Zustimmung des Verlages unzulässig.
Das gilt insbesondere für Vervielfältigungen,
Übersetzungen, Mikroverfilmungen und die Einspeicherung in
und Verarbeitung durch elektronische Systeme.

© 2006 by WBG (Wissenschaftliche Buchgesellschaft), Darmstadt
Die Herausgabe des Werkes wurde durch
die Vereinsmitglieder der WBG ermöglicht.
Gedruckt auf säurefreiem und alterungsbeständigem Papier
Printed in Germany

Besuchen Sie uns im Internet: www.wbg-darmstadt.de

ISBN-13: 978-3-534-19514-5
ISBN-10: 3-534-19514-0

Inhalt

Einleitung 7

I. Vom Naturrecht zum Gesetzesrecht 11
   1. Gerechtigkeit vs. Verrechtlichung 11
   2. Vom Recht des Stärkeren zum richtigen Recht 15
      a) Das Recht des von Natur Stärkeren 15
      b) Ewiges göttliches Recht 17
      c) Angeborenes Recht *(native right)* 21
      d) Vernunftrecht 23
      e) Politisches Recht *(politikon dikaion)* 25
      f) „Richtiges Recht" 29
   3. Ausblick 31

II. Vertragsrecht 33
   1. Wille, Eigentum und Vertrag 33
      a) Liberalismus 33
      b) Staat, Recht, Verfassung und Vertrag 37
      c) „Das Prinzip der Subjektivität" (Hegel) 42
   2. Pacta sunt servanda 44
   3. Liberalismus: Privatrecht vs. Verfassungsrecht 49
   4. Private und öffentliche Güter 59
      a) Bürger-, Privat-, Vertrags- und Verfassungsrecht 59
      b) Die Güterfrage 62
      c) Rechtsgemeinschaft 67
   5. Mehr-haben-wollen 70
      a) Vertrag und Kapital (Gustav Radbruch) 70
      b) Vertragsfreiheit und Vertragsgerechtigkeit 77
   6. Der Mensch im Vertrag 80
      a) Vertrag und Gesetz 80
      b) „Kontraktgesellschaft" (Max Weber) 84
   7. Vertrag als Prinzip der Machbarkeit 89
   8. Labans und Jaakobs Vertrag (Thomas Mann) 95

III. Menschenrecht 99
  1. Größe und Grenze des Rechts 99
    a) Drei Generationen von Menschenrechten 99
       Freiheit, Recht, Besitz 99 – Freiheit, Gleichheit, Brüderlichkeit 101
    b) Menschenrecht und Menschengesetz 103
    c) Geltungskraft und Verfahren 107
    d) Menschenrecht und Menschengerechtigkeit 111
    e) Verbrechen im Namen der Menschenrechte 119
       Freiheit und Krieg 119 – Globalisierung und Terror 124
  2. Wer ist der Mensch? 129
    a) Was ist? – die Frage des Menschen 129
    b) Menschen sind Ungeheuer 134
    c) Was ist das Ungeheure? 139
  3. Aufenthalt auf Erden 145
    a) Wissenschaft und Demokratie 145
    b) Zwischen Himmel und Erde 149
    c) Überall und nirgendwo 153
    d) Physis 156
    e) Ungeheuer von Natur 159
    f) Im Zwischen 165

Ausblick 169

Nachwort 173

Literaturverzeichnis 175

Register 179

Einleitung

„Denn es scheint eine Gerechtigkeit zu geben für jeden Menschen gegenüber jedem, der fähig ist, an Gesetz und Vertrag teilzunehmen, und so auch eine Freundschaft, sofern er ein Mensch ist."[1]

Die „Bewegung des Kapitals ist ... maßlos" (Karl Marx)[2]. Bedeutet Kapitalismus auch die Maßlosigkeit der Bewegung oder nur, daß hier etwas in Bewegung ist? Das wollen doch alle Worte sagen, die mit *-ismus* enden. Ist im Liberalismus die Freiheit maßlos? Vernunft hat Grenze (Aristoteles)[3]. Wir sprechen vom Rationalismus; hat hier die Vernunft keine Grenze? Wir sind stolz darauf, daß wir rational vorgehen und besonders in der Wissenschaft eine Bewegung der Vernunft haben, also Rationalismus. Solche Vernunftbewegungen haben wir auch in den neuesten Formen, wie wir alle miteinander über alles reden wollen. Man spricht vom Diskurs, einer hin- und herlaufenden Bewegung, bei der jedermann zu Wort kommen kann. Ist die Diskursbewegung eine grenzenlose Vernunftbewegung?

Mit der neuzeitlichen Wortendung *-ismus* blicken wir auf die Bewegung hin. Alles ist in Bewegung. Und die modernen politischen Bewegungen heißen dann Liberalismus, Sozialismus. Diese Mobilisierung des Menschen und der Welt verliert in der grenzenlosen Bewegung ihr Maß. Aber als Mensch in Bewegung, als Mensch *der* Bewegung (Humanismus?), worin offensichtlich das wesentlich Humane sich abspielt, haben wir doch auch die Suche und den Wunsch nach Ruhe. Man spricht von Ruhetagen, wie beim christlichen Sonn- oder Feiertag, aber auch gar Ruhemonaten, wie dem Fastenmonat Ramadan. Bewegung und Ruhe? Jeder weiß, daß diese Ruhetage zu den unruhigsten Tagen werden können, wenn Menschenmassen überall automobil sich bewegen wollen, wohin nun alle

---

[1] Aristoteles: *Nikomachische Ethik*, VIII, 13, 1161 b 6 ff., übers. v. O. Gigon, S. 249.
[2] K. Marx: *Das Kapital*, Buch I (= *MEW* 23), S. 167.
[3] „... denn der Vernünftige handelt immer nach einem Weswegen; dies ist die Grenze *(peras)*; denn der Zweck *[telos]* ist Grenze" (Aristoteles: *Metaphysik*, II, 2, 994 b 15 f., übers. v. H. Bonitz, S. 43).

Länder drängen, wie wir jetzt an China sehen. Und die Feierabende werden vom Medienrummel erfüllt.

Wir haben die Bewegung in vielfältiger Weise. Von der modernen Technik als Bewegungstechnik zu sprechen, klingt pleonastisch. Denken wir hier an das ursprüngliche Wort *technê!* Altgriechisch gesprochen und gedacht kommt die *technê* im Werk *(ergon)* ans Ziel. Aber hören wir ein international in allen Sprachen mehr oder weniger gebrauchtes Wort wie Ökonomie. Hier steckt doch *oikos*, das Haus drin. Nun haben wir heute die Globalisierung in der Ökonomie als die Bewegungsaufgabe von Ökonomie schlechthin. Wohin geht dies? Wie das Wort Globalisierung wohl sagt: überall hin. Wir sind überall? Aber auch nirgendwo? Hier zeichnet sich etwas ab für die Lebenserfahrung des Menschen, der doch als je einzelner an einem Ort lebt und steht, auch wenn er stets mit Auto oder Flugzeug unterwegs sein kann oder will, oder heute mit den Medien sich überall hin bewegen kann und damit auch in eine Maßlosigkeit der Bewegung hinausfährt. Hier erfahren wir etwas, was zu einem „Verhältnisblödsinn" (Jaspers: *Psychopathologie*) der menschlichen Lebensbewegung führt. Wir haben ein Auf und Ab, ein Hin und Zurück in eine Mobilität, in welche der Mensch sich verschlingt.

Die Bewegung des Kapitals ist maßlos, die Bewegung des Menschen ist maßlos. Hängt dies nur mit dem Kapitalismus, dem Liberalismus, dem Rationalismus zusammen? Was geht hier vor? Ist Freiheit gleich Bewegung? Der Mensch schaut neuzeitlich mehr und mehr auf Freiheit, mit der er alles selbst bestimmen will, und hat dafür das Wort Autonomie, dessen ursprünglicher Sinn aber verändert wurde. Zur Freiheit der Selbstbestimmung, Selbstverwirklichung gehört die Selbstgesetzgebung: die Freiheit des Rechtes. Das Recht dient vor allem dazu, den Menschen zum Besitzer auf Erden zu machen. Das Recht auf Besitz ist neuzeitlich zur wichtigsten Freiheit geworden. Diese bringt aber auch Unfreiheit.

Ich möchte überlegen, wie das Recht auf Besitz auch, ja mehr und mehr zu Unrecht führt. Wir haben Recht als Anspruchsrecht, wie es besonders in den Grundrechten sich manifestiert, welche als öffentlich legitimierte Privatrechte ein Höchstmaß von Anspruchsrecht darstellen. Der Rechtsstaat ist hinsichtlich der Menschenrechte als Freiheits- und Bürgerrechte der Adressat, von dem man verlangen kann, daß er die Freiheitsrechte im einzelnen Fall sichert. Der Rechtsstaat ist hier der Freiheits-Rechte-Staat, der aber als Rechtsstaat hinsichtlich des Sozialen und der Natur bislang versagt. Es wird unbewußt oder geflissentlich übersehen, daß die freiheitliche Ordnung nicht nur durch extreme Parteien, sondern auch durch jene Kräfte in Wirtschaft, Technik und Wissenschaft, ja der Gesellschaft überhaupt gefährdet wird, welche exzessiv die Grundrechte als Freiheitsrechte beanspruchen. Wir sind keine politische Gemeinschaft, wenn wir in der Gesellschaft die Kluft zwischen Arm und Reich zu groß werden lassen.

Wir sind in der Entwicklung von Freiheit und Recht ausgegangen von einem Rechtsverständnis als Naturrecht, das wir nun äquivalent im Gesetzesrecht uns geben wollen. Hierzu gehört die Entwicklung des Rechtes als Verfahren, wozu vor allem der Vertrag dient. Das umfassende Recht ist das erst in der Neuzeit genannte Menschenrecht, in dem wir den Angelpunkt, die Krönung der Moderne sehen können. Ich frage, ob die Globalisierung dieser Wirtschaft des Kapitalismus und dieses Besitzrechtes zu einer apolitischen wie unrechtlichen, unökonomischen, unmenschlichen Humanität führt. Politik – wo ist hier der Pol, wenn Politik der Globalisierung dienen soll, welche vor allem die Bewegung des Kapitals manifestieren will? „Und so werden von den Völkern der Welt die reichen immer reicher und die armen ärmer – mit relativ immer weniger Kapital, immer mehr Menschen und immer geringerer Hoffnung"[4].

Aus den USA tönt mehr und mehr der Ruf nach ‚Freiheit und Demokratie'. Wohin führen uns aber diese USA, wo Wirtschaft und Technik die antreibenden globalen Mächte sind?

---

[4] John F. Kennedy, zit. nach M. Schiff: *Das große Handbuch moderner Zitate des XX. Jahrhunderts*, S. 949.

I. Vom Naturrecht zum Gesetzesrecht

1. Gerechtigkeit vs. Verrechtlichung

„Von ihrem Anbeginne bis zum Anfang des 19. Jahrhunderts war alle Rechtsphilosophie *Naturrechtslehre*"[5]. Besonders bei Hegel kann man in dieser Tradition eine Zäsur sehen, da er von Naturgesetzen zu „Rechtsgesetzen" kommen will, welche „*Gesetztes*, von Menschen *Hervorkommendes*" sind.[6] Es ist ein neu zu verstehendes positives Recht, das alles Naturrecht ablöst. Üblicherweise sieht man in Savigny (1779–1861), der mit der Historischen Rechtsschule eine neue Epoche des Rechtsverständnisses einleitet, einen Kontrahenten Hegels. Es ist der Historismus im Recht, der besagt, daß Recht nicht aus einer allgemein-menschlichen Vernunft oder einer ewigen Natur deduziert werden kann. Nein, es wird „alles Recht [...] durch Sitte und Volksglaube, dann durch Jurisprudenz erzeugt, [...] nicht durch die Willkür eines Gesetzgebers"[7]. Dementsprechend ist Recht wesentlich Gewohnheitsrecht und in ständiger Entwicklung. Dieser Historismus ist zugleich ein Evolutionismus und folgt damit dem im 19. Jahrhundert andrängenden Evolutionsgedanken. Dem entspricht auch der damals anhebende Rechtspositivismus, der bis heute das Rechtsverständnis mehr oder weniger bestimmt. Es ist kein Zufall, daß dem Rechtshistorismus dann der Rechtspositivismus folgt und mitten in dieser Entwicklung Hegel wie ein erratischer Block steht mit der verwirrenden These, daß es von den Naturgesetzen zu Rechtsgesetzen hinübergeht, welche aber ihrerseits den Rang des bisherigen Naturrechts behalten.

Die Hegelsche Unterscheidung von Naturgesetz und Rechtsgesetz ist nicht in die juristische Terminologie eingegangen. Dort wird vom Gesetzesrecht gesprochen, was man bis ins Aristotelische *nomikon*

---

[5] G. Radbruch: *Rechtsphilosophie II*, S. 240.
[6] G. W. F. Hegel: *Werke in 20 Bänden, Bd. 7, Grundlinien der Philosophie des Rechts oder Naturrecht und Staatswissenschaft im Grundrisse*, S. 16.
[7] C. F. v. Savigny: *Vom Beruf unsrer Zeit für Gesetzgebung und Rechtswissenschaft*, S. 13 f.

zurückverfolgen kann. Gesetzesrecht heißt, daß das Recht in Gesetzen vorliegt und besteht. Positives Recht ist Recht in Gesetzen. Demgegenüber gibt es das Gewohnheitsrecht, das es zu allen Zeiten gab, wie aber besonders das *common law*, welches das Rechtsverständnis in England und Nordamerika hauptsächlich bestimmt. Im *common law* wie auch im Gewohnheitsrecht können wir aber ebenfalls Rechtsgesetze im Hegelschen Sinne sehen, insofern sie aus dem Menschen hervorkommendes Recht sind. Nach Hegels Gedanken des Rechtsgesetzes wie auch nach dem Rechtspositivismus haben wir die Autonomie der Rechtssetzung, die der Mensch sich nicht aus der Natur oder von einem Göttlichen vorgeben läßt.

1. Das „Rechtssystem" ist „das Reich der verwirklichten Freiheit".[8] Hegel hat die Identität von Freiheit und Begriff behauptet.[9] In den Rechtsgesetzen wird Freiheit auf den Begriff gebracht. Von diesem Gedanken des Rechtsgesetzes her kann sich durchaus auch der Rechtspositivismus leiten lassen, um für das positive Recht eine Basis und Legitimation zu gewinnen, die im ganzen rechtspositivistischen Denken bis heute nicht besser gefunden wurde. Damit würde sich aber der Rechtspositivismus letztlich gar nicht von der Dimension des Naturrechts verabschieden, sondern, wie Hegel meint, auf „eine zweite Natur"[10] verweisen, welche dem Menschen angemessen ist und zu welcher er im Sinne der Evolution kommt.

2. Der Rechtspositivismus wird zu einem Rechtsnaturalismus, wie ich es nennen möchte, indem nämlich das Recht als die natürlichste Weise erscheint, um etwas zu ordnen. Wir haben in der Verrechtlichung eine Machbarkeit des Rechts, in welcher das Recht in allen Bereichen als Ordnungsfaktor angesetzt wird, wobei das Recht die entsprechendste, die angemessenste und so 'natürliche' Maßgabe sein soll.

---

[8] G. W. F. Hegel: *Grundlinien der Philosophie des Rechts*, § 4.
[9] Vgl. G. W. F. Hegel: *Werke*: „Freiheit, d. i. der *Begriff*" (Bd. 6, S. 540) oder „Der Begriff ist das *Freie*, als die *für sie seiende substantielle Macht*, und ist *Totalität*" (Bd. 8, S. 307) oder: „der *Begriff*, das Reich der *Subjektivität* oder der *Freiheit*" (Bd. 6, S. 240).
[10] G. W. F. Hegel: *Grundlinien der Philosophie des Rechts*, § 4.

In der Verrechtlichung, in welcher das positive Recht triumphiert, werden wir auf mehr verwiesen, als man gemeinhin im Rechtspositivismus annimmt. Mit der Verrechtlichung nehmen wir uns viel vor, haben jedenfalls einen Vorgang in unserer ganzen Kultur und nicht nur Rechtskultur, der die Frage nach dem Stellenwert des Rechts erneut und mehr denn je dringlich macht. Das Recht bekommt die Aura des Absoluten, indem es nämlich sich auf alles, was ist, bezieht und es umfängt. Und seine Absolutheit wird dadurch schon sichtbar, daß jedes und so auch jede Ordnung, wie Moral und Politik, von sich abgelöst, ins Rechtliche aufgelöst werden kann. Recht erscheint als das ablösende und lösende Moment überhaupt und in dem Sinne als Absolutes.

3. Gerechtigkeit war die erste Idee der Rechtsphilosophie, seit Platon sein Hauptwerk *Politeia* schrieb, das den Untertitel hat: *Über die Gerechtigkeit*. Platons letztes und umfangreichstes Werk sind die *Nomoi*. Die Philosophie hat mithin als Rechtsphilosophie begonnen, so daß es kein Zufall ist, wenn große Philosophen das Recht nicht nur unter anderem thematisierten, sondern in den Mittel- und Endpunkt des Philosophierens stellten, wie dies schließlich bei Hegel der Fall ist. Während Platon letztlich auf den *nomos*, eine Über- und Außenstruktur des Menschen, verwies, haben wir in der Neuzeit eine anthropologische Wende. Es ist die den Menschen kritisch aufklären wollende Philosophie, die sich auf alle Bereiche der Kultur ausdehnt und in die Frage mündet: Was gehört dem Menschen? Hierin steckt eine Rechtsfrage *(quaestio iuris)*[11], nämlich: Was gehört dem Menschen rechtens? So ist es auch kein Zufall, sondern entspricht einem geschichtlichen Zusammenhang, wenn es im Zeitalter der Aufklärung zu Erklärungen von Menschenrechten kommt.

Wir haben seit der Neuzeit, zumal im 18. Jahrhundert, ein Rechtsverständnis, welches das Naturrecht wieder in den Mittelpunkt stellt, zwar anders als das ursprüngliche und klassische Naturrechtsverständnis, wie wir es von der Stoa über das Christentum bis in jene Zeit, und noch bis heute haben. Wir können von zwei

---

[11] Vgl. I. Kant: *Kant's gesammelte Schriften*, XVIII (Handschriftlicher Nachlaß, V), S. 267.

Naturrechtsverständnissen sprechen. *Erstens*: Naturrecht als ewiges, göttliches, über den Menschen hinausgehendes Recht. *Zweitens* gibt es das angeborene Recht *(native right)*, das nicht über den Menschen hinausgeht, sondern rein aus ihm selbst kommt. Hierzu gehört Hegels Rechtsgesetz. Wir können das frühere Naturrecht transzendent nennen, während dieses neue transzendental ist und so dem neuzeitlichen Begründungsdenken entspricht, das alles auf einen transzendentalen, im Menschen verankernden Grund stellt.

4. So gibt es letztlich auch einen Zusammenhang zwischen dem historischen Recht (Savigny) und dem Rechtsgesetz (Hegel). Nur vordergründig spricht aus dem einen ein Relativismus und aus dem anderen ein Absolutismus. Nein, in beiden Rechtsbegriffen vermischen sich eine relative und absolute Haltung. Das Rechtsgesetz verabschiedet sich vom Naturgesetz, um aber mehr noch als jenes eine neue Absolutheit zu behaupten. Der Gedanke des Absoluten tritt erst in dieser Phase der Philosophie, im Idealismus, im Deutschen Idealismus hervor. „Der Boden des Rechts ist [...] das *Geistige*"[12], d. h. der Gedanke, der für Hegel das Absolute ist, in dem er sich nämlich von allem loslösen *(absolvere)* kann, um in sich allein zu stehen. So ist die konkrete Freiheit auch eine absolute. Und diese nimmt sich den ganzen Rechtsbereich vor, um sich hier absolut und d. h. auch von der Natur losgelöst, nicht unter dem *nomos*, sondern in Autonomie darzustellen. Und Historismus heißt letztlich, daß jede Epoche und so auch jedes Menschentum das je eigene Recht hat. Das Recht ist jeweils voll und ganz Recht und bedarf weder des Rück- noch Vorblicks, um zur Idee des Rechts zu kommen. Historisch relatives Recht ist durchaus absolut, und das jeweilige absolute Recht ist immer auch relativ.

5. Mit dem Rechtsgesetz wie dem historischen Recht sollte das Naturrecht endgültig überwunden werden. Was Recht ist, ergibt sich und läßt sich sagen im Gesetzesrecht, im positiven Recht. Die Epoche des positiven Rechtes beginnt und scheint sich heute mehr denn je zu festigen, gestützt auf Diskurstheorie und Systemtheorie, in denen wir die jüngsten Bemühungen um das positive Recht

---

[12] G. W. F. Hegel: *Grundlinien der Philosophie des Rechts*, § 4.

haben. Gerade in diesen Theorien, welche Autonomie wie Autopoiesis des Rechts hervorheben, scheint das Naturrecht endgültig verlassen. In beiden Theorien wird von der Evolution des Rechts gesprochen. Der Gedanke der Evolution will nun allerdings mehr als jede Revolution vieles und gar alles zurücklassen. Ich möchte überlegen, ob von einer Evolution des Rechtes gesprochen werden kann, wenn Naturrecht in gewandelter Weise unter neuen Titeln manifest wird. Dies werden wir einerseits beim Vertragsrecht (Kapitel II) sehen, andererseits im Menschenrecht (Kapitel III).

2. *Vom Recht des Stärkeren zum richtigen Recht*

Naturrecht gibt es als das *Recht des von Natur Stärkeren* (sophistisch), als *ewiges göttliches Recht* (stoisch und christlich), als *angeborenes Recht* (neuzeitliches und heutiges Menschenrechtsverständnis), als *Vernunftrecht* (u. a. Hegel), als *politisches Recht* (Aristoteles) und schließlich als *richtiges Recht* (Radbruch). Diese Einteilung mag verwirren, da weder der zuerst genannte sophistische Naturrechtsbegriff noch jener von Aristoteles in der Regel diskutiert werden.

a) Das Recht des von Natur Stärkeren

„Die Natur selbst aber, denke ich, gibt deutlich zu erkennen, daß es gerecht ist, wenn der Bessere gegen den Schlechteren und der Fähigere gegen den Unfähigeren im Vorteil ist".[13] Recht ist das Recht für den Mächtigen, der mehr haben kann und will als die anderen. Es wird von Gerechtigkeit gesprochen, was auf eine Ein- und Zuteilung von Gütern und Befugnissen hinweist, die aber von der Macht abhängt bzw. dieser dient. Recht ist Mittel für das Lebensziel Macht. Es entspricht der Begierde, dem Mehr-haben-wollen (*pleonexia*, Platon), dem „Willen zur Macht" (Nietzsche). Platon versucht, gegen dieses Naturrecht des Sophisten das Naturrecht des Philosophen zu stellen.

---

[13] Platon: *Gorgias*, 483.

Es ist die philosophische Frage nach dem wirklich guten Zustand *(aretê)* des Menschen, was üblicherweise mit Tugend übersetzt wird. Gerechtigkeit gehört zum menschlichen Leben. Sie ist die Ordnung des Lebens, die sich aus dem Leben selbst entfaltet, wie Platon darzulegen versucht. Seele *(psychê)* ist der Name für das den Menschen bewegende Lebensprinzip, den Lebensquell. Wir können *psychê* mit Lebendigkeit übersetzen. Gerechtigkeit ist die Grundstruktur, worin der Mensch sich als ein Mensch unter Menschen zeigt, das Leben als ein Leben in Gemeinschaft. Das konstituiert eine herausragende, geschichtlich erstmals gewonnene Gemeinschaft, nämlich die politische Gemeinschaft, das Leben in der *polis*. Platon beschreibt die Seele als eine politische Struktur. Er spricht von *politeia en auto*, der politischen Verfassung in uns selbst.

Dies wendet sich vehement gegen die Ansicht der Sophisten, nach der jeder Mensch für sich steht, Menschen grundsätzlich verschieden sind und jeder sein Leben zu leben, jeder gegen den anderen sich durchzusetzen versucht. Es zeichnet sich hier jenes ab, was in der Neuzeit der Naturzustand genannt wird, für den ein „Recht auf alles" angenommen wird. Jeder beansprucht etwas anderes und jeder mehr, eigentlich alles. In diesem menschlichen Durch- und Gegeneinander kommt es zum „Krieg aller gegen alle". Es ist der Naturzustand als Kriegszustand.[14] Jeder ist nicht nur des anderen Gegner, sondern schließlich Feind. Das Naturrecht auf alles wurde erst in der Neuzeit von Hobbes behauptet, wobei bislang kaum ein Zusammenhang mit dem sophistischen Naturrechtsbegriff gesehen wurde. Dies spiegelt sich auch im sich entwickelnden Gedanken des Menschenrechts oder solcher Rechtsfiguren wie dem Vertragsrecht. Vertragsrecht soll ja via Recht regeln, daß Ungleiche, Mächtige und weniger Mächtige, Reiche und Arme sich vertragen können. Dabei ist die bleibende Frage, ob sich nicht trotz, ja gar aufgrund des Vertrages der Mächtige eher durchsetzt: das Problem von Vertragsfreiheit und Vertragsgerechtigkeit.

Das sophistische Naturrecht ist nach wie vor ernst zu nehmen. Denn es ist die sophistische Antwort auf die Frage nach der Gerechtigkeit, nämlich Wissen um Recht und Gerechtigkeit. Es bedarf nicht

---

[14] Vgl. Th. Hobbes: *De cive*, 1, u. *Leviathan*, 13.

mehr der philosophischen Frage. Man ist sich sicher im Bezug auf alles und auf sich selbst. „Der Mensch ist das Maß aller Dinge"[15], wie der sophistische Grundsatz lautet. Dem steht der philosophische Grundsatz gegenüber, den Platon in den *Nomoi* formulierte: „Gott ist das Maß"[16]. Dies sind zwei symbolische Formeln, in denen sophistisches und philosophisches Denken aufeinanderprallen. Bei der heutigen Frage nach der Gerechtigkeit haben wir diese Spanne erneut und erweitert aufgerissen, indem der Diskurs bzw. das System Maß aller Dinge ist, in denen die Autonomie bzw. Autopoiesis sich bezüglich des Menschen alles vornimmt, um dabei aus den Augen zu verlieren, daß wir wohl mehr denn je nicht einfach autonom Recht setzen, positivieren können, vielmehr gerade in der Evolution des Anspruchsdenkens, der Erwartungen und Forderungen und des entsprechenden Anspruchsrechts Schwierigkeiten mit dem Recht bekommen. Es ist der Hinweis auf Voraussetzungen, auf denen unsere Selbstsetzungen beruhen. Hier sei die widerrechtliche Zerstörung der Natur vor allem genannt, wie wir sie heute als Umweltproblem erfahren.

b) Ewiges göttliches Recht

Von der antiken Stoa bis zur mittelalterlichen Scholastik haben wir einen Naturrechtsbegriff, dessen Quellen bei Chrysipp[17] und dann Cicero[18] gesammelt und schließlich bei Thomas von Aquin zur bedeutendsten Systematik entfaltet wurden. Es ist die Einteilung des Rechts in *lex aeterna, lex* bzw. *ius naturae* und schließlich *lex humana* bzw. *ius humanum*.[19] Im Lateinischen ist die Bedeutung des Wortes *ius* umfassender als die des Wortes *lex*, wobei aber die Bedeutungen ineinander und durcheinander gehen, so wie wir dies heute beim englisch-amerikanischen *law* haben, das ja Recht und Gesetz zugleich bedeutet. *Ius, iuris* kann drei Bedeutungen haben: 1. Recht als Ge-

---

[15] Platon: *Theaitet*, 152.
[16] Platon: *Nomoi*, 716c.
[17] Vgl. *Stoicorum Veterum Fragmenta*, III, 308, 314, 323.
[18] Vgl. Cicero: *De re publica*, III, 22, *De legibus*, I, 16, 43, u. bes. *De natura deorum*, I, 15, 40.
[19] Thomas v. Aquin: *Summa Theologiae*, 2, 1, qu. 90 ff.

samtheit der Gesetze und Satzungen, 2. Rechtsanspruch und 3. Gericht. *Lex* ebenfalls: 1. Gesetz, Satzung, 2. Einzelbestimmung, 3. Vertrag. In *lex* steckt *lego*, d. h. neben lesen auch zusammenfassen, ordnen, festlegen, binden. Man kann heraushören, daß *lex*, Gesetz, das Festgelegte, die Ordnung ist, während *ius*, wie dies auch in der einen Bedeutung direkt ausgesprochen ist, den Anspruch im Gesetz zu ordnen versucht. Diese Einteilungen sind aussagekräftig und einleuchtend, aber gleichwohl bleibt die Unterscheidung schwierig. Es steckt in *ius* wie *lex* eine komplexe Struktur, die auch kompliziert ist, weil alles ineinander verwickelt wird und doch ein gegenläufiger Grundzug die Struktur bestimmt. Darauf beruht die Komplexität, welche sich in Recht als Gesetz und vice versa zeigt. Wir können dieses Grundmovimento so pointieren: Recht als Anspruch geht zusammen mit Gesetz als Gebot. Wir können auch vom Rechtsanspruch und von Rechtspflicht sprechen. Heute versucht man gegen die höchsten Rechtsansprüche, welche in Menschenrechten formuliert sind, Rechtspflichten zu stellen bzw. die Rechtsansprüche zugleich in Pflichten zu verankern.[20]

Wir haben im stoisch-christlichen Naturrechtsverständnis auf wohl unüberbietbare Weise den Hinweis auf die alles überragende und so gebietende, alle Ansprüche letztlich doch bestimmende *lex aeterna*. Es fällt auf (was allerdings in der Literatur noch kaum bemerkt wurde), daß zu *lex aeterna* kein Pendant in einem *ius aeternum* besteht. *Lex* und *ius* werden in der weiteren Abfolge durchaus parallel genannt, wobei wir vielleicht in den Texten mehr das Wort *lex* finden als *ius*, aber doch *lex* wie *ius* dasselbe nennen und so gleichrangig vorkommen, aber nicht bei der *lex aeterna*, bei der *ius* und damit der Anspruch fehlt. *Ius* und somit der Rechtsanspruch nimmt, während *lex*, das Gebot, gibt. *Lex aeterna* ist die Struktur der Voraussetzung, demgegenüber jede Selbstsetzung zurückzutreten hat. Wir haben den Hinweis auf das Verhältnis von *nomos* und Autonomie. Wir müssen also *lex aeterna* von *lex* bzw. *ius naturae* unterscheiden, was allzu oft

---

[20] Vgl. beispielsweise Art. 2 GG und dessen *Liberalstaatliche und grundrechtliche Interpretation* einerseits wie *Verfassungsrechtliche und sozialstaatliche Interpretation* andererseits, in: v. Verf.: *Freiheit, Recht und Gemeinwohl. Grundfragen einer Rechtsphilosophie*, S. 146 ff.

nicht berücksichtigt wird, gerade in heutigen Theorien, nach denen jenes Naturrecht obsolet geworden ist. Ja, wir könnten bei dem Systematisierungsversuch von Thomas von Aquin sogar finden, daß er über diese drei Stufen noch die *lex divina* stellt.[21] Auf der untersten Stufe steht *lex humana sive positiva*, in welchem wir das heutige positive Recht sehen können. Es ist das dem Menschen zugängliche Recht, wie er es im Vertrag oder in den Satzungen festlegen kann. Dieses Recht steht allerdings unter der Maßgabe von *lex* bzw. *ius naturae*, dieses aber wiederum unter der *lex aeterna*.

Für Thomas von Aquin kann der Mensch das Naturgesetz erkennen, obliegt das gerade der Vernunft, die hierin ihre vornehmste Aufgabe hat. Hier treffen Vernunft und Gewissen aufeinander. Für Thomas von Aquin ist das Naturgesetz *(lex naturae)*, „nichts anderes als das uns von Gott eingepflanzte Licht des Verstandes *(intellectus)*, durch das wir erkennen, was zu tun und was zu meiden ist"[22]. So gibt es das Gebot des Naturgesetzes, das Gute zu tun, zu erstreben und das Schlechte, Böse zu meiden. Dies wird als das erste Gebot des Naturgesetzes bezeichnet. Dieses Gebot gilt ganz allgemein, tritt aber für den Einzelnen spezifisch hervor, wenn er sich auf sein Gewissen beruft. Wir können fragen, ob dabei der Mensch sich zutraut, über das Naturgesetz hinaus sich mit der *lex aeterna* zu verbinden. Jedenfalls scheint klar, daß die Gewissensfreiheit nur dann ein Rechtsanspruch ist, wenn sie sich zugleich an höchstes Gebot bindet. Dies kann für heute heißen, daß wir an die zukünftige Menschheit, an die Natur und die Erde bei allem Handeln in Technik und Wirtschaft uns binden müssen. Hier haben wir *nomos*-Strukturen.

In der Freiheit des Gewissens haben wir über alle Freiheitsrechte, beispielsweise die Meinungsfreiheit, hinaus eine höchste, umfassende Freiheit, in der sich jedermann auf sich selbst, aber zugleich, was das Entscheidende ist, auf das Ganze stellt. Hier ist dann auch die Schwierigkeit und Verlegenheit, die in den heutigen Interpretationen zum Ausdruck kommt. Als Gewissensentscheidung ist „jede ernste

---

[21] Vgl. Thomas v. Aquin: *Summa Theologiae*, 2, 2, qu. 57, 2.
[22] Thomas von Aquin: *Opusculum in duo praecepta caritatis et in decem praecepta legis*, S. 144: „lex naturae [...] nihil aliud est nisi lumen intellectus insitum nobis a Deo, per quod cognoscimus quid agendum et quid vitandum".

sittliche, d. h. an den Kategorien ‚Gut' und ‚Böse' orientierte Entscheidung anzusehen, die der Einzelne in einer bestimmten Lage als für sich bindend und unbedingt verpflichtend innerlich erfährt, so daß er gegen sie nicht ohne ernste Gewissensnot handeln könnte"[23]. Gewissensentscheidungen werden anerkannt, wenn sie „auf seelischen unbewußten oder bewußten gefühlsmäßigen Bindungen, undogmatischer, individueller sittlicher Überzeugung oder auf religiösen Vorstellungen" oder auch „auf weltanschaulichen Grundsätzen und auf einer ernsten politischen Überzeugung" beruhen.[24] Was hier als Gewissensgrund genannt wird, ist eindrucksvoll, aber auch verwirrend. Man kann jedenfalls einen Rechtsanspruch heraushören, der groß, ja ungeheuerlich ist, wie ich sagen möchte, um hierbei an Sokrates' *daimonion* zu erinnern. Es gibt keine Handlungsanweisungen, vielmehr die Mahnung, sich zurückzuhalten. Darauf verweist auch Kant, der dazu Plinius zitiert: *Quod dubitas ne feceris*, was Kant übersetzt: „man soll *nichts auf die Gefahr wagen, daß es unrecht sei*"[25]. Kant, der Denker der Autonomie, plädiert für Zurückhaltung, die heute gerade geboten ist, wenn wir auf unser Leben im Getriebe von Wirtschaft und Technik schauen, in denen mehr Ansprüche und so auch Rechtsansprüche als Pflicht und Gebot uns lenken.

Von hier aus kann man auch die Diskurstheorie[26] problematisieren, in der nämlich in kommunikativer Autonomie Recht und Gesetz errungen werden sollen. Es wird dort von kommunikativer Vernunft gesprochen, um die Vernunft aus dem Subjektiv-Persönlichen auf eine breitere, demokratische Ebene zu stellen. Aber hier müssen wir Gegebenheiten zur Kenntnis nehmen, die immer den Menschen in all seinen Kulturbereichen mitbestimmt haben. Es ist das Schlechte und Böse (besonders bei Platon und Aristoteles, dann Augustinus und schließlich Schelling thematisiert), es ist die Dummheit (besonders von Kant betont).[27] Es ist auch jenes, was inzwischen Ideologie ge-

---

[23] *Entscheidungen des Bundesverfassungsgerichts (BVerfGE)* 12, 55.
[24] *Entscheidungen des Bundesverwaltungsgerichts (BVerwGE)* 7, 245 f.
[25] I. Kant: *Werke*, IV, S. 860.
[26] Vgl. v. Verf.: *Philosophieren mit Jaspers und Heidegger*, III.1. Freiheit als Beweglichkeit, b) Diskurstheorie, S. 46 ff.
[27] „Der Mangel an Urteilskraft ist eigentlich das, was man Dummheit nennt, und einem solchen Gebrechen ist gar nicht abzuhelfen. Ein stumpfer oder eingeschränk-

nannt wird. Und hier haben wir nach dem heutigen Verfassungs- und Politikverständnis kaum eine Hilfe, wenn auf Weltanschauung, Gefühle und dergleichen verwiesen wird. Die höchstrichterlichen Entscheidungen basieren auf einem Gewissens-Rechtsgrund, der zum Abgrund für menschlich-gemeinsames oder, klassisch gesprochen, politisches Verhalten werden kann. Hier wird Recht, werden Freiheitsrechte im Menschen verankert, was nun nicht auf das Naturrecht im stoisch-christlichen Sinn und so auch letztlich nicht auf eine *lex aeterna* blickt, vielmehr auf das Naturrecht im neuzeitlichen Verständnis, wie es sich in den Menschenrechten manifestiert.

c) Angeborenes Recht (native right)

Die Rechtsquelle wird klar genannt: Es ist der Mensch als Mensch, dem, weil angeboren, das wesentliche Recht zugänglich ist. Hier ist insofern ein Bezug zu Hegels Rechtsgesetz, als dort das Recht als aus dem Menschen hervorkommendes Recht gedacht wird. Allerdings heißt es bei Hegel weiter, „das Recht ist *positiv* überhaupt", und „daß das Naturrecht oder das philosophische Recht vom positiven verschieden ist, dies darein zu verkehren, daß sie einander entgegengesetzt und widerstreitend sind, wäre ein großes Mißverständnis".[28] Heißt dies betreff der Menschenrechte, daß wir solche nur haben, wenn wir sie in Recht und Verfassungen positiviert haben? Hier kommt es nun zu einem wichtigen Rechts- wie Verfassungsverständnis im Bezug auf *native rights* als *natural rights*. Diese liegen *vor* aller Verfassung. Im amerikanischen Verständnis sind *native rights* in dem Sinne *basic rights*, als sie vor der Verfassung liegen und deren Grund ausmachen.

---

ter Kopf, dem es an nichts, als am gehörigen Grade des Verstandes und eigenen Begriffen desselben mangelt, ist durch Erlernung sehr wohl, sogar bis zur Gelehrsamkeit, auszurüsten. Da es aber gemeiniglich alsdann auch an jenem [...] zu fehlen pflegt, so ist es nichts ungewöhnliches, sehr gelehrte Männer anzutreffen, die, im Gebrauche ihrer Wissenschaft, jenen nie zu bessernden Mangel häufig blicken lassen." (I. Kant: *Kritik der reinen Vernunft*, A 134, B 173 Anm., siehe hierzu v. Verf.: *Philosophieren mit Jaspers und Heidegger*, V. Dummheit und Schlechtigkeit, S. 83 ff.).
[28] G. W. F. Hegel: *Grundlinien der Philosophie des Rechts*, § 3.

Mit den *basic rights* wird auf die höhere und besondere Ebene von Recht hingewiesen, das nicht einer weiteren Rechtsprozedur unterworfen ist und vor allem nicht weitere statuierende Maßnahmen braucht. Der vorstaatliche Charakter von Menschenrecht wird unterstrichen, indem dort von *basic right* gesprochen wird und *basic right* zu allen weiteren Rechten und Gesetzen in zugehöriger Distanz gesehen wird. Nicht der Staat oder andere Institutionen sind Quelle und Urheber des Rechts, nein, der Mensch selbst, der dann den Staat braucht, damit Menschen, jedenfalls die in einem bestimmten Staat lebenden, die ihnen wesentlich zugehörenden Rechte haben. *Native* und in dem Sinne *basic rights* sind *liberty and civil rights*. Der Bürger in einem Staat kann die ihm wesentlichen Rechte, Freiheitsrechte beanspruchen. Diese hat der Staat zu schützen und zu gewährleisten.

In den ersten neuzeitlichen Staatstheorien wird von *ends and aims of government* gesprochen, deutsch würden wir von „Staatszielen" sprechen. „Freiheit, Leben, Eigentum" werden von John Locke als die drei wesentlichen Besitztümer des Menschen aufgezählt,[29] die dann später, angefangen in der *Bill of Virginia* (1776), Menschenrechte genannt wurden. Damit kommt es im Besitzanspruch zu einem Rechtsanspruch. Dieser festigt und verstärkt den Besitz. Wir können gar sagen: Erst der Rechtsbesitz macht uns zu wirklichen Besitzern von Freiheit, Leben und Eigentum. Wenn diese bürgerlichen Freiheitsrechte vom Staat gewährleistet werden, dann handelt es sich um einen Rechts- und Verfassungsstaat, dessen Verfassung auf dem Boden dieser ursprünglich angeborenen und natürlichen Rechte steht. In diesen drei genannten Besitztümern will der Mensch *absolute lord of his own person* sein.[30] Darin sehen wir uns auf ein Naturrecht verwiesen, das weniger über den Menschen in ein Göttliches, Ewiges hinausgeht, als vielmehr in den Menschen hinein- und von ihm ausgeht.

---

[29] J. Locke: *Second Treatise*, IX, 123.
[30] Ebd.

d) Vernunftrecht

Die neuzeitliche Auffassung vom Menschen hält diesen nicht primär für ein *animal rationale* und *sociale*, sondern für ein *animal rationabile*[31] bzw. *sociabile*. Nun sieht sich der Mensch als jenes Lebewesen, das Vernunft und Gesellschaft selbst herstellen kann. Nicht von Natur, aber durch Kunst *(ars)* sind, werden wir vernünftig.

Es gibt verschiedene Bilder und Theorien, in denen diese neuen Auffassungen zum Ausdruck kommen. Hobbes spricht von einer Natur, einem *status naturalis*, wo Unordnung und Krisis herrschen, ein Durch- und Gegeneinander, jedenfalls kein Mit- und Zueinander der Menschen. Es ist ein evolutiver Prozeß, in dem es um Selbsterhaltung und Selbststeigerung geht. Es ist ein allseitiges Nehmen; von Natur nimmt sich jeder, soviel er kann, möglichst alles. Dies steht einer früheren Auffassung entgegen, nach der es heißt, daß die Natur gibt, sogar alles gibt *(natura dedit omnibus omnia)*. Dem Naturrecht „auf alles" stellt nun Hobbes das Naturgesetz gegenüber. Hier ist bemerkenswert, *daß* und *wie* vom Gesetz gesprochen wird. Das Naturgesetz, mit welchem dem Naturrecht standgehalten und ihm geantwortet wird, kommt zwar indirekt aus der Natur selbst, die uns dazu zwingt. Aber letztlich liegt das Entscheidende darin, daß das Naturgesetz aus Kunst, aus Vertragskunst gesetzt wird. Hier wird die Rolle von Kunst und Staat als der wichtigsten wie umfassendsten Kunst betont. Dazu gehört auch, daß das Recht von Natur nicht preisgegeben, sondern in Maßen gepflegt wird. Hierfür ist wichtig, daß das Naturrecht sich in ein Naturgesetz fügt, sich unter ein Gesetz stellt. Der Gebots- und Verpflichtungscharakter wird unterstrichen.[32] Wir können dabei an *lex aeterna* denken, indem jetzt eine die Natur übersteigende und diese so sichernde Institution errichtet wird, nämlich der Staat, der das Gesetz ist. Dieses Vernunfts- und Staatsgesetz wird ausdrücklich Naturgesetz genannt. Damit kommt erstmals zum Ausdruck, was bei Hegel die „zweite Natur" des Menschen ist, die gar mehr hergibt als die Natur selbst. Hobbes' Leviathan ist ein sterblicher Gott. Der vom Tod bedrohte Mensch schafft sich den sterbli-

---
31 Vgl. I. Kant: *Werke*, VI, S. 673.
32 Vgl. Th. Hobbes: *Leviathan*, 14.

chen Gott Staat, der Leviathan genannt wird, weil er das Ungeheure der Natur wie das Ungeheuer Mensch in sich aufnimmt, um aus dem drohenden Nichts dann doch und gerade ein Sein entstehen zu lassen. Dies ist Evolutionstheorie *in nuce*.

Hier kann man sehen, daß sich das neuzeitliche Naturrecht auch als ein Vernunftsrecht entwickelt, das wenig mit dem Hobbesschen Ansatz zu tun hat, wie man augenscheinlich meint. In diesem Zusammenhang wären dann nach Grotius, Pufendorf und Thomasius, besonders Kant, Fichte und Hegel anzuführen. Es geht aber auch hier um ein Recht, das der Mensch nicht einfach von Natur hat, vielmehr sich in Vernunft bzw. Geist erarbeiten muß. Dies steckt auch in den Formeln vom *animal rationabile* wie *sociabile*, die Kant besonders zitiert. Nach Kant lebt der Mensch immer von Natur im Zustand der Legalität, aber noch nicht der Moralität. Wir verhalten uns deshalb mehr oder weniger legal, d. h. gesetzmäßig, weil wir immer irgendwelche Gesetze vor uns haben, die wir auch tunlichst befolgen müssen, um uns nicht selbst zu schaden.

Bei der Moralität geht es nach Kant darum, daß wir nicht einfach aus Gesetzen Gebote und Pflichten ableiten, sondern diese aus Selbstverpflichtung uns auferlegen. Es ist der Übergang aus einer Heteronomie in die Autonomie, wie sie Kant in seinen verschiedenen Formeln des kategorischen Imperativs darzustellen versucht, die den Menschen in seinem je einzelnen Wollen ins Ganze, Allgemeine binden. Der Mensch ist einerseits von Natur „aus Krummem Holz", kann aber andererseits durch einen Willen zur Vernunft autonom wollen können. Dies ist Moralität. Mein realer Wille soll sich an einem „allgemeinen Gesetz", gleichsam einem „Naturgesetz", an der „Menschheit" orientieren.[33] Damit wird die Dimension der Autonomie aufgerissen.

Für Hegel war dies zu wenig, Moralität nur innere Freiheit gegenüber der äußeren Freiheit, wie beispielsweise im wechselseitigen Recht auf Eigentum. Beides sind Sphären nicht konkreter Freiheit, die er deshalb abstrakt nennt, denen dann das „abstrakte Recht" entspricht. Von diesem spricht er hinsichtlich der bürgerlichen Grund-

---

[33] I. Kant: *Grundlegung zur Metaphysik der Sitten*, Zweiter Abschnitt.

rechte, wie der Freiheit des Eigentums und des Vertrags, aber auch im Bezug auf die Moralität.

Hegel nennt das Recht „etwas *Heiliges* überhaupt", spricht aber zugleich vom „*Formalismus* des Rechts",[34] welcher letztlich nur abstraktes Recht hervorbringt. Ein solches sieht er vor allem im Privatrecht, das gerade das bürgerliche Recht und die bürgerlichen Freiheitsrechte betrifft. Hier wird vom „Gesetz [...] Vollendung" gefordert, was für Hegel „vornehmlich eine *deutsche* Krankheit ist".[35] Für Hegel „beruht" dies „auf der Mißkennung der Natur endlicher Gegenstände"; das zielt besonders auf das Privatrecht ab. Man kann in vielen Menschenrechten – gerade wie wir sie im Grundgesetz für die Bundesrepublik Deutschland positiviert haben – öffentlich legitimierte Privatrechte entdecken. An sozialen Grundrechten wie auch an Umwelt betreffenden Rechten fehlt es. Recht ist, was gilt. Und eigentliche Geltungskraft haben nur jene Rechte, welche Grundrechte im Sinne des subjektiven Rechtsanspruchs sind. Nach Hegel könnte man nun behaupten, daß die Verrechtlichung Grenzen hat. „Das Recht" eignet sich für „den *Stoff* der in der bürgerlichen Gesellschaft ins Unendliche sich vereinzelnden und verwickelnden Verhältnisse und Arten des Eigentums und der Verträge [...] An den höheren Verhältnissen der Ehe, Liebe, Religion, des Staats können nur die Seiten Gegenstand der Gesetzgebung werden, die ihrer Natur nach fähig sind, die Äußerlichkeit an sich zu haben".[36] Was und wie können wir verrechtlichen? Nur was wir in die Äußerlichkeit eines Verfahrens bringen können. „Recht als Verfahren", wie wir heutzutage besonders Recht überhaupt verstehen, entspricht dieser Maßgabe. Aber Hegel will im Recht einen Schritt weitergehen, nämlich zum sittlichen Recht.

e) Politisches Recht (politikon dikaion)

Was Hegel mit dem sittlichen Recht anvisiert, wurde erstmals von Aristoteles thematisiert und auf den entscheidenden Begriff ge-

---
[34] G. W. F. Hegel: *Grundlinien der Philosophie des Rechts*, § 30.
[35] Ebd., § 216.
[36] Ebd., § 213 u. Zusatz.

bracht.[37] Aristoteles spricht vom politischen Recht *(politikon dikaion)* als dem Recht von Natur *(physei dikaion)*. Demgegenüber steht das *nomikon*, das Gesetzesrecht, in welchem wir autonom sind, um je nach Bedürfnissen und freien Zielsetzungen eine Rechtsordnung, auch ein positives Recht zu schaffen. So verhält es sich nicht beim politischen Recht, das die politische Gemeinschaft betrifft. Diese ist die grundlegende wie umfassende Ordnung, in welcher der Mensch all jenes, was zum Leben gehört, entfalten, mehren und zu einem Lebensvollzug, zur *praxis*, wie es heißt, kommen kann. Hier herrscht nach der damaligen Auffassung eine Ordnung von Natur, was nun aber nicht heißt, daß alles nach einem bestimmten Naturplan abläuft. Nein, Veränderungen sind durchaus möglich, wenn sie der politischen Gemeinschaft dienen; so wie wir heute sagen, daß eine Verfassung das politisch Wichtige enthalten muß. Hier geht es um jenes, was klassisch ‚politisch', mit Hegel ‚sittlich' und von heute her ‚verfassungsrechtlich' genannt wird. Verfassungsrecht muß das politisch Wichtige enthalten. Dieses als Rechtsnorm, Verfassungsrecht. Hier ist der Ansatz für heute, um aus jenem Verständnis politischen Rechts als Naturrecht zu einem neuen Naturrechtsverständnis zu kommen.

Wir haben bei Aristoteles den Hinweis auf uns immer aufgetragene Rechtsprobleme: einmal auf den Zusammenhang und auch Unterschied von positivem Recht und dem Politischen, auf die besondere Qualität eines politischen Rechtes gegenüber allem anderen Recht und dann – was diese Qualität unterstreicht – darauf, daß das politische Recht ein Recht von Natur genannt wird. Das bedeutet, daß wir hier nicht einfach am Recht und mit Rechten herumkonstruieren können. Schließlich zeigt sich jenes, was wir heute das geschichtliche Naturrecht nennen. Dabei denken wir zumeist an das stoisch-christliche Naturrechtsverständnis, das wir mit dem Gedanken des Geschichtlichen verbinden wollen. Was damals das politisch Gerechte genannt wurde, können wir heute im Verfassungsrecht sehen, worin wir über alle Rechtsbereiche hinaus, wie das bürgerliche Recht, Strafrecht usw., auf eine Rechtsordnung verwiesen werden, welche eine Grundordnung, Grundnorm für alle weitere Rechtssetzung und somit für das positive Recht im allgemeinen bildet.

---

37 Vgl. Aristoteles: *Nikomachische Ethik*, V, 10.

Nun wird aber auch in Verfassungen eine Ordnung mit Normen gesehen, die teils höhere, aber auch teils überhaupt nicht Rechtsnormen sind. Es wird von ethischen, politischen, gar religiösen Normen gesprochen. Wir müßten uns aber fragen, ob wir nur dann eine Verfassung als Grundnorm für alles Recht haben, wenn die Verfassung selbst eine Rechtsordnung darstellt. Es ist letztlich die Frage, ob und wie Verfassung Verfassungsrecht ist und so als oberste Rechtsnorm für alle weiteren Rechtsnormen von unbedingt bindender und höherer Geltungskraft ist.

Wenn wir auf das politische Recht als das Recht von Natur zurückschauen, dann können wir für heute sagen und fordern, daß wir in der Verfassung ein Recht haben, aus dem alles andere Recht erst kommen, wachsen kann. Auch so ist es ein Recht von Natur, welches das letztlich ordnende Movimento, die am weitesten reichende rechtliche Dimension ist, in der alles weitere Recht sich befindet. Dies ist heute von Bedeutung, wenn wir in den Menschenrechten, gleich ob im christlich-stoischen oder im neuzeitlichen Sinne, Naturrecht sehen. Ein Menschenrecht kann nie über das politische Recht hinausgehen, auch wenn es oft je nach Verständnis und auch nach Verfassungen darüber hinaus drängt, nein, es muß in das Politische als die wesentliche Gemeinschaft und Ordnung eingebunden bleiben. Das wird auch verfassungsrechtlich beispielsweise im Art. 2 des Grundgesetzes der Bundesrepublik Deutschland voll anerkannt, indem dort ein wichtiges Menschenrecht, die Freiheit, an die Mitmenschen, die Verfassung und an das Sittengesetz gebunden wird.

Wir stehen hier vor dem Problem der sozialen wie auch besonders der politischen Menschenrechte. Und die Bürger- bzw. Freiheitsrechte auf Freiheit, Leben und besonders Eigentum müssen ans Soziale wie Politische gebunden werden. Wir sehen hier gerade die neue Aufgabe für Rechtspositivierung, Verrechtlichung. Aber dabei müßte zunächst bedacht werden, daß wir nicht einfach mit Gesetzesrecht dieses und jenes setzen und umsetzen können. Wir können hier Rechte durch Verfahren (man spricht inzwischen von prozeduralen Theorien der Gerechtigkeit), wozu Verträge, aber heute auch kommunikativ-komplexe Diskurse gehören, nur setzen und uns so geben, wenn wir bereits im Lebensraum des Politischen leben, aus dem dann Recht uns zuwachsen kann. Auch so ist politisches Recht ein natürliches

Recht, das eben nicht einfach hergestellt und umgestellt werden kann. Vielleicht wird heute politisches Recht gerade deshalb gefordert, weil wir weniger denn je in einer politischen Gemeinschaft, sondern vielmehr in einer neuen Gesellschaft pluralistisch, individualistisch, singlistisch leben. Hier kann dann auch die angestrengteste Prozedur – wir können hier an Vertragstheorien (von Hobbes bis Rawls), an Diskurstheorie (Habermas) wie Systemtheorie (Luhmann) denken – das Politische nicht herbeiführen.[38] Wir können Recht und so auch eine Verfassung nicht buchstabieren, wenn nicht der Geist der Verfassung weht. Um was es hier geht, können wir auch in jenem sehen, was die Krisis zwischen Verfassungswirklichkeit und Verfassungsnorm genannt wird. Diese erfahren wir im Denken und Handeln des je Einzelnen wie im politischen Handeln aller Staatsorgane, aber letztlich auch in der Rechtsprechung der Gerichte, vor allem des Verfassungsgerichtes.

Bei den Menschenrechten haben wir die wichtigen Rechte des Minderheitenschutzes, ja können das politisch Wichtigste darin sehen, daß die Gewissensfreiheit geschützt wird. Zum Politischen gehört aber, daß die Minderheiten sich in die politische Gemeinschaft einfügen, auch Mehrheiten respektieren. Das politisch Wichtige ist die politische Gemeinschaft mit den politischen Gütern. Diesen gegenüber muß alles andere zurücktreten, so auch Religiöses, Ethnisches und dergleichen. Ja, Minderheitsrechte kann es überhaupt nur geben im Zusammenhang mit dem politischen Recht, d. h. im Hinblick aller Menschenrechte auf *politeia*, auf politische Gemeinschaft und politische Güter. Das Politische selbst ist das wichtigste Verfassungsgut.

---

[38] Vgl. hierzu meine Rezension *Rechts-Autonomie und Rechts-Autopoiesis der Gesellschaft?*, wo ich u. a. Niklas Luhmanns *Das Recht der Gesellschaft* sowie Jürgen Habermas' *Faktizität und Geltung. Beiträge zur Diskurstheorie des Rechts und des demokratischen Rechtsstaats* bespreche.

f) „Richtiges Recht"[39]

Man sagt nun, daß es im positiven Recht und verschärft im Rechtspositivismus letztlich um *ein* Prinzip geht, nämlich die Rechtssicherheit. Drei Rechtsprinzipien werden immer wieder genannt: Sicherheit, Nutzen und Gerechtigkeit. In diesem Zusammenhang wird der „Zweck" des Rechts gesehen, wie dies Gustav Radbruch nennt,[40] der auch von der Idee des Rechts spricht, auf welche der Rechtsphilosoph ausschauen soll, während der Jurist sich auf das positive Recht beschränken kann. Radbruch verweist vor allem auf die Gerechtigkeit, welche beim Recht in den Blick kommen und darin leitend bleiben muß. Dies betont er im Hinblick auf solches Gesetzesrecht, das im Grunde kein Recht der Gerechtigkeit, sondern „gesetzliches Unrecht" darstellt.[41] In der Nazidiktatur beispielsweise haben wir ein Recht (Rechtssetzungen wie Richtersprüche), in dem „der Widerspruch des positiven Gesetzes zur Gerechtigkeit ein so unerträgliches Maß erreicht, daß das Gesetz als ‚unrichtiges Recht' der Gerechtigkeit zu weichen hat [...] Wenn Recht nicht der Gerechtigkeit dient, dann ist es nicht nur ‚unrichtiges Recht', vielmehr entbehrt es überhaupt der Rechtsnatur".[42]

Man hat hier eine Rückkehr zu naturrechtlichen Prinzipen gesehen. Radbruchs Kernsätze zu Unrechtsgesetzen wurden in der Rechtsprechung immer wieder zitiert, zuletzt bei den Berliner Mauerschützenprozessen. Ich würde hier weniger von einem naturrechtlichen Prinzip sprechen als vielmehr von der mehr denn je dringenden Frage nach der Idee des Rechtes angesichts des waltenden positiven Rech-

---

[39] Siehe hierzu G. Radbruchs *Literaturbericht Rechtsphilosophie*, worin er u. a. Rudolf Stammler mit seiner „Lehre von dem richtigen Rechte" behandelt, in: G. Radbruch: *Rechtsphilosophie I*, S. 445. Wie Radbruch dann selbst das Wort vom richtigen Recht aufnimmt und weiterführt, siehe die Register zu seinen rechtsphilosophischen Schriften, *Gesamtausgabe*, Bd. 1–3. Vgl. v. Verf. die Rezension *Rechts-Autonomie und Rechts-Autopoiesis der Gesellschaft?*, die mit Radbruchs *Rechtsphilosophie I–III* beginnt.
[40] G. Radbruch: *Rechtsphilosophie III*, S. 39 ff.
[41] Ebd., S. 83 ff.
[42] Ebd.

tes und Rechtspositivismus. Die Frage nach Natur (Voegelin)[43] oder Wesen oder „Idee des Rechts" (Radbruch) ist die Frage nach jenem, was im Recht und d. h. in Rechtssetzung wie Rechtsprechung wichtig, entscheidend, maßgeblich sein muß. Wir können nicht einfach in der Haltung verharren, welche das Sicherheitsprinzip in schärfster Weise zum Ausdruck bringen will und die behauptet: Gesetz ist Gesetz.[44] Die Frage nach dem gerechten Gesetz bzw. der Gesetzesanwendung, -interpretation haben wir immer, nicht nur in der Rechtsphilosophie. Sie bewegt die im Recht Ordnung suchenden Menschen.

Recht und Gesetz sollen sicher, nützlich und gerecht sein. Aber Recht ist nicht gleich Recht, und das positive Recht wie der Rechtspositivismus haben Grenzen, nämlich wegen der ständigen Frage nach der Gerechtigkeit, dem gerechten Gesetz wie nun aber besonders nach dem politischen (Aristoteles), sittlichen (Hegel) Recht bzw. Verfassungsrecht, wie wir es heute nennen können. Wir werden damit auf eine Rechtsdimension verwiesen, in die auch jedes Ausmaß der Verrechtlichung und des positiven Rechts eingebunden bleibt.

Freilich versuchten viele Rechtskonstruktionen – angefangen von Hobbes' Naturgesetz –, das von der Rechtsphilosophie im Anfang aufgeworfene, aber denkwürdigerweise nicht oder kaum überlieferte Problem des politischen Rechts (Aristoteles) in ihrer Weise zu lösen. Von der politisch-naturrechtlichen Dimension ist Hobbes zu einem Rechtspositivismus weitergegangen, der gar ein Naturgesetz positivieren wollte, was eigentlich das neuzeitliche Unterfangen ist. Das wird freilich nicht zum Rechtspositivismus gezählt. Aber hier müßte endlich klar werden, daß die Rechtspositivierung und die Verrechtli-

---

[43] Siehe hierzu Voegelins Vorlesungsmanuskript *The Nature of the Law* von 1957. Ich möchte auch auf seine spätere kurze Darstellung *Das Rechte von Natur* (in: *Anamnesis. Zur Theorie und Geschichte der Politik*, S. 117–133) verweisen.

[44] Diesem Satz entspricht die Auffassung: Vertrag ist Vertrag, und viel weitergehend, Menschenrecht ist Menschenrecht. Das müssen wir heute grundsätzlich in Frage stellen, beim Vertrag und auch beim Menschenrecht, wie wir dies in den folgenden Kapiteln überlegen werden. Denn, um dies jetzt nur kurz anzureißen, wir haben längst die Diskussion von verschiedenen Menschenrechten. Man spricht von drei Generationen. Hier liegt viel Widerspruch im Aufbruch zu diesen Versuchen von Recht in der zweiten Generation (des sozialen Rechts) und der dritten Generation, der Rechte betreff Umwelt, also Natur, und der verschiedenen Kulturen und Religionen.

chung immer im Blick und Bann von Naturrecht stehen. Dies entspricht dem Rechtspositivismus, der nur eine Variante, ein Bereich jenes Unterfangens ist, das wir Autonomie, Autopoiesis, System oder auch Konstruktivismus, Machbarkeit nennen können. Freilich könnten dabei der Rechtspositivismus und die Verrechtlichung eine höchste Form der Machbarkeit bedeuten, wie wir dies besonders bei Hobbes haben. Wir können auch sehen, daß sich vom sophistischen über das neuzeitliche Naturrecht bis hin zum heutigen Rechtspositivismus der allumfassenden Verrechtlichung, ja gerade im Diskurs- wie Systemrecht der Gesellschaft nicht Natur, sondern Technik und Kunst *(ars)* zeigen, um neuzeitlich zu sprechen, bzw. Machbarkeit, wie ich es nennen möchte. Aber im Zuge dieser Machbarkeit, gar der Natur selbst, erfahren wir heute, daß der Boden der Machbarkeit uns nicht mehr trägt, wir vielmehr in ihm versinken. Dies sehen wir gerade in der Verrechtlichung und dort besonders in der Verwaltung, welche eine sekundäre Ebene der Rechtsordnung darstellen will.

3. Ausblick

Wir müssen deshalb erneut nach dem Sinn des Rechtes fragen und dabei auf jenes kommen, was von Aristoteles und dann von Cicero formuliert wurde: die Natur der Sache. Darum geht es beim Recht, welches in die Dimension der Gerechtigkeit hinauszudenken versucht. *Politeia oder über die Gerechtigkeit* ist die bleibende Aufgabe. Bei den heute dominierenden Diskurs- bzw. Systemtheorien des Rechts, aber auch anderen prozeduralen Versuchen, angefangen von der neuzeitlichen Vertragstheorie bis zum heutigen sogenannten Kontraktualismus, dominiert das Wie und nicht das Was des Rechts. Wohl entstand gegen den Kontraktualismus der Kommunitarismus, der aber weniger auf Recht und Gesetz als auf Moral und Ethik setzt. Wir werden auch auf *General Principles of law* (Dworkin)[45] verwiesen, worunter hauptsächlich Gerechtigkeit, Fairneß und Rechtsstaatlichkeit gezählt werden. Diese müssen den Richter und überhaupt jede Rechts- bzw. Gesetzesinterpretation leiten, aber besonders für

---

[45] Vgl. Ronald Dworkin: *Bürgerrechte ernstgenommen.*

die Gesetzgebung maßgeblich sein. Sie dürfen auch nicht nur beim Richterrecht und im heute mehr und mehr hervordrängenden *case law* eine Rolle spielen, sie müssen vielmehr Recht und Gesetz kritisch bestimmen. Dazu gehört, daß auch Menschenrechte, wie „Freiheit, Leben, Eigentum", in ihrem hauptsächlich bürgerlich-rechtlichen, privatrechtlichen Sinne kritisiert und unter den weiteren verfassungsrechtlichen Maßstab des Sozialen wie Politischen geordnet, verfaßt werden müssen. Dabei geht es um Recht, das gilt, und d. h. darum, ob und inwieweit neben den bisherigen freiheitlichen Rechten auch soziale bzw. besonders politische Rechte geltend gemacht werden können, ob uns die Dimension des politischen Rechts (Aristoteles) bzw. sittlichen Rechts (Hegel) verfassungsrechtlich angeht, d. h. wirklich als Recht und nicht nur als moralisch-politisches Rechtsprinzip gilt.

Wenn wir vom bisherigen freiheitlichen Recht, d. h. der ersten Generation der Menschenrechte weitergehen können bzw. auch wollen ins soziale, aber besonders politische Menschenrecht, dann müssen wir die bisherige Rechtsentwicklung, gerade wie sie in Europa und den USA erfolgte, prinzipiell in Frage stellen. Die Fragwürdigkeit hängt damit zusammen, wie wir neuzeitlich und gerade heute Wissenschaft, Technik und Wirtschaft entwickelt haben. Bei den Menschenrechten der zweiten bzw. besonders dritten Generation stellt sich wie nie zuvor, vielleicht vergleichbar mit der Frage der Klassik, besonders bei Platon, die Frage nach dem Menschen in der politischen Gemeinschaft *(koinonia politikê)* und heute eben in der politischen Kultur- wie Weltgemeinschaft, in der wir nicht einfach nur alles vereinheitlichen, universalisieren, verabsolutieren können, vielmehr uns fragen müssen: Was ist und was kann das Recht für den Menschen, die Freiheit und politische Gemeinschaft des Menschen?

Diesem Kapitel liegt mein Artikel *Rechtsphilosophie* zugrunde, der veröffentlicht wurde in: *Theologische Realenzyklopädie* (TRE), Bd. XXVIII, Berlin/New York 1997, S. 245–256.

II. Vertragsrecht

1. Wille, Eigentum und Vertrag

a) Liberalismus

Die Vertragsfreiheit gehört zu den wesentlichen Freiheiten des Liberalismus. Ist die Vertragsfreiheit gefährdet, so ist der Liberalismus in Gefahr, der im Laufe seiner neuzeitlichen Entwicklung gerade diese Freiheit beanspruchte und ausbaute. Und wenn die neuzeitliche Freiheit mehr und mehr als Autonomie sich darstellt, so haben wir im Vertrag deren wesentliches Instrument. Autonomie manifestiert sich in Verträgen. Diese sind das Mittel und der Weg, die Methode und das Verfahren, in welchem sich die Autonomie gestaltet. Es gilt zu sehen, wie der Vertrag neuzeitlich und im Zuge des Liberalismus und im Verständnis von Freiheit als Autonomie zu dem Bereich wird, in dem sich die Freiheit ereignet und gestaltet. Wir können dies in der weiten Spanne des neuzeitlichen Vertragsgeschehens sehen, in dem der Vertrag zum Gesellschafts- und Staatsvertrag wie auch zur „wichtigste[n] Erscheinungsform" der Privatautonomie wird.[46]

Zur Autonomie des neuzeitlichen Menschen gehört, daß er Theorien vom Gesellschaftsvertrag aufstellt, daß er den Staat, Verfassung und Recht auf einen Vertrag gründen, jedenfalls durch einen Vertrag herstellen will. Darin wiederum soll die Privatautonomie vertraglich gesichert sein, wozu gehört, daß jeder Mensch das Recht der Vertragsautonomie hat. Vertragsautonomie also aufgrund von und mittels Gesellschaftsvertragsautonomie? Wie steht es hier um den Zusammenhang von Freiheit bzw. Autonomie und Vertrag? Gehören beide gar derart zusammen, daß sie eigentlich dasselbe sind? Heißt also Autonomie vor allem, ja überhaupt Vertragsautonomie?

In der juristischen und rechtsstaatlichen wie überhaupt politisch-liberalen Auffassung dürften alle zustimmen, wenn gesagt wird, daß zum „Bleibenden und Bewahrenden das Grundprinzip des Privat-

---

[46] Konrad Hesse: *Verfassungsrecht und Privatrecht*, S. 37.

rechts, die *Privatautonomie*, namentlich in der Ausformung der *Vertragsfreiheit* [gehört]"[47]. Gemäß dieser Auffassung kann man nun geradezu so formulieren: das Privatrecht bezieht sich wesentlich auf die Privatautonomie und diese besteht in der Vertragsfreiheit. Im Eigentum, Vertrag, Handel und Gewerbe realisiert sich Privatautonomie, wobei die Bereiche vom Eigentum bis zu Handel und Gewerbe wiederum selbst maßgeblich vom Vertrag, der Vertragsfreiheit mitbestimmt werden. Eines geht in das andere über. Wir können im Vertrag so etwas wie einen Angelpunkt für alle weiteren Freiheiten und damit für das Recht überhaupt sehen. Deshalb wohl stellt Hesse heraus, daß in der Vertragsfreiheit die Privatautonomie „ihre wichtigste Erscheinungsform findet".

„Übergang vom Eigentum zum Vertrage" – so überschreibt Hegel den abschließenden Paragraphen des Ersten Abschnittes in seiner Rechtsphilosophie, der vom Eigentum handelt, um zum Zweiten Abschnitt überzuleiten, zum Vertrag. Hier finden wir das sich neuzeitlich herausschälende Grundwort „Wille", ein Wort, das wir in juristischen Texten, zumal in der heutigen Literatur, weniger finden, das aber ein Äquivalent und Analogon hat, wenn dort von der „Pri-

---

[47] K. Hesse: *Verfassungsrecht und Privatrecht*, S. 35.
Die Frage nach dem Vertragsrecht heute stellt sich im Rahmen des Gesamtthemas „Verfassungsrecht und Privatrecht" bzw. „Grundrechte und Privatrecht". So lauten auch prägnante juristische Überlegungen, zusammenfassende Abhandlungen: Konrad Hesse: *Verfassungsrecht und Privatrecht* bzw. Klaus-Wilhelm Canaris: *Grundrechte und Privatrecht*. Inzwischen ist unter demselben Titel erschienen, wobei an wesentlichen Stellen Canaris auch auf seinen früheren Aufsatz verweist: *Grundrechte und Privatrecht – eine Zwischenbilanz –*, wobei ich hier auf die Einleitung verweise, die überschrieben ist „Die Aktualität der Problematik" und beginnt: „Als ich vor 15 Jahren auf der Tagung der Zivilrechtslehrervereinigung in Aachen einen Vortrag über das Thema »Grundrechte und Privatrecht« ankündigte, wurde ich von manchen Kollegen irritiert gefragt, warum ich mir ausgerechnet diesen Gegenstand ausgewählt hätte; die wissenschaftliche Diskussion darüber sei doch wohl endgültig abgeschlossen. Seither hat sich die Lage grundlegend geändert: Die Problematik ist nachgerade in aller Munde." (S. 9).
Ich stütze mich im folgenden auf diese Autoren, die ihrerseits bezüglich des Vertragsrechts auf grundlegende Abhandlungen verweisen wie von L. Raiser: *Vertragsfreiheit heute* oder W. Zöllner: *Die politische Rolle des Privatrechts*; siehe aber auch E. A. Kramer: *Die Krise des 'liberalen Vertragsdenkens'*.

vatautonomie" gesprochen wird. In der Autonomie schwingt nicht nur der Wille mit, auf ihn kommt es vor allem an.

Das Wesen des Menschen wird neuzeitlich, bei Hegel zumal, im Willen gesehen. Als Mensch mit Willen, ja wir müssen sagen, als Willensmensch, und das heißt nicht nur als ein Mensch, der Willen hat, sondern im Grunde Willen ist, bezieht sich der Mensch auf die Welt, ihre Dinge, aber auch auf die anderen Menschen, immer jeweils aus und mit dem Willen. Mit dem Willen macht er die Welt zu seinem Eigentum. Dies entspricht der neuzeitlich sich entfaltenden Freiheit als Autonomie, die wir in allen Lebensbereichen als die Lebenskultur schlechthin erfahren haben und der die Bewegung des Liberalismus entspricht. Autonomie, Privatautonomie besagt, daß Menschen darin und derart ihre Freiheit sehen, daß sie mit ihrem privaten freien Willen gegenüber der Welt und miteinander das Welt- und Menschenverhältnis gestalten. Die Menschen begegnen sich als Willensträger, als Willensmenschen. Hegel spricht einfach vom Willen, verabsolutiert den Willen oder, anders gesagt, zieht den Menschen auf seinen Willen zusammen.

Im Eigentum findet der Wille ein bestimmtes, ein äußeres Dasein. Die Welt und ihre Dinge sind nicht irgendwie Vorliegendes, vielmehr eine, eben vom Willen ergriffene und durchdrungene Sache.[48] Welt, Dinge, werden durch den Willen zum Eigentum. Darin zeigt sich der Wille, ist der Wille da. Hegel spricht in dieser Weise vom „Dasein des *Willens*". Nun handelt es sich aber darum, daß der Mensch als jeweiliger Willensträger, bzw. absolut und konzentriert gefaßt als Wille, jeweils in Begegnung und Auseinandersetzung ist mit dem Willen anderer, also anderen Menschen. Dies zeigt sich bereits im Eigentum. Als „Dasein des *Willens* ist" das Eigentum „als für anderes nur *für den Willen* einer anderen Person. Diese Beziehung von Willen

---

[48] Wir haben drei Worte: Ding, Sache, Gegenstand, und können wohl sagen, Wissenschaft hat mit Gegenstand zu tun, Meinung mit Sache, Philosophie mit Ding. Siehe Friedrich Georg Jünger, bei dem ich hierzu die bemerkenswertesten Überlegungen gefunden habe, in: *Sprache und Denken*, S. 43 ff. u. S. 98. Zu F. G. Jünger – der sicherlich zu den großen deutschen Autoren gehört, was aber inzwischen zeitgemäß vergessen wurde – gibt es wenig Literatur, doch immerhin ein Buch, das die Grundproblematik von Jünger darzustellen versucht: F. Slanitz: *Wirtschaft, Technik, Mythos. Friedrich Georg Jünger nachdenken*.

auf Willen ist der eigentümliche und wahrhafte Boden, in welchem die Freiheit *Dasein* hat. Diese Vermittlung, Eigentum nicht nur vermittels einer Sache und meines subjektiven Willens zu haben, sondern ebenso vermittels eines anderen Willens und hiermit einen gemeinsamen Willen zu haben, macht die Sphäre des *Vertrags* aus."[49]

Eigentum gibt es also nicht nur durch meinen, sondern auch durch den Willen anderer, ja durch das Zusammentreffen von zwei Willen in einer und zu einer Sache. Dies betrifft den Vertrag, der zwei Willen miteinander verbindet, um den Willen für Eigentum durchzusetzen. Wichtig ist hier, daß es nach der Sicht von Hegel um Eigentum geht. Wenn also die neuzeitlichen Bürgerfreiheiten bzw. Bürgerrechte aufgezählt werden, dann wird nicht von ungefähr Eigentum zuerst genannt. Dies spielt die tragende Rolle in allen anderen Bürgerfreiheiten bzw. -rechten. Immer geht es um Eigentum, ja man kann hieraus bereits ersehen, daß durch den Vertrag überhaupt das Eigentum gefördert wird. Hegel sagt abschließend in diesem Paragraphen: „Der Vertrag setzt voraus, daß die darein Tretenden sich als Personen und Eigentümer *anerkennen*"[50]. Für Person wie Eigentümer könnte hier durchaus und auch im Hegelschen Sinne das Wort Wille stehen. Wir können dies pointiert so verdeutlichen:

Nach dieser und d. h. neuzeitlichen und auch heutigen Sicht will der Mensch nichts anderes so sehr wie Eigentum. Darauf richtet sich der Wille. Um Eigentum in dieser Weise zu wollen, müssen sich Menschen untereinander als Eigentümer wollen. Der eine und jeder in einer Gesellschaft kann nur dann Eigentümer werden, wenn dies der andere genauso werden kann. Der Vertrag, der also zu Eigentum, zu einer bestimmten Form des Eigentums führen soll, beruht auf einem Welt- und Menschenverhältnis zum Eigentum. Der Vertrag führt nur zum Eigentum, weil er eigentlich von diesem herkommt. In diesem Sinne zentriert der Mensch im Eigentum und konzentriert sich darauf. Wir können also, Hegel zusammenfassend, sagen: Vertrag ist eine erweiterte Form von Eigentum und mit dem Vertrag läßt sich der Erwerb von Eigentum steigern. Vertrag ist und schafft Eigentum.

---

[49] G. W. F. Hegel: *Grundlinien der Philosophie des Rechts*, § 71.
[50] Ebd.

Im Vertrag liegt die Möglichkeit einer großen Freiheit: der Freiheit als Autonomie, der Privatautonomie. Diese gehört zur Freiheit des Eigentums, und wir können aus dem ganzen Horizont der Neuzeit sagen, daß der Vertrag wesentlich dem Mehr-haben-wollen, Besitz-haben-wollen des Menschen dient, der im Vertrag jenes Mittel und Instrument sieht, um den Besitz wie nie zuvor zu steigern und zu sichern.

b) Staat, Recht, Verfassung und Vertrag

Wir haben bereits gesehen, wie das Vertragsrecht, die Vertragsfreiheit als Privatrecht eingeschätzt wird. Wenn heute nach „Verfassungsrecht und Privatrecht" bzw. nach „Grundrechten und Privatrechten" gefragt wird, dann schwingt mehrheitlich die Sorge mit, daß das Privatrecht, die Privatautonomie und zumal die Vertragsfreiheit vom Verfassungsrecht und den Grundrechten her überlagert, eingeschränkt, ja im Kern gefährdet wird. Dabei ist aber zu bedenken, daß es sich bei den Grundrechten gerade um öffentlich-rechtlich legitimierte Privatrechte handelt. *Freiheit, Leben, Eigentum* wurden im Zuge der neuzeitlichen Verfassungsentwicklung, des Auf- wie Ausbaus von Rechts- und Verfassungsstaat mehr und mehr in die Verfassungen aufgenommen. Ein Paradebeispiel ist dafür das Grundgesetz für die Bundesrepublik Deutschland. Dort finden wir, angefangen mit Art. 2, die Freiheit grundrechtlich normiert und positiviert. Dieser Art. 2 betrifft auch die Vertragsfreiheit. Nun kann man darauf hinweisen, daß wir im Grundgesetz keinen für dieses so wichtige Privatrecht der Vertragsfreiheit eigenen Grundrechtsartikel haben, wie es ihn in Art. 152 Abs. 1 der Weimarer Reichsverfassung gibt. Dort wird aber direkt der Gesetzesvorbehalt ausgesprochen. Denn es heißt: „Im Wirtschaftsverkehr gilt Vertragsfreiheit nach Maßgabe der Gesetze". Freilich wird im Art. 2 GG auch eine Rahmenbestimmung ausgesprochen, über die noch zu reden ist. Aber aufs Ganze des Privatrechts bzw. der Privatautonomie hin gesehen, kann man doch sagen, daß mit dem Art. 2 dem Privatrecht Genüge getan wird. So kann man sich schon fragen, inwiefern heute vermehrt Klage geführt wird über Einschränkungen des Privatrechts, wie sie beispielsweise im Eigentums- und Vertragsrecht erfolgen, besonders im Mietrecht.

Man behauptet einen ständigen Rückgang des Privatrechts im Gegenzug zum Ausbau des Verfassungsrechtes. Man kann dies auch im Zusammenhang des Ausbaus und der Balance von Rechtsstaat und Sozialstaat sehen. Sozialstaatlich und damit sozialgesetzlich betrachtet, beschränkt ein bestimmtes Mietrecht, wie wir es heute allenthalben haben, den Anspruch des Eigentums, der Privatautonomie und eben des freien Vertrages. Man wird nun aber auch allgemein zugeben müssen, daß hier am Privatrecht nicht nur gerüttelt wird, sondern daß es gestärkt wird, wenn es, wie im Grundgesetz für die Bundesrepublik Deutschland, in den Grundrechtsartikeln grund-, öffentlich-, verfassungsrechtlich auf eine viel breitere Basis gestellt wird.

Wir haben neuzeitlich den Auf- und Ausbau des Staates für eine Gesellschaft von Eigentümern, wie Hegel sagen würde, bzw. einen Staat für eine Gesellschaft, die wesentlich Privatrechtsgesellschaft ist, wie man juristisch sagt. In dieser wurden private, vor allem wirtschaftliche Freiheiten beansprucht, aber in der Regel wenig politische Freiheiten. Und so kann man auch sagen, daß es bei der Freiheit der bürgerlichen Gesellschaft bzw. bei den Bürger- und Freiheitsrechten wesentlich um eine unpolitische Freiheit ging. Dies haben bereits Hegel und Marx kritisiert. Juristen wissen lange schon um den Einfluß „des Privatrechts auf das Verfassungsrecht"[51], auch, daß viele Begriffe des Staatsrechts oder, wie wir heute sagen würden, des Verfassungsrechts aus dem Privatrecht stammen. In diesem Sinne möchte ich nicht nur vom Einfluß des Privatrechts, sondern gar von der Herkunft des staats- und verfassungsrechtlichen Grundgedankens der Neuzeit aus dem Privatrecht, der Privatautonomie sprechen. Der neuzeitliche Staat ist ein Staat des Gesellschaftsvertrages. Es ist ein Staat, der durch einen Vertrag entsteht und somit also auf einen Vertrag sich gründet.

Wir haben hier zwei Probleme:
1. Der Staat und auch das Recht und damit der Rechtsstaat und die Verfassung beruhen auf und bestehen in einem Vertrag.
2. Der neuzeitliche Gesellschaftsvertrag wird gedacht im Zusammenhang und aus der Perspektive der Vertragsfreiheit des freien

---
[51] K. Hesse: *Verfassungsrecht und Privatrecht*, S. 12.

bzw. bürgerlichen Privatvertrages. Modell des Vertrages ist der Wirtschaftsvertrag, d. h. der Vertrag, wie er für die neuzeitliche Ökonomie dienlich und wichtig wird.
Was nun der freie Vertrag wirklich bedeutet, darüber müßte man sich längst im Klaren sein, zumal er doch zu den wesentlichen Errungenschaften des neuzeitlichen Menschen gehört. In wenigen Verfassungslehren wird dieses Problem gestellt. In Carl Schmitts *Verfassungslehre* finden wir eine knappe, aber intensive Überlegung:

„Für einen freien Vertrag im Sinne der liberalen bürgerlichen Rechts- und Gesellschaftsordnung kommt ein Dreifaches zusammen: 1. Die Parteien des Vertrages stehen als *einzelne* Individuen in privatrechtlichen Beziehungen, einander gegenüber [...], 2. Durch den freien Vertrag zwischen Individuen werden nur *Einzelbeziehungen* mit prinzipiell *meßbarem*, prinzipiell umgrenztem Inhalt und daher prinzipiell *kündbar* begründet. 3. Der freie Vertrag erfaßt infolgedessen niemals die Gesamtheit einer Person. Er ist kündbar und auflösbar; die totale Erfassung der Person als Ganzes erscheint sogar als unsittlich und rechtswidrig"[52].

Schmitt stellt diese Überlegung an im Zusammenhang einer Unterscheidung zwischen dem bürgerlich-liberalen Vertrag und einer Verfassung als Vertrag bzw. zwischen dem freien Vertrag und dem Status-Vertrag. „Ein Vertrag zwischen zwei Individuen und ein Vertrag zwischen zwei politischen Einheiten ist etwas so wesentlich Verschiedenes, daß die gleiche Bezeichnung ‚Vertrag' nur nebensächliche und äußerliche Freiheiten in beiden Vorgängen treffen kann".[53] Schmitt verweist auf ein Grundmoment, durch welches der Statusvertrag vom freien Vertrag unterschieden wird. Schmitt sieht die Einzelbeziehung „mit prinzipiell *meßbarem*, prinzipiell umgrenztem Inhalt und daher prinzipiell *kündbar*". Er fügt sogleich hinzu, daß der Vertrag nie die „Gesamtheit einer Person" umfaßt. In einem Arbeitsvertrag kann und soll die Person nicht aufgehen, sondern eben nur der Mensch als Arbeiter. In dieser Funktionalisierung kann man nun die Freiheit des „freien Vertrages" sehen. Der Mensch ist frei im

---
[52] Carl Schmitt: *Verfassungslehre*, S. 67.
[53] Ebd.

Vertrag; er kann sich im Vertrag in bestimmten Hinsichten binden, aber bleibt im Ganzen, d. h. als Mensch frei.

Im Unterschied zum liberalen Vertrag „begründet der Statusvertrag ein dauerndes, die Person in ihrer *Existenz* erfassendes Lebensverhältnis und fügt sie einer Gesamtordnung ein, die nicht nur in meßbaren Einzelbeziehungen besteht und nicht durch freie Kündigung oder Widerruf beseitigt werden kann. Beispiele solcher Statusverträge sind: Verlöbnis und Ehe; die Begründung des Beamtenverhältnisses; in anderen Rechtsordnungen: Lehensverträge, Eidgenossenschaften [...] Der *Eid* ist ein charakteristisches Zeichen des existentiellen Eintretens mit der ganzen Person. Er muß deshalb aus einer auf freiem Vertrag beruhenden Gesellschaftsordnung verschwinden [...] Die Verweigerung der Eidesleistung durch Täufer und andere Sektierer bedeutet daher den eigentlichen Beginn der Neuzeit und der Epoche des *freien* Vertrages"[54].

Der Statusvertrag ist für Schmitt ebenfalls „*freier* Vertrag, aber nur, insofern er auf dem Willen der vertragschließenden Subjekte beruht"[55]. Und, um den bürgerlichen Vertrag kurz, aber stringent zu erörtern, fügt er sogleich hinzu: „Er ist kein freier Vertrag im Sinne des modernen privatrechtlichen Vertragsbegriffes und einer auf 'Vertragsfreiheit' beruhenden bürgerlich-liberalen Gesellschaftsordnung"[56]. Freier Vertrag ist der Statusvertrag und damit der Verfassungsvertrag insofern, als Verfassung auf dem politischen Willen von mindestens zwei „politischen Einheiten"[57], die sich verbinden wollen, beruht. Schmitt spricht von „Bundesgenossen"[58]. Immer geht er von vorhandenen politischen Einheiten aus, die unter sich zu einem Vertrag kommen können. Verträge und hier also der Verfassungsvertrag begründen nicht politische Einheiten, vielmehr setzen sie solche voraus.[59] Dies ist der Kern von Schmitts Ansatz zu einem Verfassungsvertrag. Der Vertrag ist hier immer sekundär; primär ist das Politische.

---

[54] Ebd., S. 68.
[55] Ebd.
[56] Ebd., S. 67.
[57] Ebd., S. 66.
[58] Ebd., S. 69.
[59] Vgl. ebd., S. 62.

Ich beziehe mich auf Carl Schmitt, weil er wie kaum ein anderer Verfassungsjurist dem Vertragsgedanken gegenüber skeptisch bleibt, den Vertrag nicht als Grund, sondern als Folge und Wirkung eines politischen Willens sieht, aber dabei gerade um den Rang und die Eigenart des Vertrages in der bürgerlichen Gesellschaft weiß.

Blicken wir auf Schmitts dreifache Einteilung des liberalen Vertrages zurück, so können wir eine weitere Analyse dessen finden, was Hegel in seiner Weise sagt. Der Vertrag regelt eine bestimmte Beziehung zwischen einzelnen Individuen oder, wie Hegel sagen würde, zwischen einzelnen Willen. Hier geht es um das Individuum, d. h. um den Einzelnen als Einzelnen. Dabei wird die politische Basis durchbrochen, auf die allerdings Hegel hinweist. Die politische bzw., wie Hegel sagen würde, sittliche Ebene beruht darin, daß alle sich als Einzelne bzw. „Personen und Eigentümer" anerkennen. Dies ist für Hegel ein politisches bzw. sittliches Grundverhältnis, auf das sich dann erst die Vertragsebene der zwei Einzelwillen für je eigenes Eigentum stützt.

Hegel ist wohl der erste, der den Vertrag kritisiert, indem er im Vertrag nur die Möglichkeit der Regelung von äußerlichen Verhältnissen sieht. So auch gerade im Gesellschaftsvertrag, der deshalb dem Politischen, Sittlichen und Staatlichen nicht entspricht. „Der Staat beruht nicht auf einem ausdrücklichen *Vertrag* eines mit allen und aller mit einem oder des Einzelnen und der Regierung miteinander, und der allgemeine Wille des Ganzen ist nicht der ausdrückende Wille der Einzelnen, sondern ist der absolut allgemeine Wille, der für die Einzelnen an und für sich verbindlich ist"[60]. Dies bemerkt Hegel gegen die ganze neuzeitliche Theorie des Gesellschaftsvertrages und setzt demgegenüber seine Theorie vom „absolut allgemeinen Willen", der verbindlich ist, der auch nicht kündbar ist und der eben den Menschen als Menschen betrifft.

---

[60] Ich zitiere eine Stelle aus Hegels frühen Bemühungen, dieses komplizierte wie komplexe Problem einer Rechtsphilosophie für Schüler der Unterklasse darzustellen („Rechts-, Pflichten- und Religionslehre für die Unterklasse" (1810 ff.), in: G. W. F. Hegel: *Werke in 20 Bänden, Bd. 4, Nürnberger und Heidelberger Schriften 1808-1817*, § 58, S. 267, Abschnitt III. Staatspflichten).

Was Hegel als absolut allgemeinen Willen bezeichnet, das ist, so meine ich, bei Carl Schmitt der politische Wille einer politischen Einheit bzw. eines politischen Status.[61] Auch für Schmitt ist der Vertrag äußerlich und sekundär. „Ein Verfassungs*vertrag* oder eine Verfassungsvereinbarung *begründet* nicht die politische Einheit, sondern setzt sie voraus"[62]. Bevor ein Volk einen Gesellschafts- bzw. Staatsvertrag oder auch Verfassungsvertrag abschließen kann, muß es sich als eine politische Einheit verstehen.

Bei Schmitt wie Hegel wird auf ein politisches Grundmoment verwiesen. Dies spricht Carl Schmitt als Vertrag an und meint, daß dies Kant oder Rousseau in ihrer Weise, wie auch John Adams in seinem Verfassungsentwurf gesehen haben.[63] Der entscheidende Punkt für Schmitt liegt darin, daß vor dem Verfassungsvertrag der Sozialvertrag *(Contrat Social)*[64] liegt. Ich halte diese Unterscheidungen für problematisch, wenn nicht für irreführend. Es kommt darauf an, daß hier hinter den Vertragsgedanken zurückgegangen wird, wie es Hegel versucht, der doch einen wesentlichen Schritt weiterkommt, indem er nicht zweierlei Vertragsarten annimmt, vielmehr vom Vertragsbegriff überhaupt abrückt.

c) „Das Prinzip der Subjektivität" (Hegel)

Recht ist realisierte Freiheit. Menschenrechte sind damit realisierte Freiheit. Und insofern das Privatrecht öffentlich-rechtlich legitimiert ist in den Grundrechten und die Grundrechte hauptsächlich Freiheitsrechte sind, haben wir hier wiederum die Verbindung von Privatrecht und Menschenrecht. Dies darf nicht übersehen, muß im Gegenteil herausgehoben werden, um das Problem des Zusammenhangs von

---

[61] Carl Schmitt ist nun keinesfalls ein Hegelianer. Wenn ich hier von Hegel und Carl Schmitt spreche, so möchte ich einen Philosophen und einen Juristen heranziehen bzw. über alle zeitlichen wie geistigen Unterschiede hinweg auf ein gemeinsames Problem verweisen, das sich bis heute durchhält und sich an der Kritik des Vertrages, der bürgerlichen Vertragsgesellschaft zeigt.
[62] Carl Schmitt: *Verfassungslehre*, S. 62.
[63] Vgl. ebd.
[64] Vgl. ebd., Kap. VII. Die Verfassung als Vertrag (Der echte Verfassungsvertrag), I. Unterscheidung des sog. Staats- oder Sozialvertrages vom Verfassungsvertrag, S. 61.

Recht, Freiheit und Vertrag zu erkennen. Neuzeitlich und heute nach wie vor wird eine hohe Freiheit im Vertrag gesehen. Freiheit ohne Vertragsfreiheit scheint überhaupt nicht denkbar, im Vertrag realisiert sich wesentlich die Freiheit.

Was ist Freiheit? Hegel spricht vom „Prinzip der Subjektivität": „Das Prinzip der modernen Staaten hat diese ungeheure Stärke und Tiefe, das Prinzip der Subjektivität, sich zum *selbständigen Extreme* der persönlichen Besonderheit vollenden zu lassen und zugleich es in die *substantielle Einheit zurückzuführen* und so in ihm selbst diese zu erhalten."[65] Ich übersetze: Prinzip des Sich-darunter-und-sich-durchsetzens. Es wird ja nicht einfach vom Subjekt gesprochen, vielmehr von Subjektivität. Dies ist das Subjekt, das in Bewegung ist, in einem Vorgang, in dem es sich hervorbringt. Subjektivität heißt Produktion des Subjekts, d. h. ein Hinausführen und eben sich Durchsetzen in allem und im ganzen. Es ist für Hegel ein absolutes Prinzip. Ich meine, daß dies gerade im Vertrag sich zeigt. Im Vertrag waltet das Prinzip der Subjektivität.[66] Der Standpunkt des Willens, zwei Einzelwillen reiben sich aneinander, setzen sich gegeneinander und versuchen sich jeweils ein- und durchzusetzen. Dies leuchtet wohl bei der einfachsten Vertragsangelegenheit sofort ein. Prinzip der Subjektivität, Prinzip des Sich-durchsetzens hat den Vertrag nicht nur als irgendein Mittel oder Instrument, vielmehr als dasjenige, das überhaupt demonstriert, was Prinzip der Subjektivität bedeutet, das sich im Vertrag manifestiert. Hierbei können wir sehen, was diese von Hegel her so formulierte Freiheit bedeutet. Vertragsfreiheit ist die Freiheit des Prinzips der Subjektivität.

Ich zögere nun nicht, davon zu sprechen, daß das Prinzip der Subjektivität ein Prinzip des Besitzes und der Machbarkeit ist. Dies sage

---

[65] G. W. F. Hegel: *Grundlinien der Philosophie desRechts*, § 260.
[66] Ich lasse hier beiseite, daß Hegel Recht und besonders den Vertrag als ein äußerliches Verfahren kennzeichnet. Wir haben immerhin bei Hegel selbst das Problem, daß er vom abstrakten Recht, wozu der Vertrag, überhaupt das Eigentum gehört, weiterschreiten will zu einem sittlichen Recht. Wir können hier eine Spannung im Rechtsproblem wie auch ein offenes und widerspruchsvolles Problem sehen. Siehe hierzu v. Verf.: *Freiheit, Recht und Gemeinwohl*, II.2.a) Rechtsphilosophie (Hegel), S. 34 ff., sowie *Die Zukunft der Freiheit*, V.4.d) Das Recht als realisierte und konkretisierte Freiheit, S. 217 ff.

ich im Rückblick auf den Lockeschen Ansatz mit seiner Besitzformel des Besitzes von Leben, Freiheit, Eigentum. Bei Locke erfahren wir, daß dieser Besitz nur durch den Vertrag zustande kommt und gemehrt werden kann, daß also die Machbarkeit des Besitzes auf dem Vertrag beruht, der nun in seiner Weise demonstriert, was Machbarkeit bedeutet. Der Vertrag ist das, was überhaupt gemacht werden kann. Mit ihm kann der Gesellschaftsvertrag und daraus wieder resultierend der freie Vertrag gemacht werden.

Es geht mir nun allerdings um zwei Perspektiven, einmal im Vertrag eine spezifische Figur der Machbarkeit zu sehen, zum anderen bei Kritikern wie Hegel oder Carl Schmitt ein komplexes bis widersprüchliches Verhältnis in der Frage der Machbarkeit. Mit Hegel haben wir eine philosophisch maßgebliche Position, in der der Vertrag als Machbarkeit wohl erkannt wird, die aber dann vom eigentlichen Denken und Handeln des Menschen abgetrennt wird. Was in der Sittlichkeit und, vom Recht her gesehen, im sittlichen Recht beruht, soll nicht der Machbarkeit unterliegen. Das ist aber die große Frage. Bei Carl Schmitt haben wir eine wichtige juristische Position gesehen, in der letztlich der Vertrag für das rechtliche wie politische Tun des Menschen im ganzen sekundär gesehen wird. Indessen schält sich gerade bei ihm heraus, daß im politischen Willen mit der Rede von der politischen Einheit, der Unterscheidung von politischen Einheiten ein Geschehen der Machbarkeit zum Ausdruck kommt.

2. Pacta sunt servanda

Wir müssen festhalten, daß Schmitt den von ihm sogenannten liberalen oder freien Vertrag eigentlich nicht kritisiert. Er läßt ihn in einem bestimmten Bereich unkritisiert gelten, eben für den Bürger oder, um neuzeitlich zu sprechen, den Bourgeois, den Bürger der Eigentümergesellschaft, um mit Hegel zu sprechen, bzw. den der Privatrechtsgesellschaft, um allgemein juristisch mich auszudrücken. Schmitt sortiert und sondert das Vertragsproblem, um es letztlich doch nicht für entscheidend zu halten in den wirklichen politischen wie juristischen

Fragen. Dies sieht man auch daran, wie er den klassischen Satz *pacta sunt servanda* behandelt.[67] Man könnte diesen Satz geradezu für ein naturrechtliches Prinzip halten, dessen Evidenz augenscheinlich auf der Hand liegt. Jedenfalls können wir uns fragen, ob solch ein Satz wie *pacta sunt servanda* bestritten werden kann. So wie man von der Gerechtigkeit sagt, daß sie heißen kann „Jedem das Seine" oder daß die sogenannte goldene Regel[68] gilt, so könnte man vom Vertrag sagen, daß zu ihm selbstverständlich gehört, daß Verträge zu halten sind.

„Der Satz 'pacta sunt servanda' ist keine Norm. Er ist vielleicht ein Grundsatz, aber nicht Norm im Sinne eines Rechtssatzes"; dieser Grundsatz sagt, „daß man sich durch Verträge rechtlich verpflichten kann"[69]. Schmitt sieht darin „etwas Selbstverständliches und weder eine Norm noch die moralische Grundlage der Geltung von Normen. Es ist vielmehr entweder eine völlig tautologische Verdoppelung und Hypostasierung, oder es besagt, daß nicht der konkrete Vertrag gilt, sondern nur die allgemeine ‚Norm', daß Verträge gelten".[70]

„Die Redewendung 'pacta sunt servanda' dürfte in ihrem geschichtlichen Ursprung auf die Formel des römischen Prätors zurückgehen, der von bestimmten Verträgen erklärte, daß er sie in seiner Amtspraxis als gültig behandeln werden".[71]

Zusammenfassend meint Schmitt: „Die Frage betrifft also immer entweder das Vorliegen eines Vertrages d. h. einer wirklichen Willenseinigung im konkreten Fall oder Nichtigkeitsgründe, Aufhebungsgründe, Anfechtungsgründe, Rücktrittsmöglichkeiten, Unsittlichkeit oder Immoralität des Vertrages, Unmöglichkeit der Erfüllung, unvorhergesehene Umstände usw."[72].

Schließlich kommt Schmitt zu seiner entscheidenden Frage: „In Wahrheit ist die Frage: *quis iudicabit?* W e r e n t s c h e i d e t darüber, ob ein gültiger Vertrag vorliegt [...]?" Eine Antwort auf diese

---

[67] Vgl. C. Schmitt: *Verfassungslehre*, S. 69 ff.
[68] Vgl. Mt 7, 12: „Alles, was ihr wollt, daß euch die Leute tun, das tut auch ihr ihnen ebenso."
[69] C. Schmitt: *Verfassungslehre*, S. 69.
[70] Ebd.
[71] Ebd., S. 70.
[72] Ebd.

Frage kann aus dem Grundsatz *pacta sunt servanda* nicht gewonnen werden. Deshalb sagt schließlich Schmitt in seinem letzten Kritikpunkt: „so reduziert sich der Wert des Satzes auf die Bedeutung eines von jenen Sprüchen, welche die alten Notare auf ihren Aktenumschlägen oder in ihren Kanzleistuben anzubringen liebten"[73]. Um aber dann allerdings zu bemerken: „Der *politische* Sinn der Hervorhebung solcher Sätze aber kann nur darin bestehen, daß stillschweigend eine Vermutung einfließt, alle heute abgeschlossenen Verträge seien jedenfalls *gültig*. Die ‚Norm' pacta sunt servanda ist dann eines der Mittel in dem großen System der Legitimierung des bestehenden politischen und ökonomischen *status quo*. Sie stabilisiert vor allem die bestehenden Tributpflichten und gibt ihnen die Weihe des Legitimen und der Moralität".[74] Aus diesem Satz ist Schmitts ganze Verachtung gegenüber diesem Grundsatz des Vertrages, des Vertragsdenkens wie -handelns herauszulesen.

Der Grundsatz vom Vertrag ist deshalb nichtssagend, weil er als politischer Grundsatz und d. h. mit Schmitt gesprochen als „Entscheidungssatz" auftritt. Wir müssen hier den Verdacht heraushören, daß Schmitt überhaupt Grundsätze, jene Prinzipien, welche Legitimierung und Begründung überhaupt versuchen, also erste Prinzipien ablehnt. Sie sind politisch und rechtlich für ihn unzureichend. Es wäre dann immer schon gesprochen und entschieden. Der Mensch in seiner Entscheidungskraft, und ich möchte sagen, Machbarkeit wäre dann gehemmt. Alles, zumindest viel wäre mehr oder weniger vorentschieden. Schmitts Frage lautet: wer entscheidet beim Vertrag? Was ist das Entscheidende der Beteiligten? Der Vertrag gilt nur, sofern das Recht gilt, das wiederum aber im Flusse ist, das letztlich im Willen beruht. Gültig ist ein Vertrag nicht aufgrund des Vertrages, vielmehr aufgrund des Willens. Dieser sucht den Weg des Vertrages, um sich durchzusetzen, etwas wenigstens in ihm durchzusetzen. Der Wille übersteigt immer den Vertrag: als Grund ist er immer mehr.

All die Gründe, die Schmitt nennt, wie Nichtigkeitsgründe, Aufhebungsgründe, Anfechtungsgründe, Rücktrittsmöglichkeiten, Unsittlichkeit des Vertrages, Unmöglichkeit der Erfüllung, unvorhergese-

---

[73] Ebd., S. 71.
[74] Ebd.

hene Umstände, gehen über den Vertrag hinaus bzw. reichen hinter ihn zurück und sind ein ständiges Kriterium für die Vertragsgültigkeit. Ein Vertrag gilt, solange ihm nicht diese Gründe entgegenstehen. Diese Gründe sind mannigfaltig, kaum überschaubar und machen so jeden Vertrag irgendwie und irgendwann fragwürdig. Man sieht hier, wie der Vertrag Mittel und Instrument des Willens ist.

Wir können das Problem gar so sehen: im freien Vertrag haben wir eine große Möglichkeit der rechtlichen, privatrechtlichen Gestaltungskraft des Menschen. Wer einen Vertrag hat, hat auch Rechte, hat überhaupt das Recht in der Hand. Ich erinnere an Hegels Wort: „Das absolute Recht ist, Rechte zu haben"[75]. Diese Position des Menschen zum Recht zeigt sich besonders im Privatrecht, im privaten bzw. liberalen Vertrag. Dabei geht es letztlich um die Freiheit des Besitzes, oder kurz gesagt, der Besitz, wozu die Besitzmehrung gehört. Der Vertrag entspricht einem Denken und Handeln, das dem Mehr-haben-wollen verschrieben ist. Dies sucht und konstruiert den Vertrag. Zum freien Vertrag gehört selbstverständlich nicht nur die Bindung, sondern auch die Lösung des Vertrages. Ansonsten könnte man ja überhaupt nicht von Autonomie sprechen. Verträge müssen geändert werden können. Auch dies gehört gerade zur Machbarkeit, zur Autonomie, zum Prinzip der Subjektivität. Dem scheint aber entgegenzustehen jener Grundsatz: *pacta sunt servanda*.

Blicken wir kurz auf die römische Rechtsauffassung, die sich in Grundsätzen spiegelt wie:[76]
– „*Contractus ab initio voluntatis est, ex post facto necessitatis*. Ein Vertrag ist zunächst eine Sache des Beliebens, dann der Notwendigkeit. Der Abschluß eines Vertrages ist frei, seine Erfüllung nicht."
– „*Contractus ex conventione legem accipere dinoscuntur*. Verträge erhalten bekanntlich ihr Gesetz aus dem Übereinkommen. Maßgeblich bei Verträgen ist, worüber man sich geeinigt hat."

---

[75] G. W. F. Hegel: *Philosophie des Rechts. Die Vorlesung von 1819/20 in einer Nachschrift*, S. 127.
[76] Vgl. D. Liebs: *Lateinische Rechtsregeln und Rechtssprichwörter*, S. 45 f. u. 150.

- „*Conventio est lex.* Die Übereinkunft ist Gesetz. Eine rechtsgeschäftliche Einigung ist ebenso wirksam wie ein Gesetz."
- „*Conventio legem dat contractui.* Die Übereinkunft gibt dem Vertrag das Gesetz, seine bindende Wirkung. Grund der vertraglichen Bindung ist die Übereinkunft der Parteien."
- „*Contractus vis omnis in conclusione consistit.* Die ganze Kraft eines Vertrages liegt in seinem Abschluß. Entscheidend für einen Vertrag ist der Vertragsschluß."
- „*Pacta dant legem contractui.* Das Vereinbarte gibt dem Vertrag das Gesetz. Bei Verträgen ist maßgebend, worüber sich die Vertragschließenden verständigt haben."

Aus den zitierten klassischen Vertragsrechtsätzen kann man herauslesen, was die bekannteste Formel, der Grundsatz von *pacta sunt servanda* besagt. Hier fließt alles zusammen, was in Einzelsätzen ausgesagt wird: die ganze Kraft eines Vertrages besteht in seinem Abschluß, darin, daß der Wille den Entschluß zum Vertrag und d. h. zum Gesetz, dem Gebot des Vertrages hat. Somit erweist sich die Freiheit des Vertrages als eine Freiheit zum Vertragsgesetz bzw. zur Vertragseinhaltung. Ein Vertrag ist kein Vertrag, wenn er nicht gehalten wird bzw. nicht gehalten werden kann.

Hier eröffnet sich das Problem, daß Verträge abgeschlossen werden, bei denen von vornherein klar ist, daß sie nicht gehalten werden können, bzw. die Absicht besteht, daß sie gebrochen werden. Auch dieser Wille zum Vertrag zeigt sich. Wir können vom Scheinvertrag sprechen, wie er vorliegt in der Bemühung eines Tyrannen um Gerechtigkeit. Er umgibt sich, so gut es geht, mit dem Schein der Gerechtigkeit. Dies sehen wir auch in der Politik im 20. Jahrhundert, beispielsweise wenn Hitler und Stalin Verträge abgeschlossen haben. Wir sehen dies aber auch im kleinen tagtäglichen Bereich des freien Vertrages immer dann, wenn kaum überschaubare, les- und interpretierbare Verträge formuliert werden, die allenthalben vorliegen und sich darstellen im sogenannten Kleingedruckten. Hier liegt in der Regel immer ein Problem des Vertrages insofern, als viele Vertragschließenden das Kleingeschriebene übersehen, das ja eben auch deshalb klein geschrieben ist, damit es als nebensächlich und nicht ernst genommen wird. Man kann die formale Ausrede haben, daß ein Vertragstext einen Kern und Nebenformulierungen hat. Oftmals sehen wir aber in den klein gedruckten Formulierungen Hauptmomente eines Vertrages, beispielsweise die Frage der Kündbarkeit des Vertrages. Aufs Ganze gesehen handelt es sich um die Frage, ob ein Vertrag in seiner Tragweite überhaupt immer durchschaut werden kann und ob es nicht stets dazugehört, daß er eine Reihe von unübersichtlichen Punkten enthält. So kann auch ein kleines und vermutlich gut überschaubares Vertragswerk von unauslotbarer Komplexität sein.

Wenn Carl Schmitt Sturm läuft gegen den obersten Grundsatz des Vertragsabschlusses, der den Willen mehr oder weniger an den Vertrag bindet, dann liegt dies an dem von Carl Schmitt betonten Willen zur stets neuen und offenen Entscheidung. Verträge müssen, vom Willen her als dem Urmoment für menschliches Denken und Handeln gesehen, stets revidierbar sein. So gibt es für Schmitt keinen Staat, keine Verfassung oder gar Politik überhaupt, welche auf einem Vertrag in dem Sinne beruhen, daß er Politik, Verfassung und Staat bindet. Dies würde all dem entgegenstehen, was gerade Staat, Verfassung und Politik sind bzw. sein wollen. Hier setzt Schmitt an und stemmt sich vehement dagegen. „Hat der 'Staatsvertrag' aber den Sinn, nicht nur die erschwerte Abänderbarkeit des Verfassungsgesetzes herbeizuführen, sondern sogar die verfassungsgebende Gewalt zu beschränken und zu beseitigen, so ist die politische Einheit zerstört und der Staat in einem völlig abnormen Zustand"[77]. Der Vertrag als eine Vertragsbindung kann niemals Grundlage für Staat, Verfassung und Politik sein. Umgekehrt können diese den Vertrag benützen und einsetzen, um den politischen oder verfassungsgebenden oder staatlichen Willen durchzusetzen.

3. Liberalismus: Privatrecht vs. Verfassungsrecht

„Für den *Liberalismus* ist das Privatrecht die Herzkammer allen Rechts, das öffentliche Recht ein schmaler schützender Rahmen, der sich um das Privatrecht und vor allem um das Privateigentum legt. Die Erklärung der Menschen- und Bürgerrechte von 1789 sieht zwar

---

[77] C. Schmitt: *Verfassungslehre*, S. 69.

in der Krone eine von der Natur widerruflich übertragene Vollmacht zum Nutzen aller, nicht zum eigenen Vorteil des Monarchen, im Privateigentum aber ein natürliches, unverjährbares, unverletzliches, geheiligtes Recht: der absolute Herrscher mußte den Thron nur räumen, damit ihn das absolute Kapital besteigen konnte."[78]

Liberalismus heißt also einerseits frei *vom* absoluten Herrscher, andererseits frei *zum* Kapital. Damit steigt das Privatrecht in seinem Rang, ja nimmt jenen des öffentlichen Rechtes ein. Dies spielt sich für Radbruch in der ganzen neuzeitlichen Entwicklung ab, nämlich in der Lehre vom Gesellschaftsvertrag. Diese ist für ihn nichts anderes, als den Staat und das öffentliche Recht vom Privatrecht her zu denken und zu gründen, ja wie er sagt, „das öffentliche Recht fiktiv im Privatrecht aufzulösen"[79].

Der Liberalismus befreit den Menschen zur Freiheit als Autonomie, welche näherhin konkret Privatautonomie und wiederum Vertragsfreiheit bedeutet. Wenn Radbruch im Gesellschaftsvertrag das öffentliche Recht fiktiv im Privatrecht aufgelöst sieht, dann kann man in der Kritik kaum weitergehen. Denn damit wird doch behauptet, daß eigentlich das öffentliche Recht überhaupt nicht mehr vorhanden ist, jedenfalls in der Lehre oder Theorie „fiktiv" nicht nur vom Privat-

---

[78] G. Radbruch: *Rechtsphilosophie II*, S. 359 f. Ich verweise auch auf die frühere von Erik Wolf und Hans-Peter Schneider herausgegebene Ausgabe: *Rechtsphilosophie*, Stuttgart 1973, welche viele Auflagen erreicht hat, eine umfassende Einleitung und ein Sachregister enthält.
Gustav Radbruchs *Rechtsphilosophie* erschien in der ersten Auflage 1914, von der 1922 ein Neudruck als zweite Auflage erfolgte, die er dann umarbeitete und um die Paragraphen 16 bis 29 erweiterte, die unser Problem von Privatrecht und Vertrag betreffen. Für die 3. Auflage 1932 schreibt er im Vorwort: „Dieses Buch soll die rechtsphilosophischen Arbeiten des Verfassers zum Abschluß bringen" (ebd., S. 81). Radbruchs Rechtsphilosophie ist wie Schmitts Verfassungslehre immer wieder bis heute aufgelegt worden und zählt somit zu den Standardwerken der rechtsphilosophischen Literatur. Ich versuche hier nicht einen weitergehenden Vergleich mit Carl Schmitt, der insofern reizvoll wäre, als beide Juristen im ganzen doch unterschiedliche Positionen vertreten. Indessen zeigt sich gerade hinsichtlich der Vertragslehre, daß hier zwei tiefgehende Kritiken vorliegen, die das Problem der Vertragsfreiheit bzw. auch der Lehre vom Gesellschaftsvertrag stellen, wie es kaum in der juristischen Literatur durchdacht wurde, wobei beide sich durch Kürze und Prägnanz in der Sache auszeichnen.
[79] G. Radbruch: *Rechtsphilosophie II*, S. 360.

recht dominiert, sondern überhaupt als Privatrecht verstanden wird. Der Staat, die Gesellschaft wird zu einer Angelegenheit des Privatrechts, der Privatautonomie, des Vertrages. Hierin zeigt sich der Charakter der liberalistischen Rechtsordnung, was Radbruch am Ende seines stringenten Paragraphen 16 über „Privates und öffentliches Recht" verallgemeinernd so formuliert:

„Der Charakter einer Rechtsordnung drückt sich durch nichts so deutlich aus wie durch das Verhältnis, in das sie öffentliches und privates Recht zueinander stellt, und durch die Weise, wie sie die Rechtsverhältnisse zwischen Privatrecht und öffentlichem Recht aufteilt. Die Überwindung des Feudalismus fiel mit der Bewußtwerdung des Unterschiedes von privatem und öffentlichem Recht zusammen. Die Entwicklung zum Polizeistaat offenbarte sich in der Befreiung des öffentlichen Rechts von privatrechtlichen Verunreinigungen, die parallele Entwicklung der Anfänge des Rechtsstaates umgekehrt in der Befreiung des Privatrechts aus öffentlich-rechtlichen Bindungen. So offenbart sich umgekehrt die nicht minder epochale Wandlung liberalen in soziales Recht, inmitten deren wir uns befinden, in neuen öffentlich-rechtlichen Beschränkungen, die dem privaten Rechte, die insbesondere der Eigentums- und Vertragsfreiheit auferlegt werden."[80]

Für das Grundgesetz der Bundesrepublik Deutschland können wir sagen, daß die Freiheit, die bürgerlichen Freiheitsrechte und darunter die Privatautonomie und die Vertragsfreiheit gegen den Staat abgegrenzt und damit vor staatlicher Macht geschützt sind. Weniger beachtet wird der Schutz vor anderen Machtformen wie der wirtschaftlichen Macht. Dies ist einerseits verständlich angesichts der historischen Lage, in der das Grundgesetz wesentlich gegen das totalitäre System des Diktatur-Staates im Dritten Reich entstanden ist. Andererseits aber müssen wir sehen, daß andere Machtformen zu wenig beachtet werden, die durchaus Formen totalitärer Systeme sind, wie sich heute an den Mediensystemen zeigen läßt. Es bleibt zweitrangig, ob wir das Mediensystem dem Wirtschaftssystem unterordnen oder in allem ein System des Kommerzes sehen.

---

[80] Ebd., S. 362.

Freilich kann man sagen, daß das Grundgesetz gerade im Hauptfreiheitsartikel, nämlich Art. 2, der auch die Vertragsfreiheit betrifft, schon dem nahekommt, was Radbruch „neue öffentlich-rechtliche Beschränkungen" nennt. Dort haben wir ja die dreifache Beschränkung der Freiheit in Bezug auf den jeweils anderen, die Verfassung und das Sittengesetz. Es ist dann eine Kernfrage, ob Grundrechte letztlich Privatrechte sind oder doch mehr, nämlich verfassungsrechtliche Maßgaben, gerade für Privatrechte und hier für den freien Vertrag. Es wird sich zeigen müssen, wie das Grundgesetz bzw. die im Grundgesetz enthaltenen Grundrechte Basisrecht in dem Sinne sind, daß die gewohnte Ebene des Privatrechtes darin überwunden ist bzw. die Auseinandersetzung zwischen Privatrecht und öffentlichem Recht in eine neue Dimension gelangt.

Im Paragraph 19 „Der Vertrag"[81] stellt Radbruch wichtige Probleme heraus, die uns nach wie vor beschäftigen müssen, weil wir uns noch mehr in sie verstrickt haben. Ich behaupte dies angesichts der heute geführten Diskussion über das Verhältnis von Verfassungsrecht und Privatrecht.[82] Der Verfassungsrechtler neigt dazu, das Problem eher so zu stellen, wie es der Privatrechtler bzw. der Liberalismus im Ausbau des Sozialstaats, des Sozialrechts sieht. Man wird aber den Zugriff, ja Angriff gegen die Freiheit des Menschen gerade auch in der Entwicklung des neuzeitlichen Liberalismus sehen müssen, dem nicht von ungefähr ein Sozialismus antworten wollte, der aber seinerseits den Menschen vergewaltigte.

Es geht um die Freiheit und das Recht, eine Privatperson bzw. ein Mensch mit Privatautonomie zu sein. Letztere liegt wesentlich in der Vertragsfreiheit. Zur Personalität des Menschen gehören die Freiheit und das Recht des Privaten. Der Verfassungsrechtler Konrad Hesse wirft dieses Problem so auf:

„Personalität setzt einen Bereich im Leben jedes Menschen voraus, der im Wortsinne »privat« ist, d. h. nicht-öffentlich, nicht auf den Staat, nicht auf eine Gemeinschaft bezogen, einen Bereich, in dem der Mensch für sich sein und für sich bleiben kann, einen Bereich, welcher der öffentlichen Neugier von Behörden oder Massen-

---
[81] Ebd., S. 377 ff.
[82] Vgl. K.-W. Canaris: *Grundrechte und Privatrecht – eine Zwischenbilanz –*.

medien ebenso verschlossen ist wie öffentlicher, fürsorgender Anteilnahme, die sich nicht selten mit Bevormundung und Manipulation verbindet. Uns allen ist geläufig, in welchem Maße diese Grundvoraussetzung menschlicher Würde und menschlicher Freiheit in der Gegenwart bedroht ist – Franz *Wiacker* hat von einer lautlosen Deshumanisierung gesprochen"[83].

Dem kann wohl jedermann zustimmen, wobei ich allerdings ergänzen möchte, daß nicht nur der Sozialstaat, der Verwaltungsstaat und überhaupt der Staat, vielmehr darüber hinaus die Wirtschaft und besonders die Massenmedien hier kritisch einbezogen werden müssen. Hier wären viele Momente zu nennen, hauptsächlich die Massenkommerzialisierung, die Art der Massenwerbung, mit der die Wirtschaft heute jedermann einzufangen versucht. Dabei wird in der Wirtschaft selbst der Freiraum des freien Wirtschaftens, des freien Handels und Gewerbes insofern eingeschränkt, als die meisten Wirtschaftsbereiche und darin die meisten Wirtschaftsgüter von wenigen Konzernen beherrscht werden. Es zeichnet sich überall eine Konzentrierung und Monopolisierung ab. Freilich ist schwierig zu untersuchen und im einzelnen zu belegen, ob es sich bei vielen Massenprodukten um ein Einheitsprodukt handelt, für das künstlich ein Wettbewerb, ein Unterschied vorgetäuscht wird. Ich möchte nicht nur von Massenmedien, sondern auch von Massenwirtschaft sprechen. Ich lasse den Begriff Massenmedien dann gerne gelten, wenn er nicht nur die Medien im engeren Sinne, sondern auch die Wirtschaft bzw. die ganze Kultur umfaßt. Auch die Wirtschaft ist ein Massenmedium. Und Technik ist mehr oder weniger eine Massentechnik, die ja gerade in den Massenmedien dann als Mittel für diese im engeren Sinne benutzt wird.

Die Deshumanisierung bzw. die Entpersönlichung, die Entprivatisierung muß also viel umfassender gesehen werden. Ob dagegen allerdings eine gestärkte Vertragsfreiheit hilft, wie sie hier als „aktive und positive Seite der Personalität"[84] bezeichnet wird, mag bezweifelt werden. Die Personalität wird gerne gesehen und zusammengesetzt

---

[83] K. Hesse: *Verfassungsrecht und Privatrecht*, S. 34 f.
[84] Ebd., S. 35.

als ein Mensch mit „Selbstbestimmung und Selbstverantwortung"[85], welches auch in der Vertragsfreiheit maßgeblich sein soll. Freilich wird lange schon angenommen, daß zur Autonomie nicht nur Selbstgesetzgebung und Selbstbestimmung gehören, vielmehr Selbstbindung, Selbstgebot und Selbstverbot. Aber das stellt sich durch die Entwicklung der neuzeitlichen Ökonomie doch längst in Frage, die zu dieser Wirtschaft, Technik, der ganzen Kultur geführt hat. Freilich kann man auf Art. 2 verweisen, der der Autonomie die Verantwortung gegenüber anderen, der Verfassung und dem Sittengesetz zuspricht. Aber gerade aus dem Art. 2 dürfte klar sein, daß dort die Freiheit und d. h. die Privatautonomie nicht von vornherein dem Menschen diese Selbstregelung durch die Autonomie selbst zutraut. Jedenfalls wird in dem Punkt, der auf die Verfassung hinweist, auf Recht und Gesetz verwiesen.

Ich sehe die größte Gefahr für das Privatrecht in einer exzessiven Ausnützung bzw. in einem falschen Verständnis von Privatrecht. Wir können sagen, die Gefahr des Privatrechts liegt im Privatrecht selbst. Gefährden wir unser Privatleben, uns als Privatperson und damit den Kern des Privatrechtes nicht gerade deshalb, weil wir kraft der Privatautonomie Wirtschaft, Technik, Medien so entwickelt haben, wie sie uns umgeben? Was Wiacker als Deshumanisierung beklagt, erfahren wir doch aufgrund dieser Entwicklung des Privatrechts, der Privatautonomie und des freien Vertrages, wie wir es neuzeitlich und bis heute mehr und mehr gestaltet haben.

Ich halte es deshalb für fragwürdig bis irreführend, wenn heutige Verfassungsrechtler das Prinzip des Privatrechts, nämlich die Privatautonomie gerade durch das Verfassungsrecht und die Verfassung schlechthin eingeengt, kontrolliert sehen. Die Verfassung, das Verfassungsrecht sind dazu da, um die Privatautonomie einerseits zu schützen, andererseits uns auch vor dem Mißbrauch der Privatautonomie zu bewahren. Dies wird im Art. 2 GG bezüglich der Freiheit wie aber auch im Art. 14 GG bezüglich des Eigentums formuliert. Für mich gibt es hier zwei entscheidende Punkte, einmal die Möglichkeit des Mißbrauchs der Privatautonomie, zum anderen die Auffassung und Behauptung der Privatautonomie als die wahre und

---

[85] Ebd., S. 34.

höchste Freiheit. Dies wäre eine liberale bis liberalistisch verstandene Freiheit eben als Autonomie bzw. Privatautonomie. Als eine solche liberale und in diesem Sinne auch liberal privatrechtlich auftretende Privatautonomie kann aber die Freiheit gemäß Art. 2 keinesfalls aufgefaßt werden. Dort ist zureichend klar, daß es Freiheit nur im Hinblick auf je andere Freiheit, d. h. je andere Menschen, die Verfassung und das Sittengesetz geben kann. Wenn wir also im Art. 2 die Freiheit als Privatautonomie unter anderem auch und für manche als wesentlich formuliert sehen, dann ist hinzuzufügen, daß Freiheit hier demokratisch, gesellschaftsgebunden, sozialstaatlich und so letztlich verfassungsgemäß, nämlich in die Verfassung eingebunden und gemäß der Sittenordnung formuliert ist. Dies ist die hier eröffnete Dimension der Freiheit, in welcher gerade auch Freiheit als Privatautonomie gesehen werden muß. Wenn wir so wollen, können wir das Grundrecht der Freiheit, hauptsächlich verstanden als Privatautonomie, hier unter der Maßgabe der Verfassung und Sittenordnung sehen. Oder juristisch formuliert: zum Grundrecht der Privatautonomie gehört das Maßgaberecht der Verfassungsfreiheit. Diese Formulierung mag irritieren.

Grundrechte schützen vor dem Staat; sie müssen aber auch vor anderen Mächten schützen, so vor der Wirtschaft, der Technik, den Medien, ja wir könnten sagen vor dem heutigen System, das weitgehend eine Kultur der „Deshumanisierung" geworden ist. Juristisch wird immer wieder gesagt und betont, daß Grundrechte in erster Linie wesentlich Abwehr- und Schutzrechte in bezug zum Staat, der öffentlichen Gewalt sind und daß sie erst in zweiter Linie als objektive Prinzipien für die Verfassungsordnung, ja die gesamte Rechtsordnung überhaupt aufgefaßt werden können. Dann spielt hier noch allzusehr die Überlegung und Unterscheidung hinein, daß wir einerseits Grundrechte als subjektiv-öffentliche Rechte haben, andererseits Grundrechte als Werte genommen werden, d. h. Grundrechte mit einer weiteren Wirkung, der sogenannten Drittwirkung als objektive Prinzipien. Hier wird eine augenscheinlich tiefsinnige, aber letztlich doch fatale Unterscheidung gemacht, nämlich daß es sich einmal um Rechte handelt, zum anderen um Werte. Der Ausdruck Wert[86], der

---

[86] Siehe hierzu v. Verf.: *Güter der Polis – Werte der Gesellschaft.*

immer wieder in der juristischen Literatur, besonders in den Gerichtsentscheidungen, auch und gerade des Bundesverfassungsgerichtes, benützt wird, ist der eindeutige Hinweis, daß hier Juristen mit zweierlei Maß messen, einmal mit Rechten und zum anderen mit Werten, die dann doch nicht ganz Recht sind, nämlich Recht im Sinne eines subjektiv-öffentlichen Anspruches.[87]

Freilich liegt das juristisch entscheidende Kriterium darin, daß ein Grundrecht vom Staat gewährt wird und bei Verletzung durch den Staat eben von diesem selbst verantwortet werden muß und vom Betroffenen eingeklagt werden kann. Dies ist der hier klar auftretende Gedanke des Rechtsstaates. Nach Art. 1 GG ist alle staatliche Gewalt, wie es ausdrücklich heißt, zur Achtung und zum Schutz der Menschenwürde verpflichtet. Der Artikel schließt mit dem vielleicht wichtigsten Rechtssatz des Grundgesetzes: „Die nachfolgenden Grundrechte binden Gesetzgebung, vollziehende Gewalt und Rechtsprechung als unmittelbar geltendes Recht." Daran orientiert sich die Diskussion bzw. Forderung der „unmittelbaren Drittwirkung" der Grundrechte auf andere Institutionen wie die Wirtschaft bzw., juristisch formuliert, auf die sogenannten Privatrechtssubjekte. Unmittelbare Drittwirkung der Grundrechte heißt dann konkret, daß beim Vertrag die Grundrechte beachtet werden müssen bzw. jede Vertragshandlung unter der übergreifenden Dimension der Grundrechte gehandhabt werden muß. Demgegenüber steht die gemäßigte Position der sogenannten „mittelbaren Drittwirkung", d. h. der Grundrechte, welche sich mehr oder weniger in den Urteilen des Bundesverfassungsgerichtes widerspiegeln. Es geht dabei darum, daß Grundrechte nicht direkt auf das Privatrecht, auf die Behandlung der Privatrechtssubjekte wirken, aber doch dort stets als Rahmenbedingungen beachtet werden müssen. Hier spielt sich bis heute eine schwierige, sehr differenzierte Diskussion ab, die aber bei der sogenannten mittelbaren Drittwirkung Grundrecht nicht als Rechtsnorm, sondern als Wert sieht.

In dem berühmten und immer wieder zitierten Lüth-Urteil, das auch Canaris heranzieht, wird von der „»Ausstrahlungswirkung« der

---

[87] Siehe hierzu v. Verf.: *Europas Autonomie*, III.2. Grundrechtstheorien, S. 60 ff., bes. S. 81 (Werttheorie).

Grundrechte auf das bürgerliche Recht"[88] gesprochen. Eine Ausstrahlungswirkung ist freilich zu wenig. Insofern der Staat „Normadressat der Grundrechte" ist, bleibt er es in jedem Bereich seiner Gesetzgebung und so auch als Privatrechtsgesetzgeber. Für die Privatrechtsgesetzgebung besteht jene Bindung, die für alle Gesetzgebung besteht, von der in Art. 1 Abs. III GG gesprochen wird. Hierbei geht es wesentlich um „Eingriffsverbote und Abwehrrechte"[89], die in der Privatrechtsgesetzgebung bzw. für die Privatrechtssphäre wichtig sind. Canaris wagt die „These [...], daß bei privatrechtlichen Einschränkungen von Grundrechten ganz allgemein das schutzwürdige Privatinteresse an die Stelle des Gemeinschaftsinteresses treten kann. Denn allein das entspricht der spezifischen Aufgabe der Privatrechtsnormen. Auch ist es mehr als zweifelhaft, ob eine grundsätzliche Höherordnung des Gemeinschaftsinteresses gegenüber dem Privatinteresse überhaupt mit der Wertordnung des Grundgesetzes vereinbar wäre."[90] Mit dem letzten Satz vor allem kommt zum Ausdruck, daß die Grundrechte öffentlich-legitimierte Privatrechte sind. Aus dieser

---

[88] K.-W. Canaris: *Grundrechte und Privatrecht*, S. 211.
Ich zitiere aus der ersten Überlegung und Abhandlung von Canaris *Grundrechte und Privatrecht* (1984), wo bereits in knapper Fassung das ganze Problem aufgerissen wird. Es kommt dann zu dem späteren Vortrag und schließlich zur „stark erweiterten Fassung des Vortrags" (1999). In dieser neueren Studie *Grundrechte und Privatrecht – eine Zwischenbilanz –* bezieht sich Canaris wiederum auf das Lüth-Urteil (S. 27 ff.), setzt sich mit weiteren, ganz anderen Urteilen auseinander, welche Schadenersatzklagen betreffen, auch „Das Fehlen eines Schutzgebotes: die Wahlplakat-Entscheidung des Bundesverfassungsgerichts" (S. 55 ff.) und gar „Zum Verhältnis von Verfassung und einfachem Recht: Der Anspruch eines nichtehelichen Kindes gegen seine Mutter auf Auskunft über die Person seines biologischen Vaters" (S. 62 ff.). Betreff der Ausstrahlungswirkung – ein von Juristen viel diskutiertes Wort – bemerkt er abschließend: „die Lehre von der »Ausstrahlungswirkung« [vermag] heute auch in materiellrechtlicher Hinsicht nicht mehr zu befriedigen. Das gilt schon deshalb, weil dieser Ausdruck keinen juristischen Begriff, sondern lediglich eine bildhafte Wendung aus der Umgangssprache darstellt und wegen der damit verbundenen Vagheit dogmatisch gesehen nicht mehr als eine Verlegenheitslösung bildet. Außerdem ist die Lehre von der »Ausstrahlungswirkung« beim heutigen Stand der verfassungsrechtlichen Dogmatik überflüssig, weil sich alle einschlägigen Probleme schon mit Hilfe der »normalen« Funktionen der Grundrechte als Eingriffsverbote und Schutzgebote sachgerecht und zugleich präziser lösen lassen." (S. 93).
[89] Vgl. K.-W. Canaris: *Grundrechte und Privatrecht*, S. 212.
[90] Ebd., S. 215.

Perspektive muß das Privatrecht, d. h. auch die Privatautonomie mit ihrem Individualinteresse Vorrang haben können, soweit dies möglich ist.

Noch wichtiger erscheint mir aber, daß Canaris die Privatrechtssubjekte mit einbezieht in die Wirkungsrichtung. Hier liegt der entscheidende Punkt. Nach der juristischen Auffassung ist der Rechtsstaat gefordert, die Bürger untereinander, also beispielsweise in ihren Vertragsrechtsgeschäften grundrechtlich zu schützen. Der Gesetzgeber und der Richter sind verpflichtet, „die Grundrechte auch im Verhältnis der Bürger untereinander, also in der 'Drittwirkung' zu schützen"[91]. Hier eröffnet sich allerdings die komplexeste Sphäre für die Rechtstätigkeit des Rechtsstaates.

Ich möchte hierzu Canaris mit seiner neueren Studie über *Grundrechte und Privatrecht* heranziehen, in welcher er einerseits die ganze Diskussion zusammenfaßt wie andererseits neben dem Lüth-Urteil weitere Urteile heranzieht. Ich wage drei Antworten auf drei Fragen zu beziehen, die Canaris fragt betreff: „Die Einwirkung der Grundrechte auf das Verhalten der Privatrechtssubjekte"[92]:

„1. Die Grundrechte sind auf privatrechtliche Gesetze als unmittelbar geltendes Recht anzuwenden."

„2. Die Grundrechte gelten auch für die richterliche Anwendung und Fortbildung des Privatrechts unmittelbar."

„3. Im Gegensatz zu den Gesetzen des Privatrechts sowie ihrer Anwendung und Fortbildung durch die Rechtsprechung unterliegen die Subjekte des Privatrechts und ihr Verhalten grundsätzlich nicht der unmittelbaren Bindung an die Grundrechte. Diese entfalten ihre Wirkung insoweit jedoch auf dem Wege über ihre Funktion als Schutzgebote."[93]

---

[91] Ebd., S. 245.
[92] Vgl. K.-W. Canaris: *Grundrechte und Privatrecht – eine Zwischenbilanz –*, S. 33.
[93] Ebd., S. 91 ff.

4. Private und öffentliche Güter

a) Bürger-, Privat-, Vertrags- und Verfassungsrecht

Grundrechte sind wesentlich Freiheitsrechte. Diese sollen vom Rechtsstaat gewährt und geschützt werden. Insofern ist der Staat Normadressat der Grundrechte. Und nur deshalb ist er Rechtsstaat, weil er die Grundrechte staatlich schützt oder, wir können sagen, statuiert. Der Rechtsstaat gibt, setzt oder statuiert Grundrechte. Das ist eine, wenn nicht die wesentliche Staatsaufgabe. Zu dieser gehört, daß er in seinem ganzen Bereich der Rechtsstaatlichkeit Normadressat bleibt und d. h. auch und gerade als Privatrechtsgesetzgeber. Dabei ergeben sich freilich Schwierigkeiten im Umgang mit Grundrechten.

Hier hat es der Rechtsstaat mit dem neuzeitlichen Rechtsgeschehen von Rechtssetzung und Rechtspositivierung zu tun, wie sie vor allem vom Liberalismus in Gang gebracht wurde. Dazu gehört maßgeblich, was die Lehre vom Gesellschaftsvertrag sagt, daß nämlich der Staat um der Bürgerrechte willen errichtet wird, welches wesentlich Freiheitsrechte sein sollen, die näherhin die Rechte auf Leben, Freiheit und Eigentum sind. Zu diesen gehören dann wiederum zentral die Rechte auf Handel, Freiheit und Gewerbe und letztlich des Vertrages. Das Vertragsrecht ist und bleibt zentral. Darauf ausgerichtet ist die ganze Rechtsbewegung der Neuzeit, welche wir in diesem Sinne eine Bürger-, Privat-, Vertragsrechtsbewegung nennen können. Wohl führt dies zu den Erklärungen der Menschenrechte, welche wesentlich Bürger- und Freiheitsrechte betreffen. Freilich werden dort auch weitere, andere Rechte, wie die politischen Rechte, eben die Rechte des Citoyen neben jenen des Bourgeois erklärt. Aber die Bewegung ist und bleibt wesentlich eine Bürgerrechtsbewegung, die dann auch in den Grundrechten des Grundgesetzes für die Bundesrepublik Deutschland ihren Erfolg zeitigt, indem dort Privatrechte öffentlich-rechtlich anerkannt werden. Dies ist der zu bedenkende Zusammenhang zwischen Verfassungsrecht und Privatrecht. Der wichtige und entscheidende Problempunkt ist, daß Privatrechte nun grundrechtlich artikuliert werden, Privates also öffentlich geschützt wird, wobei aber dann mehr und mehr zur Frage wird, was denn wirklich Privatrechte sind, was zu ihnen gehört, ob nicht gerade auch und mehr noch zu ihnen gehört, was nicht Recht, sondern Pflicht genannt werden kann. Bezüglich des Vertrages heißt dies, daß zur Vertragsfreiheit die Vertragsgerechtigkeit gehört. Wer wacht über diese? Kann man von vornherein annehmen, daß zur Vertragsfreiheit direkt die Vertragsgerechtigkeit gehört, indem die Vertragspartner von vornherein auf Vertragsgerechtigkeit aus sind?

In der heutigen Lage des Rechts- und Verfassungsstaates kann man davon ausgehen, daß der Rechtsstaat und seine Organe, also gerade auch das Bundesverfassungsgericht, Normadressat der Grundrechte sind, aber dabei gerade auch Adressat des Privatrechtsgeschehens. So ist der Rechtsstaat Normadressat bezüglich der Beachtung der Grundrechte in der Privatrechtsgesetzgebung, aber darüber hinaus Normadressat für die Kontrolle, ob im Privatrechtsgeschehen, beispielsweise beim Vertrag, die Grundrechte genügend beachtet werden. Hierbei ergibt sich die Schwierigkeit, daß die Grundrechte wesentlich Freiheitsrechte sind, also Grundrecht legitimiertes Privatrecht ist, wobei die sogenannten sozialen Grundrechte oder, im Vergleich zu den Freiheitsrechten anders gesprochen, die Gleichheitsrechte in der Verfassung nicht genügend beachtet, normiert sind.

Wie soll der Rechtsstaat wirklich eine Schutzfunktion im Privatrechtsgeschehen ausüben können, wenn maßgebliche Rechte nicht formuliert sind, wie beispielsweise das Recht auf Arbeit bzw. Umweltrechte. Wir haben doch heute gerade die Schwierigkeit, daß privatrechtlich ein Umgang zwischen Bürgern bzw. zwischen Bürgern und der Natur möglich ist, der letztlich dem Privaten und damit privatrechtlich schadet. Was oben angesprochen wurde als Deshumanisierung ist doch mehr oder weniger ein Ergebnis der exzessiven Nutzung von privatrechtlichen Möglichkeiten, des Vertrages beispielsweise. Nun kann man sagen, daß hier der Normadressat Rechtsstaat durchaus von den Grundrechten her das Verhalten der Privatrechtssubjekte zügeln könnte. Dies könnte man beispielsweise aus Art. 14 GG betreffs des Eigentums mit seiner Gemeinwohlverpflichtung herauslesen, ebenso aus Art. 2 mit der Freiheitsbindung an Verfassung und Sittengesetz. Wir kennen die Fälle, daß Religionsfreiheit, Berufsfreiheit usw. grundrechtlich beansprucht werden könnten. Aber politisch wie rechtlich wird doch heute immer mehr wahrgenommen, daß im gesamten Bereich unserer heutigen Kultur und d. h. Wirtschaft, Technik, Medien, Kunst dem Menschen mehr Schaden als Nutzen entsteht, daß durch privatrechtliche Möglichkeiten die Privatrechte von Freiheit, Leben, Eigentum gerade geschädigt, ja überhaupt in Frage gestellt werden. Mit den Mitteln des Privatrechts auf Freiheit, Leben, Eigentum, das zusätzlich grundrechtlich abgestützt ist, gefährden wir, ja ich möchte sagen, zerstören wir allmählich Freiheit, Leben und Eigentum. Privatrecht gefährdet also Privatrecht. Müßte nicht gerade heute Privatrecht vor Privatrecht geschützt werden? Das ist die Frage an den Rechts- und Verfassungsstaat.

Die großen neuzeitlichen Mittel wie Ziele des Menschen führen augenscheinlich zum Gegenteil von dem, was man ursprünglich damit anvisierte. Mit Handel und Gewerbe, Vertrag und Eigentum haben wir einerseits eine Freiheit erreicht, wie sie vorab in der Geschichte des Menschen nie möglich erschien. Wir haben aber andererseits damit Freiheit, Leben und Eigentum gefährdet und zerstört. Mit einer einfachen, aber sicher nicht falschen Formel gesagt, haben wir im Zuge dieser neuzeitlichen Privatrechts- und Freiheitsentwicklung die Reichen immer reicher gemacht, aber auch die Armen immer ärmer. Reichtum *und* Armut wachsen.

Noch kann man behaupten, daß in der neuzeitlichen und vor allem heute stattfindenden Entwicklung von Wirtschaft und Technik, von Kultur überhaupt, mehr und mehr ein guter, sogenannter Mittelstand entsteht, der über Freiheit, Leben und Eigentum in zureichendem, ja reichlichem Maß verfügt. Von Armut sind heute nicht nur Menschen, sondern die Natur betroffen, eine Natur, die durch den wirtschaftlichen und technischen Prozeß ausgebeutet und dadurch arm gemacht wird.

Wir müssen zunächst die Tatsache feststellen und allgemein anerkennen, daß wir mit den Mitteln der neuzeitlich verstandenen Freiheit und des daraus resultierenden Privatrechtes vermutlich genau das Gegenteil erreicht haben, nämlich dem Privaten, dem Menschen im Privaten nicht gedient, sondern Schaden zugefügt haben. Aber auch dies wäre eine viel zu kurz gedachte Perspektive. Denn es geht letztlich weder um das Private noch um das Öffentliche. Ich möchte dies knapp so verdeutlichen: was nützt es oder hat es letztlich überhaupt für einen Lebenssinn, wenn Eigentum angehäuft wird und ein Reicher ein prächtiges Grundstück besitzt, aber umgeben ist von schlechter

Luft, schlechtem Wasser, Lärm, kurz, von einer Umwelt, in der der sinnlich lebende und existierende Mensch in seinen fünf Lebenssinnen geschädigt wird? Nach Art. 20a GG sollen Umwelt und Natur geschützt werden, vor allem im Hinblick auf die Zukunft des Menschen, die weiteren Generationen.[94]

Hier möchte ich auf ein augenscheinlich kleines Problem verweisen, das in manchen Ländern längst gesehen wird, aber gerade nicht in Deutschland.[95] Durch die überwuchernde Medienkultur, besonders des Mobilfunks, werden vermehrt auf Häuser in der Stadt oder auch in ländlichen Gebieten, gar in der Nähe von Naturschutzzonen Sendemasten gesetzt, was von den Firmen mit den jeweiligen Eigentümern oder Gemeinden vertraglich leicht ausgehandelt werden kann. Wir haben in Deutschland im Vergleich zu vielen anderen Ländern hoch angesetzte Grenzwerte betreff der Strahlenmessung. Hier finden wir wieder das Durcheinander von Gutachten und Gegengutachten, wobei ich doch feststellen möchte, daß letztlich die Einsicht in die Gefährlichkeit der Angelegenheit fehlt. Angesichts einer solchen Gesetzes- bzw. Nichtgesetzeslage, ist der Art. 20a fragwürdig und letztlich sinnlos.

b) Die Güterfrage

Die Einteilung von privaten und öffentlichen Gütern ist längst ins Schwanken geraten. Zwar können wir immer noch zwischen äußeren, leiblichen und inneren Gütern unterscheiden, müssen aber dabei gerade heute bedenken, daß auch das für den je einzelnen Gebrauch oder Lebensvollzug bestimmte Gut kaum so abstrakt bzw. von den

---

[94] Vgl. hierzu den 1994 ergänzten Art. 20a des Grundgesetzes für die Bundesrepublik Deutschland mit der vielsagenden, aber letztlich doch alles einschränkenden Formulierung: „Der Staat schützt auch in Verantwortung für die künftigen Generationen die natürlichen Lebensgrundlagen und die Tiere im Rahmen der verfassungsmäßigen Ordnung durch die Gesetzgebung und nach Maßgabe von Gesetz und Recht durch die vollziehende Gewalt und die Rechtsprechung."

[95] Ein größeres Problem haben wir im deutschen Lebensverhältnis zur Automobilität mit PS- und Dieseldrang, ja -sucht, die wohl ein „Verhältnisblödsinn" (Jaspers, *Psychopathologie*) sind und ein „Mangel an Urteilskraft" (Kant). In der deutschen Automobilpolitik und -wirtschaft sehen wir einen Spiegel, ja das Symbol eines Rechtes für Mensch und Unmensch.

anderen Menschen und schließlich der Gesellschaft abgetrennt gedacht werden kann, daß es nur ein je einzelnes, privates ist.

Was heute an Gebrauchs- oder Verbrauchsgütern angeboten wird, wird allgemein angeboten. Konsum und d. h. auch Produktion sind letztlich für alle dasselbe, auch wenn dann bestimmte Güter, die sogenannten Luxusgüter für ganz wenige produziert werden. Hier hat die Technik und Wirtschaft eine künstliche Produktion wie Konsumtion von sogenannten Luxusgütern geschaffen, die aber keinesfalls bestätigen, daß es sich um ein Privatgut im trefflichen Sinne handelt. Wir können folgende Unterscheidung treffen: Privatgüter sind solche, die der jeweilige und letztlich je einzelne und so eigentümliche Mensch für sich braucht, ganz unabhängig von den anderen – und gemeine bzw. öffentliche Güter sind jene, die allgemein gebraucht werden. Wir können weiter noch differenzieren, daß öffentliche Güter in der Regel notwendig, unumgänglich, unverzichtbar sind, während Privatgüter auch willkürlich sein können, wie sich beispielsweise bei den Luxusgütern zeigen läßt.

Aber letztlich geht es, wie dies auch die klassische Güterlehre in ihrem Kern zeigen will, darum, daß Güter für das Leben gut sind.[96] Dazu gehört Notwendigkeit, aber auch Freiheit in dem Sinne der Autarkie *(autarkeia)*, daß ich im Gebrauch und im Leben mit diesen Gütern überhaupt ein gutes Leben habe, das gute Leben vollziehe oder, wie es klassisch heißt, zur Praxis gelange. Dazu gehören Güter wie Wohnung und Haus, Kleidung, Verkehrsmittel usw., um nur von äußeren Gütern zu sprechen gemäß der klassischen Einteilung. Was gehört zum leiblichen Gut, also modern gesprochen, zum Privatrecht auf ein Privatleben? Vorab doch jenes, daß ich überhaupt ein Leben führen kann und dazu gehört die Gesundheit. Privatleben kann doch nicht bedeuten, daß ich mich aus dem öffentlichen Leben zurückziehen kann.

Man kann zum Problem öffentliches und privates Gut überlegen, ob die öffentlichen Güter von der Öffentlichkeit, oder wie man sagen kann, von der öffentlichen Hand zur Verfügung, ja überhaupt hergestellt werden. So hat die öffentliche Hand für Verkehrswege zu sorgen, also für den Ausbau der Verkehrsmittel. Dazu gehört aber be-

---

[96] Vgl. Aristoteles: *Nikomachische Ethik*, I, 8.

sonders das Auto, das nun wiederum ein privates Lebensmittel, Verkehrsmittel sein kann. Hier sehen wir dann den Zusammenhang, daß es private Güter wie das Auto überhaupt nicht geben kann, wenn es nicht auf der Grundlage von öffentlichen Gütern steht. Ein Auto braucht Straßen, welche von der öffentlichen Hand oder von der Gesellschaft im ganzen gebaut werden. Was könnte letztlich die immer wieder gemachte Unterscheidung von öffentlichem und privatem Gut besagen?

Zur fragwürdigen Unterscheidung von Privatem und Öffentlichem bzw. privatem und öffentlichen Gut können wir uns auf die klassische Lehre über die drei Güterformen beziehen. Dort finden wir die politischen Güter, so genannt, weil es um Güter für das Leben in der damaligen ‚öffentlichen' Gemeinschaft ging; und dies war die Polis. So sind die damals genannten politischen Güter heute öffentliche Güter insofern, da sie notwendig und unumgänglich sind, um das öffentliche Zusammenleben in der Gesellschaft zu ermöglichen und zu gewährleisten. Aufgrund dieses Zusammenlebens kann dann der Einzelne selbst wiederum erst bestimmte Privatgüter erhalten, wozu dann auch die heute sogenannten Luxusgüter gehören. Wenn hier keine Gesellschaft da ist mit öffentlichen Interessen und öffentlichen Gütern, dann ist es auch abwegig und eigentlich technisch wie wirtschaftlich unmöglich, daß reine Privatgüter als Luxusgüter erzeugt werden. Gerade solche Güter profitieren von einem gut funktionierenden Zusammenhang von öffentlichem Interesse und öffentlichem Gut. Denn was nützt ein Luxusauto, das die komfortabelste und schnellste Bewegungsweise ermöglicht, wenn hierzu nicht die Straßen, also hohe öffentliche Güter vorhanden sind.

Wir müssen heute einsehen, daß politische Güter nicht nur jene sind, die klassisch Tugenden genannt worden sind wie Freiheit, Gerechtigkeit, Freundschaft, Gleichheit, weil sie für das politische Zusammenleben gut sind. Heute brauchen wir aber offensichtlich aus jenen Güterbereichen mehr und mehr Güter, die zunächst als äußere und auch als Privatgüter charakterisiert werden, um das öffentliche oder, klassisch genannt, politische Leben zu ermöglichen. Es fällt gar schwer, überhaupt ein äußeres Gebrauchsgut zu nennen, das jetzt nicht ein politisches oder öffentliches Gut ist. Freilich kann man noch spezifisch öffentliche wie auch spezifisch private Güter nennen.

Verkehrswege und überhaupt die sogenannte Infrastruktur sind doch wohl ein rein öffentliches Gut? Ein Haus, die Wohnung ist sicher ein rein privates Gut.

Indessen können wir bei allen heutigen Überlegungen, so merkwürdig dies erscheinen mag, immer wieder auf die klassische Besitz- bzw. eben doch Güterformel zurückkommen, um von dort her das Problem der Güter als Privatgut und als öffentliches Gut zu erkennen. „Freiheit, Leben, Eigentum" – diese Güter braucht jeder Mensch, und er braucht sie, um als Mensch voll und ganz leben zu können. Deshalb sind diese Güter dann zu Menschenrechten geworden. Um mit Hegel zu sprechen, ohne dies in Hegels Sinn zu meinen: Es handelt sich hier um ein aus dem Menschen hervorkommendes Recht, das Recht aus und für den Menschen, und nichts sonst. Aber diese Güter bzw. Rechte haben nun genau zur heutigen Rechtsordnung geführt, in der wir zugeben müssen, daß mit diesen Gütern Privates wie Öffentliches, private wie öffentliche Güter durcheinandergehen, ja auch durcheinandergebracht werden können, so daß eine schwierige bis heillose Unordnung entstehen kann.

Heute stehen wir vor dem Problem, daß diese Güter wie nie zuvor in der Geschichte des Menschen von jedermann errungen und genossen werden können, daß aber im Aufbau dieser Güter und der analogen Rechtsordnung das Gute dieser Güter Schaden genommen hat, daß Güter gerade ins Gegenteil verkehrt wurden, und nicht ein Gutes, sondern ein Schlechtes bedeuten. Denn in vielem sind diese Güter auch schlecht, konkreter gesprochen der Reichtum schädlich, die Anhäufung der Güter für alle schädlich, nicht nur für jene, die diese Güter besitzen und gebrauchen können. Der Wille zum Eigentum, der Besitzwille des Mehr-haben-wollens, welcher hinter der neuzeitlichen Freiheit als Autonomie steht, hat mehr und mehr diese Güter ins Gegenteil verkehrt bzw. diese Güter, Freiheit – Leben – Eigentum, nicht nur zum guten Gebrauch, sondern auch zum Mißbrauch gestaltet. Besonders gilt dies für Freiheit und Eigentum. Ich meine hier die Freiheit, die in Wirtschaft, Technik, Wissenschaft, d. h. in der ganzen Kultur vorherrscht, eine Freiheit, die sich besonders in der Medienkultur niederschlägt, die uns sicher einerseits Freiheit bringt, aber gerade auch private Freiheit nimmt. Und beim Eigentum haben wir nicht nur die immer weiter sich öffnende Schere oder Kluft zwischen

Eigentümern, d. h. immer reicher werdenden Eigentümern und immer ärmer werdenden Eigentumslosen. Dieses Problem schlägt sich auch bei den Arbeitslosen nieder, wobei nicht von ungefähr schon lange zum Ausgleichen, zur Balance eines Rechtes auf Eigentum das Recht auf Arbeit gefordert wurde.[97]

Der Name Güter ist nur dann sinnvoll, wenn diese Güter gut für den Menschen sind, gut für das menschliche Leben, das private wie das öffentliche bzw. politische Leben. Heute sind alle mehr oder weniger geschädigt, auch die Besitzenden. Das Grundgut Leben ist beschädigt, ob wir es zugeben oder nicht. Die Menschen werden immer älter, aber im ganzen auch immer kränker, indem uns immer mehr Krankheiten bedrohen und immer mehr Schädigungen des Leibes wie des Geistes auszumachen sind. Von der künftigen Medizin- und Gentechnik erwartet man, den von Technik, Wirtschaft und der gesamten Kultur, besonders den Medien beschädigten Menschen zu sanieren.[98]

Grundrechte sind als Schutz- und Abwehrrechte des Staates verlangt und normiert worden. Als Schutz- und Abwehrrechte gegen die gesamte Kultur müßten Grundrechte indessen erklärt werden, wobei die Frage ist, ob der Staat, der Rechtsstaat hier der Rechtsträger bleiben kann oder ob nicht weitere Institutionen dazukommen müssen, um diese erweiterte Rechtslast zu tragen. Hier wird man freilich sofort entgegnen, daß dies eine Utopie sei, wenn ich nach weiteren Rechtsträgern Ausschau halte.[99]

---

[97] Siehe hierzu v. Verf.: *Recht auf Arbeit und Beruf? Sieben philosophisch-politische Thesen.*
[98] Man kann auch daran denken, daß die Wissenschaft ein Menschenleben möglich macht, in dem alles, was am Menschen ist, reparabel ist, Organe ausgetauscht werden, wobei das Schwierigste sein wird, das sogenannte Psychische am Leben, im Leibe des Menschen auszutauschen. Für das Durchleben der heutigen Kultur braucht man im Grunde bereits einen anderen, neuen Menschen, der mit einer anderen Seelenstatur ausgerüstet ist. Dies betrifft die sich immer weiterbewegende und überstürzende Konsumbereitschaft auf allen Kulturebenen. Man kann sich schon lange fragen, was und wie denn der Mensch alles verdauen können muß, was ihm auf dem ganzen Kulturmarkt angeboten, aufgedrängt, maßgeblich für das Leben, eben für Freiheit, Leben, Eigentum als Güter empfohlen wird.
[99] Siehe hierzu v. Verf.: *Europas Autonomie*, VI.3. Von der Eigentümergesellschaft zur politischen Gemeinschaft, S. 138 ff., VI.4. *Politeia* Europa: politische

Wenn in der Verfassung entscheidende Normen nicht wirkliche Rechtsnormen sind, dann frage ich, wie die Verfassung als Rechtsnorm verstanden werden kann. Eventuell müssen wir dann zugeben, daß wir heute politisch wichtigste und notwendigste Rechte überhaupt nicht, noch nicht haben.[100] Aus der Perspektive der sogenannten objektiven Rechtsnorm, d. h. eines Rechtes, das ich nicht subjektiv wirklich habe, das ich aber als Recht unbedingt haben soll, müßte doch ein Weg gesucht werden, um aus der gegebenen Lage der Verfassung und d. h. auch des Verfassungsrechtes gerade die Grundrechte als Verfassungsrechte zu interpretieren. Die Grundrechte müssen doppelt gelesen und verstanden werden können, einmal als Grundrechte im althergebrachten oder eng verstandenen Sinne, zum anderen im neu zu eröffnenden und weiteren und damit überhaupt wichtigeren Sinne der bisher sogenannten objektiven Norm, die jedenfalls nicht nur ein objektiver Wert sein darf, eventuell ethisch-politischer Art.

c) Rechtsgemeinschaft

Es geht um das Problem der Rechtsgemeinschaft, wie ich es nennen möchte, in der jede Rechtsnorm im durchschnittlichen Bewußtsein und der durchschnittlichen Handlung des Menschen da ist. Es geht um nichts Geringeres als um die Frage, ob die Wirklichkeit des Lebens dem entspricht, was dann als Norm des Lebens angeführt wird. Norm muß mit Normalität zu tun haben und hat keine Chance, wenn sie nicht mit der Normalität zusammenhängt. So haben wir längst die Frage, ob die Verfassungswirklichkeit der Verfassungsnorm entspricht, ob die Normen nicht zu hoch greifen. Wenn dies der Fall sein sollte, dann ist jede Rechtsnormierung utopisch. Denn eine Rechtsnorm hat nur dann eine Chance sich durchzusetzen und auch vom Staat gewährleistet zu werden, wenn sie mehr oder weniger durchschnittlich und d. h. im Normalfall des Lebens vorkommt. Dies ist heute mehr und mehr fragwürdig, was aber nicht einfach damit zu-

---

Gemeinschaft, S. 141 ff., VII.2. Von den Staaten Europas zur *politeia* Europa?, S. 156 ff.
[100] Vgl. hierzu, was ich oben betreffs Art. 20a GG bemerkte, S. 58.

sammenhängt, daß wir Auswüchse des Mehr-haben-wollens feststellen in Randgruppen der Gesellschaft, vielmehr daß dies offensichtlich zum Normalfall einer Gesellschaft geworden ist.

Unsere Privatrechtsgesellschaft hat zu kämpfen mit Organisationen, welche das Grund- wie Privatrecht von Freiheit, Leben und Eigentum in exzessiver Weise ausnützen. Dabei müssen wir zugeben, daß dieser Exzeß des Mehr-haben-wollens im Prinzip dieses gesellschaftlichen und menschlichen Selbstverständnisses mitgegeben ist. Wir sprechen von Formen organisierten Verbrechens, beispielsweise der Mafia, die nun analog zur westlichen liberalen Gesellschaftsordnung in den abgelösten ehemaligen sozialistischen Gesellschaften bzw. Staaten auftauchen und dort zur Gefahr für die neue Gesellschaftsordnung werden. Abgesehen vom Problem, daß in totalitären Staaten ähnlich wie in Mafia-Organisationen Rauschgifthandel, Waffenhandel und dergleichen betrieben werden kann, auch Erpressung gegenüber den Normalbürgern in vielfältiger Weise an der Tagesordnung ist, kann man jetzt doch sehen, wie nach der Ausschaltung totalitärer Kontrolle hier sofort die freie, sich selbst gestaltende verbrecherische Organisation in der Gesellschaft sich einnistet und ausbreitet.

Man kann der Auffassung sein, daß diese Auswüchse bis zu einem gewissen Punkt hingenommen werden müssen. Dann müßte eben der Staat, der Rechtsstaat, mit notwendigen Mitteln eingreifen, die nun, wie man heute sieht, gerade den Rechtsstaat ins Schwanken bringen, weil man meint, daß man mit nicht-rechtsstaatlichen Mitteln gegen das Verbrechen vorgehen muß. Es ist das Festhalten an Freiheit, Leben, Eigentum, geradezu das traumhafte Hinblicken auf diese neuzeitlich geforderten und forcierten Grundgüter des Menschen, die offensichtlich nicht angetastet werden sollen. Aber die Würde des Menschen ist angetastet, um hier mit dem Grundgesetz zu sprechen. Wenn der Rauschgifthandel derartig ausgebaut werden kann, dann kann hier nur ein Rechtsstaat helfen, der nicht das alther verstandene Privatrecht über das Verfassungsrecht stellt, sondern der eben jetzt sich wirklich als Normadressat für Grundrechte erweist. Man wird zugeben müssen, daß ein Mensch, der sich dem Mehr-haben-wollen mehr oder weniger hingibt, von vornherein und immer in Schwierigkeiten gerät, auch in solche mit verbrecherischen Organisationen. Ich möchte aber nicht nur diese nennen, sondern überhaupt jenes privatautonome Handeln, wie es in der ganzen Kultur heute mehr oder weniger geschieht.[101] Dazu gehört die Vertragsautonomie im besonderen. Und hier muß man, auch wenn dies Juristen immer wieder bestreiten, die wirtschaftliche Macht nennen. Ich möchte nicht einfach von der Wirtschaft, sondern von der technischen, besonders medialen Macht sprechen in unserer liberalen Gesellschaft. Und hier ist kein Sektor ausgenommen und kann man keinesfalls allein den Wirtschaftsmächten die Hauptlast zuschieben.[102] Ich möchte diese Macht, die wir alle in den Händen haben, mit der wir jedenfalls alle in Berührung kommen, am Vertrag aufzeigen.

Die Privatautonomie wird hauptsächlich in der Vertragsfreiheit gesehen. Bei dieser wird wohl schon lange von Vertragsgerechtigkeit gesprochen. Indessen bleibt das Problem bestehen, wie Freiheit und Gerechtigkeit im Vertrag zum Zuge kommen. Wenn irgendwer einen Vertrag mit einem anderen über irgend etwas abschließt, wird er zunächst und überhaupt auf seine möglichst größte Freiheit, und d. h. Privatautonomie bedacht sein. Anders gesagt: jeder wird versuchen, aus einem Vertrag soviel wie möglich für sich herauszuholen. Jedermann denkt zunächst an sich und sein Mehr-haben-wollen und nicht an den anderen; er spannt den anderen nur insofern ein, als er mit und durch ihn zu seinem Vertragsvorteil kommt. Um es mit der neuzeitli-

---

[101] Ich habe auf Mafia, auf Rauschgifthandel hingewiesen. Wir haben aber in einem viel weiteren Sinne ein mafiöses Geschehen.
[102] Italien und die Mafia scheinen seit langem eine merkwürdige kulturelle Einheit zu bilden. Man kann sich fragen, inwieweit hier in diesem versteckten Raum und Rahmen der Mafia nicht vieles aus der Politik selbst einbezogen wird. Hier gibt es keinen Ein- oder gar Überblick. Ich wage darauf hinzuweisen, weil wir ja eine mafiöse Struktur nicht nur, wie vorher genannt, in den früheren totalitären Staaten haben, nein, hier mehr und mehr der Mensch, Länder, ganze Kulturen unter einen bestimmten Konsumdruck gesetzt werden, wozu nicht nur Drogenhändler, sondern heute die gesamte Tabakwirtschaft gehören. Aber es wäre noch viel zu nennen, beispielsweise der ganze Fondshandel in der Bankenwirtschaft. Wir sehen hier, daß der Mensch zu einem Spiel angereizt wird, wo man in der Regel verliert und jedenfalls nur jene einen Gewinn machen, welche eben diese Fonds spekulativ in Gang gebracht haben. Wenn man in den letzten zehn Jahren die Zeitungen aufblättert betreffs des Börsen- und Fondsgeschehens, wird man feststellen können, daß, wo einmal wenige Geldanlagen zur Verfügung standen, heute eine unüberschaubare und so ungeheure Bewegung im Gange ist.

chen Formel zu sagen: beim Vertrag geht es so oder so um das Mehr-haben-wollen. Freilich können wir annehmen, daß der Vertragspartner genauso denkt wie ich, der den Vertrag vielleicht anstrebt, inauguriert hat. Und hier kommen wir zum Problem der Vertragsgerechtigkeit.

Die Freiheit, verstanden als die Freiheit des Mehr-haben-wollens stößt sich immer an einem möglichst gerechten Vertrag, der jedem das Seine zukommen lassen will. Freilich gibt es Vertragsformeln, in welchen der den Vertrag Inaugurierende nicht an seinen Vorteil zunächst denkt, sondern im Gegenteil an den Vorteil des im Vertrage Bedachten. So im Schenkungs- und auch im Erbvertrag. Allerdings kann es dort auch Benachteiligte geben, zu deren Gunsten nicht der Erbvertrag oder auch der Schenkungsvertrag lautet. Aber das mag ein sekundäres Problem sein. Ich spreche dies nur an, um festzuhalten, daß wohl nicht bei allen Verträgen, d. h. Vertragsformeln das Problem des Vorteils im Mittelpunkt steht. Aber das könnte noch hinterfragt werden. Denn man könnte die Behauptung wagen, daß jeder Vertrag auf einen Vorteil aus ist, so daß von der üblichen Tauschgerechtigkeit oder ausgleichenden, vermittelnden Gerechtigkeit im Sinne der klassisch genannten *ius commutativa* schwerlich noch die Rede sein kann. Bevor ich das Problem weiter reflektiere, möchte ich einen Juristen zu Wort kommen lassen, den ich deshalb auswähle, weil er einmal, wie oben schon betont, ein Zeitgenosse des ganz anders denkenden Carl Schmitt ist, aber auch bezüglich der heutigen Einfälle zum Vertrag nach wie vor herausragt.

5. Mehr-haben-wollen

a) Vertrag und Kapital (Gustav Radbruch)

Radbruch sieht einen Zusammenhang zwischen Vertrag und Kapital, im Sinne der obigen Überlegungen formuliert, Vertrag und Mehr-haben-wollen. Radbruch setzt das Problem so an: Privatrecht auf Eigentum betrifft Sachen. Es ist Sachenrecht. Beim Vertrag wird darüber hinausgegangen. Es sind nicht nur Sachen, sondern Menschen betroffen. Dies ist dann der Fall, wenn aus Eigentum Kapital wird. „Eigentum wird Kapital, wenn es nicht mehr bloß Macht über Sachen, sondern Macht über Menschen verleiht".[103] Erinnern wir uns an den Zusammenhang, den wir oben mit Radbruch aufzeigen konnten. Radbruch sieht den Liberalismus als eine Bewegung, in welcher das Eigentum zum Mittelpunkt wird, eine Bewegung, welche das Eigentum und nichts anderes vorantreibt. So ist der Liberalismus ein Kapitalismus, der für das Eigentum das wichtigste, oberste Recht, ja, wie er sagt, „geheiligtes Recht"[104] ansetzt. Und er hat im Vertrag jene Kraft einer unaufhörlich sich steigernden Bewegung, um das Eigentum wie nie zuvor zu mehren. Mehr-haben-wollen, was frühneuzeitlich als anthropologisches, psychisches Movimento des Menschen angesetzt werden kann, wird hier zu einem wirtschaftenden Movimento, das wir als ein Gesamtmoment der Kultur überhaupt erkennen können. Es ist der Kapitalismus, der nur im engeren Sinne die Wirtschaft betrifft, aber im erweiterten und heute erst sich zeigenden Sinn ein Kapitalismus des Menschen in seiner ganzen Kultur ist.

Radbruch bemerkt zu diesem Übergang vom Eigentum zum Kapital als dem Übergang von Sachen zu Menschen, der Macht über Menschen: „In der kapitalistischen Wirtschaftsordnung wirkt sich die Eigentumsfreiheit vorzüglich als Vertragsfreiheit aus, wird das Eigentum der wirtschaftliche Mittelpunkt der machtverleihenden Vertragsverhältnisse [...] sei es, daß, im Arbeitsvertrag, das Eigentum die Arbeit, sei es, daß, im Darlehen, die Arbeit das Eigentum an sich zieht. Die wirtschaftlichen Werte sind in unaufhörlicher Bewegung von einem Forderungsrecht in das andere; ihr Ruhezustand, ihr Aufenthalt im Sachenrecht kürzt sich immer mehr ab, – noch der wirtschaftliche Endzustand, die Kapitalanlage hat die Rechtsform des Forderungs- und Schuldverhältnisses. Die dynamische Unrast eines solchen Rechtslebens, in dem die Rechtsobjekte unablässig unterwegs sind, sticht deutlich von dem statischen Beharrungszustand eines Rechtslebens ab, unter dem in aller Regel die Rechtsobjekte in einem bestimmten Punkt der Rechtswelt gebunden sind."[105]

---

[103] G. Radbruch: *Rechtsphilosophie II*, S. 377.
[104] Ebd., S. 359.
[105] Ebd., S. 377 f.

Radbruch sieht also den Fort- und Übergang vom Sachenrecht als einem statuarischen Recht in ein sich bewegendes, unaufhörlich treibendes Forderungsrecht. Im Mittelpunkt steht hier, daß der Mensch sich in Schuldverhältnissen sieht. So fordert und schuldet man Arbeit vom Arbeiter, dem man dann Lohn dafür gibt. Man kann hier ein wechselseitiges Forderungs- und Schuldverhältnis sehen. Alles läßt sich letztlich als ein leicht vermittelbarer Rechnungswert darstellen und d. h. beziffern, nämlich als Geldforderung werten. Wir können auch sagen, daß hier ein geldbestimmtes Kapitalverhältnis besteht. Das mag man heute bestreiten, da bei einem Arbeitsvertrag andere, wesentlichere Gesichtspunkte zum Tragen kommen müßten. Es ist das ganze Umfeld der Lebensbefindlichkeit in der Arbeit. Wird dem Menschen überhaupt und nicht einfach dem Geld, dem Lohn Rechnung getragen? Es geht nicht nur um Arbeitslohn als Geld, vielmehr um eine für das Leben lohnende Arbeit. Freilich wirft diese Frage Radbruch nicht auf. Es geht ihm hier nur um den Hinweis, daß wir im Vertrag einen Übergang vom Sachen- in ein Forderungsrecht haben, in dem er „das bewegende Element der Rechtswelt"[106] sieht. „Der Hebel dieser ganzen bewegten Welt aber ist der freie Vertrag"[107].

Die Bewegung des Kapitals ist ohne den freien Vertrag nicht denkbar bzw. machbar: das Kapital kann nur durch den Vertrag bewegt werden. Bewegtes Kapital heißt Kapitalismus. Wir können das Wortspiel wagen, Kapitalismus geht Hand in Hand mit dem Kontraktualismus, also mit der Machbarkeit des Vertrages. Und wenn wir nun nach Radbruch den Zusammenhang so sehen, daß der freie Vertrag der Hebel der bewegten Welt ist, so ist der freie Vertrag das Hand- bzw. Handlungswerkzeug für das Kapital. Der Vertrag ist überhaupt eine neuzeitliche Grundlage des Rechts. Darauf weist Radbruch hin.

„Will man sein Wesen [des Vertrages] recht erfassen, so tut man gut, sich auf die Stellung zu besinnen, welche ihm das Naturrecht in seinem System einräumte. Der Naturrechtslehre war der Vertrag die Grundlage alles Rechts, die Lösung des Grundproblems individuali-

---
[106] Ebd., S. 377.
[107] Ebd., S. 378.

stischer Rechtsphilosophie, wie das Recht ausschließlich den Individuen dienen und doch die Individuen zugleich binden könne."[108] Radbruch sieht in der neuzeitlichen Naturrechtslehre mit ihrem Gesellschaftsvertrag letztlich die Anstrengung, aus der Autonomie des Menschen einen Staat zu gründen, wie umgekehrt den in diesem Staat durch den Gesellschaftsvertrag lebenden Menschen und d. h. die Gesellschaft und alles Staatliche und Politische auf den Kern eines autonomen Menschen zu verpflichten. Autonomie heißt hier Selbstbestimmung inklusive Selbstverpflichtung, in der die Autonomie sich im ganzen durchsetzt. Damit schien „die Auflösung alles öffentlichen in privates Recht geglückt"[109].

Aber nach Radbruch war die „Heteronomie [...] keineswegs überwunden, die Autonomie keineswegs begründet [...] Denn bedeutet Autonomie sonst die Verbindlichkeit nur der selbsterkannten Pflicht, so wird Autonomie hier in dem ganz andern Sinne der Selbstverpflichtung verstanden. Vertragswille ist aber wohl Wille, sich zu binden, nicht jedoch schon Bindung. Wille kann niemals Verpflichtung erzeugen, nicht fremde, aber auch nicht eigene Verpflichtung, er kann höchstens die Sachlage hervorbringen wollen, an die eine über ihm stehende Norm die Verpflichtung knüpft. Nicht der Vertrag bindet also, sondern das Gesetz bindet an den Vertrag. Vertragsbindung ist nicht geeignet, der gesetzlichen Bindung als Grundlage zu dienen, sie setzt die gesetzliche Bindung gerade umgekehrt voraus."[110] Hier wird der Zusammenhang von Wille und Vertrag beleuchtet.

Der Vertrag beruht auf Wille. Zwei Willen versuchen sich im Vertrag zu einigen, zu vertragen, wie man auch im Deutschen gut sagen kann. Zwei Willen binden sich aneinander, wobei dies eben der Wille ist, aber nicht Gebot oder Verpflichtung. Es geht hier um den Unterschied von Wille und Gesetz, was nun allerdings neuzeitlich zusammengedacht werden soll. Wille bewegt sich als ständiger Anspruch. Ein Wille kann ja nicht rasten, letztlich aufhören zu wollen; er kann im Moment sich und anderen sagen, daß er einhalten will, sich an

---

[108] Ebd.
[109] Ebd.
[110] Ebd.

dieses oder jenes binden will. Aber insofern der Vertrag aus dem Willen hervorgeht, kann er niemals den Willen hinter sich lassen. Im Vertrag sucht der Wille nur ein bestimmtes Moment, um sich in seinem Anspruch auszudrücken. Im Vertrag formuliert sich der Wille als Anspruchsrecht. Niemals kann er zu einem Gesetz kommen im Sinne von Geboten, Verpflichtung, daß der Vertrag so und nicht anders zu halten sei.

Was ich hier ausführe, drückt sich bereits in der römischen Formel aus *pacta sunt servanda*. Dies ist insofern vielleicht die Grundformel für das Vertragsproblem, weil sie nicht einfach lautet, daß Verträge an sich zu halten sind. Nein, wir haben im Römischen das historische Moment, daß von politischer und gesetzgebender Entscheidungskraft her gesagt wurde, daß bestimmte Verträge zu halten sind. Und zwar aufgrund der politischen bzw. gesetzlichen Maßgabe. Dort ist klar, daß der Vertrag auf dem Gesetz beruht und nicht umgekehrt. Der Vertrag bindet nur aufgrund des Gesetzes und damit bindet er auch den Willen. Das Gesetz setzt die Bindungskraft gegenüber dem Willen. Neuzeitlich entspricht der freie Vertrag genau der Grundfigur und dem Grundwort des Denkens, nämlich Wille. Der Wille sucht den Vertrag, um darin aufzugehen. Er bleibt ständig in Bewegung und deshalb auch in der ständigen Ausarbeitung von Verträgen. Ein Vertrag wäre gar kein Vertrag aus dem Willen, wenn er nicht ständig auslegungs- und damit handlungsbedürftig bliebe. So manifestiert sich die Kultur des Kapitalismus als ständige Bewegung, ja Beweglichkeit schlechthin, besonders in der ständigen, sich überstürzenden Revision und Reproduktion von Verträgen.

Und hier täuscht sich die neuzeitliche Lehre vom Gesellschaftsvertrag, welche einen sozusagen bleibenden, ja ewigen Vertrag, einen Urvertrag will, den alle ein für allemal abgeschlossen haben. Das ist die Utopie, besonders bei Rousseau. Mit Radbruch müßte man beim Gesellschaftsvertrag wie aber auch beim Privatvertrag, also dem sogenannten freien Vertrag, von einer Fiktion sprechen. Es geht hier immer um einen fingierten Willen. „Im Sozialkontrakt liegt [...] eine heteronome Bindung der empirischen Individuen durch den fingierten Willen fingierter Vernunftwesen vor [...] Der Vertragswille im Privatrecht ist kaum weniger fiktiv als der Wille der Kontrahenten des Sozialkontraktes, ja er ist in einer Hinsicht sogar noch fiktiver. Während nämlich der Staat sich in jedem seiner Lebensmomente an dem Maßstab des Sozialkontraktes muß messen lassen, während der Sozialkontrakt also nicht als in einem bestimmten Momente abgeschlossen, sondern als in jedem Augenblick von neuem abschließbar gedacht werden muß, gehört der privatrechtliche Vertrag einem bestimmten Zeitpunkt an. Er ist aber über diesen Zeitpunkt hinaus dauernd verbindlich, und das bedeutet, daß in ihm in noch höherem Grade als im Sozialkontrakt bindender und gebundener Wille auseinanderfallen: der bindende Wille ist der Wille von gestern, der gebundene der Wille von heute und morgen. Der gebundene Wille ist der wankelmütige, der empirische, der bindende der als konsequent gedachte Wille, der heute will, was er gestern wollte – und also ein fingierter Wille. Der Wille bindet sich also nicht selbst, vielmehr wird der wandelbare, empirische Wille an den fingierten Dauerwillen gebunden. Vertragsbindung ist nicht Autonomie, sondern Heteronomie."[111]

Radbruch geht es darum, die Illusion des Willens und der Autonomie zu erkennen, den Willen und die Autonomie zurückzustutzen, auf das, was sie können und was sie nicht können. Wille und Autonomie können nicht jene Bindung erreichen, die das Gesetz als solches gibt. Dies steht nun allerdings dem großen Gedanken der Freiheit als Autonomie entgegen, beispielsweise wie sie Kants Autonomie, also die Autonomie des philosophischen Menschen darstellt, der ein fingierter vernünftiger Mensch ist, um dies jetzt in der Art von Radbruch auszudrücken. Als vernünftiger Mensch muß er so wollen können, daß, was er je selbst in seinem eigenen Willen will, auch jederzeit ein anderer wollen kann. Er muß in seinem Willen das allgemeine Gesetz, das Naturgesetz, das Menschheitsgesetz wollen können. Das ist die Fiktion Kants.[112]

Radbruch sieht die Auseinandersetzung zwischen individualistischer und sozialer Rechtsauffassung. „Die individualistische Rechtsauffassung verlangt, daß einerseits Verträge *nur* binden, soweit der Vertragswille reicht (Willenstheorie), daß aber andererseits Verträge auch *stets* binden, soweit der Vertragswille reicht (Vertragsfreiheit).

---

[111] G. Radbruch: *Rechtsphilosophie II*, S. 378 f.
[112] Vgl. oben, S. 24.

Die soziale Rechtsauffassung stellt dieser Lehre die andern beiden Sätze gegenüber, daß der Vertrag nicht nur binden könne, soweit der Wille reiche – sondern soweit das Vertrauen des andern Teils auf die Erklärung reiche (Erklärungstheorie), und daß Verträge auch nicht schlechthin insoweit verbindlich sind, soweit der Wille reicht, vielmehr aus mancherlei Gründen unverbindlich sein können (Einschränkungen der Vertragsfreiheit)"[113]. Wenn man also die Vertragsbindung von dem Vertragswillen und d. h. von der Vertragsfreiheit abhängig macht, dann heißt dies, daß es dem Willen obliegt, zu binden oder auch nicht zu binden. Hier geht es um die tatsächlichen Möglichkeiten des Willens und seiner Durchsetzung und d. h. der faktischen gesellschaftlichen und menschlichen Verhältnisse der Durchsetzung und d. h. letztlich der Macht. Der Besitzende wird sich hier gegenüber dem weniger Besitzenden oder gar Besitzlosen eher durchsetzen als umgekehrt. Wer die Macht hat, hat auch den Willen. Das muß man zugeben.

Der Vertrag kann nicht binden, soweit der Wille bzw. die Freiheit reicht, vielmehr nur soweit, wie der Wille des anderen reicht, und, um es mit dem Art. 2 unseres Grundgesetzes zu formulieren: der Wille, die Freiheit, welche sich im Vertrag ausdrückt, hat den Willen und die Freiheit des anderen zu berücksichtigen, aber auch das, was verfassungsgemäß ist und dem Sittengesetz entspricht. So wäre ein Arbeitsvertrag unsittlich und nicht verfassungsgemäß, wenn er den Menschen in seiner Würde verletzt. Dies ist freilich eine weite Perspektive, die sich heute mehr denn je auftut, wenn wir an die Arbeitsverhältnisse, die Arbeitsplätze denken, welche den Menschen im Kern von „Freiheit, Leben und Eigentum" treffen und verletzen können. Radbruch sieht hier das Problem des ungleichen, ja nicht vergleichbaren Willens und d. h. der je verschiedenen Macht im gesellschaftlichen Verband. Vertragsfreiheit hat für ihn den wesentlichen Sinn als ein Vertrag zwischen relativ Gleichen. Als solcher ist der Vertrag auch ursprünglich neuzeitlich gedacht worden, wobei aber bemerkenswert ist, daß aus den Verträgen von je gleichen Menschen mit dem je gleichen Willen zu Freiheit, Leben und besonders Eigentum sich die Freiheit, aber auch besonders die Eigentumsverhältnisse

---

[113] G. Radbruch: *Rechtsphilosophie II*, S. 380.

geändert, differenziert haben, so daß hier kaum Gleiche sich gegenüberstehen. Um solche Ungleichheiten handelt es sich zwischen dem Arbeitsvertrag von Arbeitnehmern und Arbeitgebern, aber auch beispielsweise bei einem Vertrag zwischen einem Bankkunden und der Bank.[114]

Man wird zugeben müssen, daß gerade der sogenannte Privatmann immer von vornherein nur den Vertrag abschließen kann, der ihm von der Gegenseite, also der Bank, angeboten werden kann. Er wird weniger zu seiner Eigentumsmehrung den Vertrag aushandeln können, den er vielleicht selber will, vielmehr sich nach dem Vertragsangebot der mächtigeren Seite richten müssen. Diese Seite legt ihre Hauptbedingungen im sogenannten Kleingedruckten ihrer Verträge fest. In den großgedruckten Grundsätzen der Verträge liest sich dies in der Regel ziemlich anders als in den kleingedruckten weiteren, aber entscheidenden Maßgaben, die dann greifen, wenn der Vertrag aufgekündigt wird, wobei die stärkere Vertragsseite wohl immer am längeren Hebel sitzt. Wir würden uns doch etwas vormachen, wenn wir heutzutage die Vertragsfreiheit im Einklang mit der Vertragsgerechtigkeit sehen würden. „Nur in einer Gesellschaft sozial gleich Mächtiger, einer Gesellschaft von lauter kleinen Eigentümern, [konnte] die Vertragsfreiheit eine Vertragsfreiheit für alle sein. Wenn sich die Kontrahenten als Besitzende und Besitzlose gegenüberstehen, wird die Vertragsfreiheit zur Diktatfreiheit des sozial Mächtigen, zur Diktathörigkeit des sozial Ohnmächtigen. Je mehr sich schließlich die freie in eine gebundene, kapitalistische Wirtschaft verwandelt, um so mehr wird die Vertragsfreiheit der Einzelnen durch die Herrschaft von Verbänden eingeschränkt."[115]

b) Vertragsfreiheit und Vertragsgerechtigkeit

Wir haben inzwischen den sozialen Rechtsstaat, wie wir meinen. Längst scheint die Einschränkung der „juristischen Vertragsfreiheit"

---

[114] Siehe hierzu v. Verf.: *Europas Autonomie*, I. Humanes Leben in Autonomie und Solidarität, S. 9 ff., wo zum Thema Wirtschaft versus Leben und Arbeit ausführlicher Stellung bezogen wird.
[115] G. Radbruch: *Rechtsphilosophie II*, S. 380.

durch die „soziale Vertragsfreiheit"[116] gelungen, welche damals Radbruch als die Aufgabe für den Rechtsstaat, den Gesetzgeber, das Gesetz herausstellt. Freilich wird diese Aufgabe in der heutigen Diskussion anvisiert. Aber wir werden doch nicht behaupten wollen, daß hier die Probleme gelöst, ja ich möchte sogar fragen, ob überhaupt gestellt sind angesichts der weiteren Entwicklung, die wir nicht nur in den sozialen Problemen und dort mit dem Bereich der Arbeit und eines eventuellen Rechtes auf Arbeit haben, von dem auch Radbruch immer spricht.

Vielmehr haben wir heute den viel komplexeren und in der Dimension kaum überschaubaren Bereich des Umweltrechtes, welches zum Maßgaberecht und damit zum Verfassungsrecht gegenüber dem Privatrecht werden muß, besonders einem Privatrecht, das sich öffentlich-rechtlich in Grundrechten legitimiert hat. Die von Radbruch hier anvisierte bewegte Welt des Kapitalismus, die den Hebel des freien Vertrages benützt, ist viele Schritte inzwischen weitergegangen. Aufgrund dieser Entwicklung haben wir die Umweltprobleme, die wir wohl allmählich lösen wollen, die aber, worauf es ankommt, überhaupt noch nicht zureichend erkannt werden. Dazu gehören die sich aufwerfenden Rechtsprobleme durch die Schädigung des Privaten, der sogenannten Deshumanisierung, die nicht nur durch physische, sondern auch durch psychische Umweltschäden erfolgt.

Wir sprechen davon, daß die Medien die Umwelt des Menschen verschmutzen, was besagen soll, daß die Menschen mit Medienwaren überlastet werden. Durch die Vernetzung in den Medien wird der Mensch in seiner Lebenszeit ausgebeutet, ihm Zeit, zuviel Zeit aus dem persönlichen Leben genommen, gestohlen. Es wird ihm allerdings vorgemacht, daß er dadurch Zeit gewinnt, daß er in der Zeit, in der er in den Medien eingelassen und verspannt ist, geradezu zeitenthoben außerhalb der vielleicht schweren Lebens- und d. h. Arbeitszeit steht. Er wird aber dabei in eine Scheinwelt gerissen, wie sie immer schon von der Philosophie seit Platon kritisiert wurde. Der Mensch wird scheinbar umfassend informiert, zum Denken, zur Meinungsfreiheit, zum Erleben und damit zur Lebensqualität angeregt. Er wird durch die Medien und ihre Werbung auf dieses oder jenes äußere Gut

---

[116] Ebd.

gelenkt, das er vielleicht gebrauchen könnte. Die Produktivität von Freiheit, Leben und Eigentum scheint durch die Medien nicht geschmälert, nein, im Gegenteil, bereichert und überhaupt erst zu einer Produktivität und darin zu einer Konsumtion von Freiheit, Leben, Eigentum zu führen. Wir bemerken dabei vielleicht gar nicht oder wenig, daß es eine Ausbeutung und Ausnützung und damit Vernutzung des Lebens ist, so wie wir von Wirtschaft und Technik eine Ausnutzung der Natur erfahren. Beide Male kann man freilich die Perspektive so drehen und von einer Produktivität aus der Natur und aus dem Menschen sprechen, der zu neuer Freiheit, neuem Leben und neuem Eigentum angeregt wird.

Wie die Freiheit stets ein offenes Problem ist, so auch die Gerechtigkeit. Was vielleicht zur Freiheit am Anfang der Neuzeit gehörte, eben eine radikale Vertragsfreiheit, kann heute nicht mehr in dieser Weise zum Vertrag gehören, zumal diese Vertragsfreiheit zur heutigen gesellschaftlichen, öffentlichen und politischen Situation geführt hat. Wir haben den Lauf einer Vertragsfreiheit durchschritten, welcher zur Größe, aber auch zum Verhängnis führte, so daß heute die Frage nach der Gerechtigkeit und d. h. der sozialen, politischen, umweltlichen Gerechtigkeit gestellt werden muß.

Zu was für einer Freiheit führt uns diese Medienwelt, welche unsere Welt ist und jedermanns Weltbild mehr oder weniger gestaltet? Zu welcher Freiheit gelangen wir, wenn wir die Vertragsfreiheit hochhalten und ausbauen und dabei die Vertragsgerechtigkeit vernachlässigen? Dazu gehört, daß wir die immer krasser werdenden Unterschiede sehen, eben von dem, was in den Medien produziert wird, und denjenigen, welche es konsumieren müssen. Nun kann man freilich sofort antworten, daß nur jenes produziert wird, was der Konsument von sich her haben will. Es ist die entscheidende Freiheit in der heutigen Demokratie, daß jedermann das übernehmen kann, was er will. Aber das ist nicht nur fraglich, sondern überhaupt abwegig. Denn dem, was die ganze wirtschaftliche, rechtliche wie künstlerische und zusammengefaßt medienhafte Kultur uns bietet, dem kann kaum jemand entrinnen. Den Luxus einer anderen Freiheit kann sich kaum jemand leisten. Wer kann sich der Meinungsmache der Presse und der Medien, dieser Unterhaltungskultur, wie sie hauptsächlich die Medien erfüllen, entziehen?

Ein erster Schritt zur Einsicht wäre, zuzugeben, daß wir im Namen der Freiheit uns etwas vormachen, täuschen, ja lügen und uns belügen lassen. Zur neuzeitlichen wie heute verstandenen Freiheit gehören wohl wesentlich der Schein und die Lüge.[117] Diese liegt darin, daß die Scheinwelten in der Medienkultur als Wirklichkeit dargestellt werden. Im Schein des Lebens können wir kaum mehr unterscheiden, was Schein und Wirklichkeit ist, da die Hauptwirklichkeit ja eine Scheinwelt ist. Man kann hier freilich eine neue große Freiheit sehen, eben im Schein mehr zu leben, mehr Freiheit, Leben, Eigentum zu haben als in jeder bloßen, schieren Wirklichkeit. So gilt es jetzt, von der Wirklichkeit weg in einer Scheinwirklichkeit, ja wir müssen jetzt richtigerweise sagen, in einem wirklichen Schein zu leben. Die Scheinwelt ist in der Tat eine, ja die wirkliche Welt.

6. Der Mensch im Vertrag

a) Vertrag und Gesetz

Die Freiheit der Machbarkeit im Vertrag ist groß. Wie kommt sie eigentlich zustande? Wir müssen den Zusammenhang von Freiheit und Vertrag näher reflektieren. Man sagt so einfach, daß der Vertrag zu den Freiheiten des Menschen gehört, vielleicht auch noch, daß man in ihm eine wesentliche Freiheit sieht. Wir müssen aber umgekehrt das Verhältnis vom Vertrag zur Freiheit entdecken. Mit dem Vertrag wird Freiheit auch und vielleicht erst geschaffen. Sie eröffnet die Dimension der Freiheit. Dies sehen wir gerade im neuzeitlichen Verständnis des Gesellschaftsvertrages. Freilich wird darin ein Urakt der Autonomie gesehen. Aber wenn auch die Frage schwierig ist, ob Freiheit oder Notwendigkeit zum Gesellschaftsvertrag führt, jedenfalls ist klar, daß der Gesellschaftsvertrag dem Menschen eine bestimmte, relative Freiheit gibt. Durch den Gesellschaftsvertrag erreicht er die Sphäre, den Wirkungsbereich der bürgerlichen Freiheit, wie Eigentum, Handel, Gewerbe und Vertrag. So kann man hier

---

[117] Vgl. v. Verf.: *Philosophie der Lüge*.

sagen, daß der Vertrag Freiheit hervorbringt, bewirkt. Die Machbarkeit des Vertrages führt zur Freiheit.

Die juristischen Überlegungen kreisen immer wieder darum, wie der Zusammenhang von Vertrag und Gesetz, d. h. letztlich von Recht und Vertrag ist. Es wird behauptet, daß in den privatautonomen Verträgen selbst eine Art Privatrechtsnorm gesehen werden kann. Kann man den privatautonomen Vertrag überhaupt als eine Privatrechtsnormierung verstehen bzw. mit dem gesetzgeberischen Akt des Staates betreffs der Privatrechtsnormen vergleichen und gar gleichstellen? Vertragsansprüche werden wie ein Gesetz verstanden, nämlich als „»vertraglich bedingte« Gesetzesbefehle".[118] Es wird überlegt, ob das Rechtsgeschäft nicht selbst eine Art von Gesetz ist und hier der Staat als Gesetzgeber gewissermaßen auf Privatpersonen gesetzgeberische Möglichkeiten überträgt, eben in der Privatautonomie des freien Vertrages. Es wird überlegt, ob es sich hier um eine „Ermächtigung" oder um „Delegation" handelt.[119] Dagegen wird wohl richtig argumentiert:

„Mit der Zulassung der Privatautonomie überträgt der Gesetzgeber nämlich nicht eine »eigentlich« ihm selbst obliegende Aufgabe auf die Privatrechtssubjekte, sondern übernimmt eine lediglich allem positiven Recht vorausliegende Gestaltungsmöglichkeit und stattet sie mit Rechtszwang aus. Nicht mit der Kategorie der Ermächtigung oder der Delegation, sondern mit der der Anerkennung ist daher die Kompetenz der Privatrechtssubjekte zur Setzung rechtsgeschäftlicher Regelungen zu erklären."[120] Canaris weist auf das „äußerst schwierige und immer noch weitgehend ungeklärte Problem, das an Grundfragen der Rechts- und Staatsentstehung rührt"[121]. Dies spiegelt sich auch in der Art, wie er sich ausdrückt. Die Freiheit und d. h. die Privatautonomie wird hier letztlich vorstaatlich, quasi naturrechtlich, jedenfalls als „allem positiven Recht vorausliegende Gestaltungsmöglichkeit" des Menschen gesehen.

---

[118] Vgl. K.-W. Canaris: *Grundrechte und Privatrecht*, S. 217.
[119] Vgl. ebd., S. 217 f.
[120] Ebd., S. 218 f.
[121] Ebd., S. 218.

Was der Staat hier macht und deshalb Rechtsstaat ist und Gesetzgeber, das liegt in der Ausstattung des Vertrages mit Rechtszwang. Zur Privatautonomie gesellt sich also vom Staat her Recht und Gesetz. In welchem Zusammenhang bzw. auf welcher Basis geschieht dies? Es wird hier die Anerkennung genannt. Dies heißt doch nichts anderes, als daß der Mensch *als* Mensch anerkannt wird. Es wird die Freiheit, die Privatautonomie anerkannt. Damit wird auch anerkannt, daß der Mensch als Mensch privat, privatautonom in der Lage ist, nach der Art von Recht und Gesetz zu denken und zu handeln, und zwar im Vertrag. Der Vertrag wird damit dem Menschen als Menschen zugesprochen, analog zur Freiheit, analog zur Privatautonomie. Das ist ein bedeutsamer Ansatz, weil hier das Recht bzw. der Zusammenhang von Freiheit und Recht, von Vertrag und Recht bzw. Gesetz anthropologisch verstanden wird. Canaris stellt bezüglich der Kategorie „der Anerkennung" fest, daß eine „Anerkennungstheorie"[122] noch kaum entwickelt wurde, geschweige denn „bisher wesentlich eine dogmatische Vertiefung erfahren hat"[123].

Auch wenn Juristen hier kaum an Hegel, also an die Philosophie, denken, wäre an ihn zu erinnern, der die über das Recht hinausgehende Ebene der Sittlichkeit anvisiert, welche, klassisch gesprochen, die politische Gemeinschaft ist, in der jeder den anderen als solchen und im ganzen anerkennen muß, damit überhaupt dann miteinander gelebt und d. h. gehandelt werden kann. Bezüglich des Vertrages schreibt Hegel: „Der Vertrag setzt voraus, daß die darein Tretenden sich als Personen und Eigentümer *anerkennen*"[124]. Die Freiheit des Eigentums bzw. die Freiheit des Vertrages gibt es nur, wenn solche Anerkennung mit einer, ja wir können behaupten, diesen Freiheiten vorausgeht. Wir haben hier die tiefer sitzende Freiheit der Anerkennung. Darauf lassen sich dann Eigentum, Vertrag usw. setzen. Ich benütze hier den Begriff von Sitz im Sinne von *êthos* oder, wie Hegel es dann sagt, Sitz, aus dem alle Sittlichkeit kommt. Sitz ist die Voraussetzung

---

[122] „Vgl. zu dieser »Anerkennungstheorie« näher *Canaris* AcP 184 (1984), 218 f. mit Nachw." – diese Anmerkung finden wir bei K.-W. Canaris: *Grundrechte und Verfassungsrecht – eine Zwischenbilanz –*, S. 48.
[123] K.-W. Canaris: *Grundrechte und Privatrecht*, S. 218.
[124] G. W. F. Hegel: *Grundlinien der Philosophie des Rechts*, § 71.

für alles. So auch für das Recht, den Rechtsstaat und Gesetzgeber, der Privatautonomie zuläßt, um damit nur das immer schon menschlich Offenliegende und so Vorausliegende zu übernehmen, in den Rechtskanon bzw. die Rechtsnorm aufzunehmen.

Was allerdings juristisch klar gesagt wird, das ist die Ausstattung mit Rechtszwang. Diese Ausstattung kann der Mensch sich nicht selbst bzw. allein geben, auch nicht, indem er mit anderen Menschen via Vertrag sich zusammen- bzw. auseinandersetzt. Aber hier greift gerade die Anerkennung. Denn indem im privatautonomen Vertragsakt ein Rechtsakt vorliegt, zeigt sich überhaupt erst die wirkliche Anerkennung dessen, was der Mensch von sich her will und eben vom Staat her bekommt. Vertrag ist Gesetz bzw. hat Gesetzeskraft nicht aus sich selbst, vielmehr durch den Staat, den Rechtsstaat, den Gesetzgeber. Der Privatrechtsgesetzgeber gibt dem Privatrechtssubjekt das Entscheidende, nämlich die Rechtsnormativität, den Rechtszwang. Nur in dieser Weise und in diesem Sinne kann der Satz gelesen werden: *conventio est lex* (Eine rechtsgeschäftliche Einigung ist ebenso wirksam wie ein Gesetz). Dieser Satz kann nicht heißen, daß der Vertrag, der Wille zum Vertrag, auch nicht der Vertragsabschluß, aus sich die vertragliche Bindung im Sinne einer gesetzlichen Bindung hervorbringen kann. Menschen kommen in einem Vertrag überein *(conventio)*, der aber nicht aufgrund der Übereinkunft, sondern aufgrund des Gesetzes gesetzlich normierende Bindungskraft hat. „Nicht der Vertrag bindet [...], sondern das Gesetz bindet an den Vertrag", so Radbruch.[125] Und ob ein Vertrag letztlich gültig ist, wirklich bindende Kraft hat, entscheidet das Gesetz und letztlich die höheren Maßgaben des Gesetzes, das Verfassungsgesetz und darin die Grundrechte. Auch diese Perspektive darf nicht vergessen werden.

Wir können im Vertrag viel, aber nicht alles. Wir können im Vertrag gesetzesartig handeln, aber haben nicht das Gesetz in der Hand. Wir haben hier die doppelte Perspektive, daß einerseits der Mensch in seiner vollen Freiheit anerkannt wird, die sich als Privatautonomie und hierin spezifisch im freien Vertrag darstellen und sich ausleben will; aber andererseits geht mit dieser Anerkennung einher, daß die so

---

[125] G. Radbruch: *Rechtsphilosophie II*, S. 378.

frei-sein-wollenden Menschen die Freiheit des Menschen anerkennen. Dies heißt also, die Freiheit des anderen Menschen, eines jeden Menschen, den gemeinsamen Sitz in der Freiheit anerkennen. Dies spricht Hegels Begriff der Sittlichkeit bzw. Aristoteles mit der politischen Gemeinschaft aus. Und dies wird im Grundgesetz angesprochen im Art. 2, der die Freiheit in den Rahmen der Anerkennung des anderen, der Verfassung und des Sittengesetzes stellt. Dort leuchtet die komplexe Struktur der Anerkennung auf. Mit dem Hinweis auf die Verfassung wird dort gesagt, daß das Verfassungsrecht das Privatrecht anerkennen, die Verfassung also eine Verfassung des freien Menschen sein muß, wie umgekehrt sich der freie Mensch eine freiheitliche Verfassung gibt.

b) „Kontraktgesellschaft" (Max Weber)

Vertrag ist Anspruch und Gebot, Recht und Gesetz, insofern der Vertrag rechtens und gesetzlich ist und d. h. letztlich Verfassung und Sittengesetz anerkennt. Ansonsten ist ein Vertrag kein Vertrag. Vertrag ist also nicht Vertrag kraft des Vertrages, sondern kraft des Menschen im Bezug zum Menschen, zur Verfassung, zum Sittengesetz.

Hier freilich kann man viele Fragen stellen. Denn bei dem im Grundgesetz genannten Sittengesetz kann man nicht ohne weiteres an das Sittengesetz im Sinne der Philosophie, wie beispielsweise von Kant, denken. Vielmehr eher an das, was Sitte und Brauch ist. So kann auch, was vor Zeiten unsittlich war, jetzt zu den guten Sitten gehören. Und im Hinblick auf die Verfassung wird man nicht einfach von vornherein behaupten können, daß sie eine durch und durch freiheitliche Verfassung für einen freien Menschen ist. Es bleibt immer noch die Frage, was ist denn der wirklich freie Mensch? Ist es der Mensch der radikalen Privatautonomie? Gerade dies wird man doch wiederum kritisieren und bestreiten können, wenn man auf die Privatautonomie, das Vertragsgeschäft hinschaut, das neuzeitlich in Gang gebracht wurde und uns heute in Atem hält.

Max Weber, der insgesamt der Theorie von der Ermächtigung zuneigt und weniger wohl der Anerkennung, meint bezüglich der Vertragsfreiheit: „Soweit dies Belieben von einer Rechtsordnung zugelassen wird, soweit reicht das Prinzip der ‚*Vertrags*freiheit'. Das Maß der Vertragsfreiheit, d. h. der von der Zwangsgewalt als ‚gültig' garantierten Inhalte von Rechtsgeschäften, die relative Bedeutung also der zu solchen rechtsgeschäftlichen Verfügungen ‚ermächtigenden' Rechtssätze innerhalb der Gesamtheit einer Rechtsordnung ist natürlich Funktion in erster Linie der Marktverbreiterung"[126]. Vertragsfreiheit und Markt, freier Markt, kapitalistischer Markt gehören zusammen. In einer Markt-Gemeinschaft, d. h. in einer Gesellschaft, die wesentlich ihre Tätigkeit im Markt sieht, hat die Freiheit einen ganz bestimmten Rechtssinn.

„'Freiheit' heißt im Rechtssinn: Rechte haben, aktuelle und potentielle, die aber in einer marktlosen Gemeinschaft naturgemäß vorwiegend nicht auf 'Rechtsgeschäften', welche der einzelne abschließt, sondern direkt auf gebietenden und verbietenden Sätzen des Rechts beruhen. Tausch dagegen ist, unter der Herrschaft einer Rechtsordnung, ein ‚Rechtsgeschäft': Erwerb, Abtretung, Verzicht, Erfüllung von Rechtsansprüchen. Mit jeder Erweiterung des Markts vermehren und vervielfältigen sich diese. Die Vertragsfreiheit ist dabei in keiner Rechtsordnung eine schrankenlose, dergestalt, daß das Recht für jeden beliebigen Inhalt einer Vereinbarung seine Zwangsgarantie zur Verfügung stellte. Charakteristisch für die einzelne Rechtsordnung ist vielmehr: für welche Vertragsinhalte dies geschieht und für welche nicht."[127] Max Weber sieht uns heute in dem Zustand weitgehender Vertragsfreiheit. Zum heutigen Privatrecht, Privatrechtsleben gehört das von den Privatrechtssubjekten beanspruchte und durchgeführte „Rechts*geschäft*, insbesondere des *Kontrakts*, als Quelle zwangsrechtlich garantierter Ansprüche. Der Privatrechtssphäre ist dies derart charakteristisch, daß man die heutige Art der Vergemeinschaftung, soweit jene Sphäre reicht, apotiori geradezu als 'Kontraktgesellschaft' bezeichnen kann."[128]

Besser kann man wohl nicht herausheben, was die Vertragsfreiheit heute bedeutet. Überlegt werden könnte hier der Zusammenhang von Gesellschaftsvertrag und Kontraktgesellschaft. Denn diese Kontraktgesellschaft ist durch den Gesellschaftsvertrag begründet, ermöglicht

---
[126] Max Weber: *Wirtschaft und Gesellschaft, VII. Rechtssoziologie*, S. 509.
[127] Ebd., S. 510.
[128] Ebd.

und auch legitimiert worden. Der Rechtsstaat ist wesentlich Privatrechtsgeber, der zum Privatrechtsgeschäft ermächtigt.

Max Weber versucht nun allerdings im Zuge seiner Überlegung des Vertragsproblems auch beim Staat öffentlich-rechtliche, völkerrechtliche Kontrakte der Staaten im Sinne des freien Vertrags zu verstehen und sieht letztlich die „Bedeutung ‚des Kontrakts' im Sinne einer freien Vereinbarung als Rechtsgrund der Entstehung von Ansprüchen und Pflichten [...] also auch in früheren und frühesten Epochen und Stadien der Rechtsentwicklung weit verbreitet"[129]. Er unterstreicht aber dann doch die eigenartige Bedeutung des Kontrakts für die heutige Form der Wirtschaft. „Die heutige Bedeutung des Kontrakts auf diesem Gebiet ist in erster Linie Produkt der intensiven Steigerung der Marktvergesellschaftung und der *Geld*verwendung. Nicht nur also stellt der Aufstieg der Bedeutung des privatrechtlichen Kontrakts im allgemeinen die juristische Seite der Marktgemeinschaft dar, sondern der durch die Marktgemeinschaft propagierte Kontrakt ist auch von innerlich anderem Wesen als jener urwüchsige Kontrakt, der auf dem Gebiet des öffentlichen und des Familienrechts früher eine so viel größere Rolle spielte als heute."[130] Den durch die Marktgemeinschaft entstandenen Kontrakt nennt Max Weber Zweckkontrakt; „jene urwüchsigen Kontrakttypen [...] ‚Status'-Kontrakte, [...] ‚Zweck'-Kontrakte".[131]

In der Kontraktgesellschaft haben wir den Vertrag als Zweckvertrag. Dieser bestimmt die Wirtschaft, ja wir können sagen, mit ihm wird die Wirtschaft gemacht. Aber bringt die Rede vom Zweckvertrag mehr als die doch weitere vom freien Vertrag? Wohl jeder Vertrag, so auch der Statusvertrag, hat einen Zweck; was aber den freien Vertrag auszeichnet, ist die Freiheit der Machbarkeit im Vertrag, wie wir es zu nennen versuchten. Der freie Vertrag entspricht der neuzeitlichen, kapitalistischen Ökonomie, die auch eine neue Form des Marktes bringt, den freien Tausch- und Kapitalmarkt.

Im unvollendeten Kapitel VI seiner Überlegungen zu *Wirtschaft und Gesellschaft* schreibt Max Weber hierzu: „Die Marktgemein-

---

[129] Ebd., S. 512.
[130] Ebd., S. 513.
[131] Ebd.; vgl. die Schmittsche Redeweise von Statuskontrakt.

schaft als solche ist die unpersönlichste praktische Lebensbeziehung, in welche Menschen miteinander treten können."[132] Ich ziehe es vor, weder von Marktgemeinschaft noch von Marktgesellschaft zu reden, vielmehr im Markt jenes zu sehen, was die Gesellschaft neuzeitlich und seither mehr denn je durch und durch bestimmt. Max Weber zeichnet idealtypisch, damit irgendwie rein theoretisch formal, einen freien Markt, der durch keinerlei ethische Normen gebunden ist,[133] in dem es nur um das reine „Feilschen", Gewinnmaximierung oder Mehr-haben-wollen, wie immer wir es ausdrücken, geht. Er spricht vom Markt als Marktfreiheit des Feilschens und fügt dann hinzu das Moment des Konkurrierens. So ist die freie Marktwirtschaft eine solche der freien Konkurrenz. Worin konkurrieren aber die Mitglieder und somit auch die Partner des Marktes, des freien Vertrages?

Die Freiheit des Marktes und des Vertrages besteht darin, das uneingeschränkt einzuhandeln, was zur Produktion gehört, also „sachliche Produktionsmittel und Arbeitsleistungen".[134] Hier sieht Max Weber eine Auseinandersetzung zwischen der nur teilweise oder überhaupt nicht freien Wirtschaft mit ständischen bis sakralen Bindungen. Diese gilt es abzuschütteln, wie auch die Entwicklung der freien kapitalistischen Marktwirtschaft zeigt. Es geht um die volle, freie Besitznahme des Marktes ohne sakrale, ständische und traditionelle Gebundenheiten, welche auf die Tausch- bzw. Produktionsmöglichkeiten Einfluß hätten, Vorschriften machen würden, Privilegien verteilen, eben ständische Monopole errichten könnten. Der Markt soll derart frei sein, daß er autonom ist und dies heißt, daß er durch nichts anderes beherrscht wird als durch sich selbst. Der Markt bildet den Preis selbst, der im Feilschen und Tauschen, im Gewinnenwollen erreicht wird. Max Weber sieht hier eine reine rationale Marktpreisbildung, wobei rational im Sinne der Max Weberschen Zweckrationalität, Zweckvertraglichkeit zu verstehen ist. Man kann dies auch so ausdrücken: der Markt weiß immer am besten selbst, was für den Markt gut ist und er braucht keine Vorschriften von außen. Der Markt hat seine ihm eigene Vernunft, welche vernehmen

---
[132] M. Weber: *Wirtschaft und Gesellschaft*, S. 490.
[133] Vgl. ebd.
[134] Vgl. ebd., S. 491.

läßt, was dem Markt nützt, für ihn gut ist oder nicht. Er spricht von „kapitalistischen Interessenten" oder auch „Marktinteressenten".[135]

Ich möchte sagen, daß es die reinen Besitzinteressenten sind, weil sich in diesem neu verstandenen, sich selbst machenden Markt, den Marktpreis selbst bildenden Preismarkt die höchste, effektivste Form des Besitzes zeigt. Es ist ein Markt der ureigenen Machbarkeit. In diesem Markt herrscht die Machbarkeit des Besitzes. Kapitalistische Marktinteressenten sind Besitzinteressenten. Wenn Max Weber die zweckrationale Seite betont, dann sieht er hier das Walten einer Sache in sich selbst, eben des Marktes, des Tauschens, des Feilschens; ich möchte sagen den Menschen in der Bewegung des Kapitalismus. Wie können wir am besten den Besitz vermehren? Eben durch diese Art von Markt. Und hier hat der Markt eine ihm ureigene „Marktethik". Dazu Max Weber:

„Wo der Markt seiner Eigensetzlichkeit überlassen ist, kennt er nur Ansehen der Sache, kein Ansehen der Person, keine Brüderlichkeits- und Pietätspflichten, keine der urwüchsigen, von den persönlichen Gemeinschaften getragenen menschlichen Beziehungen. Sie alle bilden Hemmungen der freien Entfaltung der nackten Marktvergemeinschaftung und deren spezifische Interessen wiederum die spezifische Versuchung für sie alle. Rationale Zweckinteressen bestimmen die Marktvorgänge in besonders hohem Maße und rationale Legalität, insbesondere: formale Unverbrüchlichkeit des einmal Versprochenen, ist die Qualität, welche vom Tauschpartner erwartet wird und den Inhalt der Marktethik bildet, welche in dieser Hinsicht ungemein strenge Auffassungen anerzieht: in den Annalen der Börse ist es fast unerhört, daß die unkontrollierteste und unerweislichste durch Zeichen geschlossene Vereinbarung gebrochen wird. Eine solche absolute Versachlichung widerstrebt, die namentlich Sombart wiederholt in oft glänzender Form betont hat, allen urwüchsigen Strukturformen menschlicher Beziehungen."[136]

Die Marktethik richtet sich nur auf das, worauf hier das Geschehen steht. Es ist der Markt um des Marktes willen, wobei wir uns aber im Klaren sein müssen, was dies heißt. Denn der Markt heißt hier

---
[135] Ebd., S. 491 f.
[136] Ebd., S. 490.

Tauschmarkt, Gewinnmarkt, ein Markt des Besitzens und Mehr-haben-wollens. Es ist die Ethik des Besitzes, welche sich durchsetzt und welche von vornherein vorausgesetzt wird. Der Mensch muß auf dem Boden *(êthos)* des Besitzes stehen, dies gegenseitig anerkennen. Mit der Kategorie Anerkennung kann hier das Problem am besten gestellt und verstanden werden. Im Markt und d. h. jetzt auch für unser Problem im Vertrag muß jeder von vornherein anerkennen, daß der andere seinen Gewinn, seinen Vorteil und damit auch den einen oder anderen zu übervorteilen sucht. Dies gehört zum „Feilschen", um nur mit Max Weber zu sprechen. Dazu gehört auch, daß, wenn jemand für eine Sache den Preis zahlt, dann selbst schon wissen muß, was er tut. Denn es könnte ja ein Preis sein, der schlecht ausgehandelt ist, der anders viel niedriger sein könnte.

Wer macht den Preis? Das ist heute mehr denn je die Frage. Man antwortet lakonisch, von einer reinen, freien Markttheorie her, daß der Markt den Preis bestimmt. Der Preis ist frei, so frei wie der Markt. Aber wer sind hier wirklich jene, die um den Preis feilschen, um ihn konkurrieren? Wir sehen heute, daß wir eine Monopolisierung haben, welche den Preis diktieren kann, zu dem aber vor allem gehört, daß mit dem Medium der Werbung als dem eigentlichen Marketing des Marktes heute der Mensch, der Käufer, der Konsument dazu gebracht werden kann, daß er den Preis bezahlt, den ihm der Markt vormacht. Auch dies gehört zur universalen Machbarkeit des Marktes, des Marktpreises. So ist der Marktpreis kein freier Preis, vielmehr ein total bis totalitär gemachter Preis, der durch das umfassende bis totalitäre System der Werbung gemacht wird.[137]

7. Vertrag als Prinzip der Machbarkeit

Mit Hegel kann man sagen, daß im Recht sich Freiheit realisiert. Analog dazu könnte man im Vertragsrecht eine spezifische Freiheit annehmen. In dieser Weise können wir auch den öffentlichen Rechtsraum sehen, worin der Gesetzgeber, der Staat, die Verfassung fungie-

---

[137] Siehe hierzu v. Verf.: *Europas Autonomie*, II.6. Totalitäre Autonomie, d. Wirtschaft und Geld, S. 48 ff.

ren, demgegenüber der private Raum, die Privatautonomie dann einen ihr eigens zustehenden Rechtsraum hat: das Vertragsrecht. Dies freilich, wie wir oben immer wieder betonen konnten, ist kein eigentlicher gesetzgeberischer Raum, vielmehr die Anerkennung des Menschen als eines in bestimmter Beziehung in der Privatautonomie rechtsfähigen Lebewesens.

Freiheit und Recht, Freiheit und Vertragsrecht spielen sich aber offensichtlich heute am meisten in der Wirtschaft ab bzw., anders gesagt, durch die neuzeitliche ökonomische Entwicklung einer Wirtschaft als kapitalistischer Wirtschaft zeigt sich besonders, was ein Vertrag bedeuten kann. Dort sehen wir den Vertrag sich loslösen von allen früheren Bestimmungen, beispielsweise als ein Statusvertrag. Der Vertrag macht selbst eine Geschichte der Freiheit durch, indem er zum freien Vertrag sich gestaltet, der dann wiederum sich gerade heute behaupten will, wie die juristische Diskussion zeigt. Worin beruht aber letztlich die Freiheit des Vertrages?

Darin, daß der Mensch sich mit dem Vertrag von allem freimachen kann und daß der Vertrag alle möglichen Positionen, Äquivalenzen einnehmen kann. Der Vertrag steht für eine oder mehrere Personen wie für eine oder mehrere Sachen. Der Vertrag kann bestimmen, was und wie etwas ist. Es scheint sogar so, daß überhaupt erst durch den Vertrag wir wissen, was eine Sache als Sache *ist*. Dies betrifft kleine wie große Dinge des Lebens und gerade auch des politischen Lebens. Dort sehen wir, daß wir Verträge machen, beispielsweise Grundverträge zwischen Staaten, Völkern, welche große und größte Schwierigkeiten haben, miteinander zu leben. So macht man einen Vertrag, um zu erfahren, was sich miteinander machen läßt, wie eine Beziehung, eine Kommunikation, oder wie wir oft diesbezüglich gesehen haben, wenigstens eine Koexistenz sich vereinbaren läßt. Es ist ein Vertrag darüber, daß man sich eigentlich nicht verträgt. Auch dies ist als Vertrag also möglich. Gerade dann vertrauen wir dem Vertrag, wenn wir uns eigentlich in der zwischenmenschlichen Beziehung, der Kommunikationsmöglichkeit mißtrauen. Das Vertrauen auf die Machbarkeit des Vertrages scheint groß, ja unermeßlich.

Wir setzen alles auf den Vertrag. Mit ihm scheint alles geregelt und deshalb auch gemacht werden zu können. Der Vertrag bietet dort

Sicherheit, wo sie niemand sonst bieten kann. So haben wir im Schutz- und Sicherheitssystem des Vertrages etwas, das vergleichbar ist mit dem Schutz- und Sicherheitssystem der Grundrechte. Dort schützen wir uns mit den Grundrechten vor dem Staat, hier beim Vertrag schützen wir uns vor uns selbst. Was soll dies besagen? Wir müssen uns im klaren sein und immer auch zugeben, daß der Vertrag Anteil und Vorteil sucht. Im Vertrag gibt es mindestens zwei Partner, die je auf ihre Weise ihren Teil, ihren Anteil, ihren Vorteil suchen. Der Vertrag dient der Einteilung von zunächst je gleichen Teilen, die aber doch sich nicht einfach etwas zuteilen lassen wollen, vielmehr über ihren Teil hinausgreifen wollen. Dies liegt am Willen, der ein Willen des Mehr-haben-wollens ist. Das müßten wir jeweils unumwunden zugeben, was aber nicht der Fall ist. Dies spiegelt sich im Vertrag wider und ist dort die erste Täuschung, ja versteckte Lüge. Der Vertrag kann etwas verklausuliert, in einer bestimmten schönen und verfänglichen Redeweise sagen. Dabei wird nicht zugegeben, daß ich vom anderen mehr will, einen Vorteil will. Nun kann man allerdings sogleich entgegnen, daß der Vertrag eine Sache neutral behandeln soll.

Auch wird davon ausgegangen, daß ein Vertrag immer zwischen zwei prinzipiell Gleichen geschlossen wird. Schwerwiegend ist die Frage der Ungleichheit, der Vertrag zwischen letztlich Ungleichen. Hier stellt sich im Vertrag das Problem des Widerstreits, wie wir es heute nennen können, was heißt, daß ein Verhältnis durch nichts und vor allem nicht durch einen Vertrag ausgeglichen oder überbrückt, in seiner Spannung bewältigt werden kann. Es ist und bleibt der Widerstreit zwischen zwei Parteien. Ich meine, daß dies sowohl bei den Konsumenten und den monopolistischen Produzenten, wie aber auch zwischen Arbeitnehmern und Arbeitgebern vorliegt. Die Interessen liegen hier derart auseinander, die Voraussetzungen sind derart verschieden, daß kein Vertrag helfen kann. Im Gegenteil, so würde ich behaupten, steigert der Vertrag den Widerstreit.[138]

Dabei kann man auch die Frage aufwerfen, ob Verträge gehalten werden oder ob sie nicht von vornherein geschlossen werden, damit

---

[138] Siehe hierzu v. Verf.: *Europas Autonomie*, I.2. Der Mensch und die Arbeit, S. 13 ff.

sie nicht gehalten werden. Das Problem dabei ist, ob Verträge zwischen solch Ungleichen überhaupt gehalten werden können. Der Vertrag läßt viel zu, auf der Privatrechtsebene läßt er eine gewisse Rechtshandhabe zu, die eigentlich gar nicht immer und überall zugebilligt werden sollte. Der Staat, gerade als Schützer der Grundrechte, müßte doch sehen, wie Privatrechtssubjekte miteinander umspringen. Wie gesagt, der Vertrag ist keine Rechtssetzung, mit der Privatrechtssetzung geschieht, obwohl dies manche Privatrechtssubjekte, eben industrielle und wirtschaftliche Monopolisten sich selbst so vorstellen. Sie haben ja das Vertragsrecht und damit einen guten Anteil am Recht. Privatrechtssubjekte haben zwar keine selbstständige Rechtssetzung, aber ihnen wird ein Rechtsraum, eben der Vertrag, überlassen. Der Staat müßte wissen und dies in der Verfassung gut zum Ausdruck bringen, daß wir wirtschaftlich, technisch und überhaupt in der ganzen Lebenskultur nicht in einer Demokratie leben. Mögen wir eine politische Demokratie haben, eine wirtschaftliche haben wir sicher nicht. Es sollte ein demokratischer Rechtsstaat gerade darauf achten, daß im undemokratischen Gebaren der Wirtschaft nicht in seinem Namen Unrecht geschieht, indem nämlich Privatrechtssubjekte als solche anerkannt werden und sich im Vertrag ausleben können. Man müßte wissen, wer hier am Vertragshebel sitzt und wer nicht.

Ein Besitzloser oder Armer kann bei einem Darlehensvertrag kaum seine Bedingungen stellen, was aber ein Reicher, ökonomisch Mächtiger immer kann und auch ausspielen wird. Vieles am Vertrag ist dann diktiert, oktroyiert. Nun wird man freilich entgegnen können, daß dies gerade zum freien Markt gehört. Es ist die Konkurrenz der freien Marktwirtschaft bzw. des Vertragshandels. Wenn ich letzteres Wort hier einführe, dann auch deshalb, weil es im ganzen kapitalistischen System wesentlich um ein Feilschen geht, um mit Max Weber zu sprechen, oder, wie ich meine, um das Mehr-haben-wollen, den Besitz. Dafür dient vortrefflich der Vertrag, der nun aber seinerseits wiederum ein Handel ist, ja vielleicht der Handel schlechthin genannt werden muß. Denn bei allen ökonomischen Vorgängen sehen wir, daß sie vertraglich vonstatten gehen, der Vertrag jenes ist, was Wirtschaft heute im Kern bedeutet. Der Vertragshandel ist der eigentliche Handel. Der wirtschaftliche Erfolg liegt im Gewinn durch den Vertrag. Wer den besten, oder wir können auch sagen, schlauesten Vertrag hat, der hat den höchsten Besitzgewinn. Ist aber der wirtschaftlich beste Vertrag auch ein guter Vertrag? Jeder Vertrag ist eigentlich nur so gut, wie er Recht anerkennt, d. h. (formuliert gemäß Art. 2 GG) das Recht des anderen, die Verfassung und das Sittengesetz. Hier kann man sich fragen, ob es einen solchen Vertrag, der rechtens und gut ist, gibt oder ob wir nicht dieses Bild vom Vertrag in das Reich der Ideen verweisen müssen.

Im Recht realisiert sich Freiheit, im Vertragsrecht die Privatautonomie. In diesem Bereich zeigt sich aber die ganze Schwierigkeit, die Komplexität von Freiheit wie Recht. Wir können feststellen, daß wie nirgendwo in einem Rechtsbereich der Gesetzgeber bemüht ist, durch allgemeine Rechtsvorschriften (z. B. im Bürgerlichen Gesetzbuch), aber auch durch spezifische Vertragsvorschriften (Regelung zu den allgemeinen Geschäftsbedingungen), einen Rechtsrahmen zu erstellen, der dem Vertragsrecht helfen soll, ihm einerseits also Rechtsraum gestattet wie andererseits diesen Rechtsraum vom Gesetz her beschränkt. Diese Bemühung um das Recht, vom Rechtsstaat und dem Gesetzgeber her, zeigt aber auch, wie schwierig, ja prekär die Rechtszone ist. Und hier spielt sich die von mir kritisierte Machbarkeit der Freiheit des Vertragsrechts ab, indem etwas rechtens gemacht werden kann im Vertrag, was der Rechtsstaat selbst vielleicht seinen Mitgliedern nicht zumutet, was aber durchaus Privatrechtssubjekte sich gegenseitig antun können. Machbarkeit der Freiheit im Vertrag heißt, daß sich eine weit sich differenzierende pluralistische Privatautonomie zeigt, welche für jedes Verhältnis zu einem anderen einen Vertrag und damit Vertragsrecht suchen und fordern kann.

Ein Grundrecht, wie wir es im Grundgesetz haben, ist einfacher zu formulieren und wohl auch letztlich einfacher rechtlich durch die Gerichte zu handhaben als die komplexe Materie des Privatrechtes, besonders im Vertragsrecht. Beim Grundrecht, beim Menschenrecht wie beim Verfassungsrecht haben wir jenes, was das öffentliche Recht, das Verfassungsrecht, das Menschenrecht besagt, nämlich allgemeine Rechtsverhältnisse mit allgemeinen Rechtsnormen: das Recht des Menschen im allgemeinen. Demgegenüber haben wir in der Privatrechtssphäre die vielen sich in ihrer Vielfalt unterscheidenden Privatrechtssubjekte. Dies zeigt sich vor allem im Vertrag, im Vertragsrecht. Hier geht es um die spezifischen privatrechtlichen

Interessen: das Mehr-haben-wollen, die Freiheit der Machbarkeit. Das ist in seiner Komplexität zu erkennen.

Schwierigkeit und Komplexitität zeigen sich auch darin, daß es sich bei einem Vertrag wesentlich um einen materialen Rechtsinhalt handelt, was bei der Formulierung von allgemeinen Menschenrechten in der Regel nie der Fall ist. Öffentliches Recht, Verfassungsrecht, Menschenrecht ist allgemein und wenn wir so wollen formal; Vertragsrecht ist spezifisch, in der Vielfalt und im Vielerlei der Sachen material äußerst unterschiedlich. Wir können das eine Recht formal, das andere material bezeichnen. Wir müssen auch festhalten: Grundrechte gibt es der Zahl nach recht wenige, Verträge, Vertragsrecht gibt es mannigfach.

Ich respektiere die Bemühung des Gesetzgebers bezüglich des bürgerlichen Rechts der Privatautonomie, der Vertragsfreiheit. Was wir aber reflektieren und kritisieren müssen, das liegt im Anspruch, der gerade neuzeitlich mehr und mehr erhoben wurde und heute gang und gäbe ist, daß man geradezu alles zwischen Menschen und von Menschen in bezug auf Sachen durch Vertrag ordnen kann. Ich bin zum einen skeptisch gegenüber der Vertragsordnung, zumal diese dann als eine Rechtsordnung fungiert. Zum anderen bleibe ich, vom Recht her gesehen, skeptisch, weil eigentlich prinzipiell Menschen sich rechtlich anerkennen, indem sie als Rechtsperson und Rechtsträger einander gegenüberstehen. Dies scheint mir aber gerade durch den Vertrag, durch den Vertragsgedanken überhaupt unterlaufen zu werden, der doch immer weniger von Anerkennung als mehr von Aberkennung ausgeht, nämlich prinzipiell im Vertragshandel den Vorteil sucht.

Vertragsordnung bedeutet eine Willens- und ich möchte hinzufügen eine Machtordnung. Hier verständigt man sich über das, was man will, was man haben will und d. h. letztlich, daß es um Macht geht. Dieses soll in Recht eingebettet sein, einmal durch den Vertrag selbst, aber dann wiederum durch den ganzen Rechtsapparat, den der Staat hierfür mit Grundrechten und entsprechenden Maßgaberechten des bürgerlichen Rechtes oder allgemeiner Geschäftsordnungen auferlegt. Ich sagte oben, daß jeder Vertrag nur so gut ist, wie er Recht anerkennt. Indessen scheint der Vertrag desto besser, je mehr Vorteile er bringt. Auf dies zielt letztlich die Privatautonomie, also auch das

Vertragsrecht, welches das Privatrechtssubjekt wahrnimmt, das sich mehr und mehr in allen Sachen entfalten kann.

8. Labans und Jaakobs Vertrag (Thomas Mann)

Der Vertrag spiegelt, ja ist Freiheit der Machbarkeit. Man nennt dies auch die freie Gestaltungsmöglichkeit des Menschen, seine Chance der Entwicklung und Entfaltung. Wenn man dies so sieht, muß man auch von einer Machbarkeit der Freiheit sprechen, welche in der Machbarkeit der Vertragsfreiheit sich gut zeigt. Einfacher gesagt: wir haben die Freiheit, Verträge zu machen, die uns frei machen sollen. Das zeigt sich bereits und gerade fundamental in der Lehre vom Gesellschaftsvertrag. Der Gesellschaftsvertrag soll uns freimachen, nämlich frei zum Besitz von Leben, Freiheit, Eigentum, zu den Freiheitsrechten. Das größte ist hierin vielleicht das Vertragsrecht, weil es das flexibelste, universalste ist. Über alles und mit allem kann man Verträge schließen, schließlich auch mit dem lieben Gott, mit dem gerade in der Neuzeit ein besonderer Handel getrieben wird. Dies zeigt sich in der neuzeitlichen Gnadenlehre.[139] Dort können wir, wenn auch vielleicht gänzlich verloren, doch alles tun und mit Arbeit in der Welt das Heil erlangen. Die Freiheit der Machbarkeit ist groß und die Machbarkeit selbst führt wiederum zu neuer Freiheit, ist selbst eine Machbarkeit der Freiheit.

Im Kapitel „Jaakob freit um Rahel" seines Josephs-Romans erzählt Thomas Mann:

„»Du hast mir gedient ohne Lohn bis jetzt, aus Verwandtenliebe nach unserm Vertrage. Aber siehe, wir wollen einen neuen machen, denn es ist nicht länger recht, vor Göttern und Leuten, daß werden die fremden Knechte belohnt, nicht aber der Neffe. Darum sage, was Du verlangst. Denn ich will dir geben, was ich den anderen gebe, und noch etwas mehr, wenn Du besiegelst, so viel Jahre bei mir zu bleiben, als die Woche Tage hat und wie man zählt, bis der Acker brachliegen bleibt und die Scholle ruht, daß der Mensch weder säet noch

---

[139] Vgl. hierzu v. Verf.: *Die Zukunft der Freiheit*, III.2.a) Von Augustinus zur Reformation (Verlorene Freiheit?), S. 75 ff. u. III.2.b) Habsucht und Wille S. 84 ff.

erntet. Also sollst Du mir sieben Jahre dienen um den Lohn, den du forderst.«

Dies Labans Rede und Gedankengang, eine rechtliche Rede als Kleid rechtlicher Gedanken. Aber schon die Gedanken – und nicht erst die Rede – des Erdenmenschen sind nur ein Kleid und eine Beschönigung seiner Strebungen und Interessen, die er in rechtliche Form bringt, indem er denkt, so daß er meist lügt, bevor er spricht, und seine Worte so redlich kommen, weil nicht sie erst gelogen sind, sondern bereits die Gedanken".[140]

Laban will die Arbeits- und Wirtschaftskraft von Jaakob, dem er Rahel, die Lieblingstochter anbietet, die Jaakob mit brennender Seele will. Am Ende des Handels steht „der neue [...] Rechtsvertrag [...] Es war ein Ehevertrag und dann auch wieder ein Dienstvertrag, eine Mischung aus beiden, wie sie [...] wohl noch nicht häufig, aber ähnlich wohl doch das eine oder das andere Mal schon mochte vorgekommen sein [...] rechtsfähig und, kraft des Willens beider Parteien, als rechtsgültig von den Richtern anerkannte [...] Die Abmachung hatte Hand und Fuß, der Richter durfte sie billig finden, und unter dem rein wirtschaftlichen Gesichtspunkt hatte auch Jaakob sich nicht zu beklagen. Schuldete er dem Ohm eine Mine Silbers zu sechzig Sekel, so reichten sieben Jahre Fron nicht einmal aus, diese Verbindlichkeit zu decken; denn der Durchschnittslohn für einen Mietssklaven belief sich im Jahr nur auf sechs Sekel, und derjenige für sieben Jahre kam aus der Schuld Jaakobs nicht gleich. Freilich empfand er tief, wie sehr doch der wirtschaftliche Aspekt hier täusche und daß, wenn es eine gerechte Waage, eine Gotteswaage gegeben hätte, die Schale, in der sieben Lebensjahre lagen, die andere mit der Mine Silbers hoch hätte emporschnellen lassen [...] Ein zweites Ärgernis war der ungemeine Geiz und der Hang zur Übervorteilung des Nächsten, welche aus der die Mitgift betreffenden Aufstellung des Vertrages sprachen, – diese nach sieben Jahren fällige väterliche Morgengabe, die für den armen Jaakob ein grundschlechtes Geschäft bedeutete, zumal schamloser Weise dabei eine Magd unbekannter Beschaffenheit doppelt so hoch bewertet war, wie irgend jemand ein mittleres Stück Sklave hier oder im Westlande sonst bewertete. Aber weder an

---

[140] Thomas Mann: *Joseph und seine Brüder*, Bd. l, S. 261 f.

dieser noch an jener Anstößigkeit war etwas zu ändern. Die Zeit besserer Geschäfte, so empfand Jaakob, würde schon noch kommen, – er spürte in seiner Seele die Verheißung guter Geschäfte und eine geheime Kraft dazu, die sicherlich diejenige übertraf, welche in die Brust dieses Unterweltsteufels von Schwiegervater gelegt war [...]".[141]

Jaakobs und Labans Vertrag ist sicherlich nicht ein Vertrag, wie er alle Tage gemacht wird. Es ist ja auch ein biblischer Vertrag, bei dem man bedenken muß, daß Jaakob dann doch letztlich nicht der Betrogene ist. Und nach der biblischen Geschichte und nicht nur nach der Thomas Mannschen Auslegung braucht Jaakob diesen Vertrag, um durch ihn hindurchzugehen und gerade über den Vertrag hinaus seinen Lohn zu empfangen. Indessen kommt es hier nicht auf Jaakob an, der im Geschäft letztlich tüchtiger ist, weil Gott ihm auch gnädiger ist, und der letztlich unter dem Walten Gottes mehr ein Gottes- als ein Erdenkind ist, besonders, was dann seine Nachfolge, Joseph anbelangt. Jedenfalls gehören zum Vertrag List und Lüge, Übervorteilung, ein Geschäftssinn, der nicht einfach von Wohlwollen zum anderen getragen ist, schon gar nicht auf Gleichheit und Ausgleichung bedacht, geschweige denn Solidarität. Der Vertrag sagt auch nie ganz deutlich, was er will, versucht um die Sache herumzureden, auch von anderen Sachen zu reden, um die es beim Vertrag gar nicht geht. Der Vertrag steckt voller Lug und Trug. Diese Vertrags-Geschichte geht noch einmal gut aus, was aber nicht die Regel für das heutige Vertragsgeschäft, die Vertragsfreiheit und das Vertragsrecht überhaupt ist. Im Gegenteil.

Die neuzeitlichen Gesellschaftsverträge haben ihren letzten Sinn darin, den Menschen umfassend als Besitzer zu manifestieren, wofür Locke die Musterformel prägt: der Mensch als Besitzer von Freiheit, Leben, Eigentum. So kann man sagen: Sinn und Zweck des Gesellschaftsvertrages ist letztlich der Besitz, und dieser wird wesentlich im Eigentum und im Vertrag gesehen oder, anders gesagt, in Privatautonomie und diese wesentlich in der Vertragsfreiheit. Sinn und Zweck des Gesellschaftsvertrages besteht in der Gewährung und Sicherung der Vertragsfreiheit. Dies ist der Staat für Eigentümer, wie

---

[141] Ebd., S. 265 ff.

Hegel sagen würde, oder der Staat der Privatrechtsgesellschaft, wie Juristen heute noch sagen.

III. Menschenrecht

1. Größe und Grenze des Rechts

a) Drei Generationen von Menschenrechten[142]

Freiheit, Recht, Besitz
„Freiheit, Leben, Eigentum" ist die Formulierung bei jenem, welcher Vater der Menschenrechte genannt wurde und der hinter der amerikanischen Erklärung steht, nämlich Locke, der ein erster Sprecher der neuzeitlichen, den Menschen über sich selbst aufklärenden Menschenrechte ist. Hier wird klar, daß Menschenrechte wesentlich Freiheitsrechte sind. Und es wird vor allem von Freiheit gesprochen, um dies aber aus der lateinischen Herkunft angloamerikanisch zu sagen: *liberty*. Diese Formulierung finden wir in den ersten Menschenrechtserklärungen, welche in Amerika den neuzeitlichen, aufgeklärten und d. h. freien Status des Menschen zeigten. Es ist ein Status und deshalb ein Staat der Freiheit. Mensch und Staat formieren sich im Namen der Freiheit.

Wenn wir aber Locke genau lesen, dann finden wir beim ihm zwei Worte, mit welchen er, um dies auf deutsch zu sagen, den Besitz des Menschen bzw. den Menschen als Besitzer markieren will. Es sind die Worte *possessions* bzw. *property*, die in ihrem Sinn auf dasselbe

---

[142] Die Rede von den Generationen von Menschenrechten bereitet immer noch Schwierigkeiten und wird in der Regel von juristischer Seite vernachlässigt. Ich verweise auf eine kleine Studie, die ich schon früher in *Europas Autonomie* zitiert habe im Bezug auf die Diskussion über „Die Charta der Grundrechte der Europäischen Union" (S. 149–184): „Es besteht ein breiter Konsens im Konvent, dass über die klassischen Grundrechte hinaus auch die der zweiten und dritten Generation Aufnahme in die Charta finden sollen", wobei dann festgehalten wird: „2. Generation: soziale Teilhaberechte (z. B. Recht auf Arbeit); 3. Generation: z. B. Recht auf Frieden, Umweltschutz" (Ralf Maier: *Internationaler und Europäischer Schutz der Menschenrechte*, S. 1169).
Meine kritischen Überlegungen in *Europas Autonomie*, besonders hinsichtlich der zweiten und dritten Generation, muß ich kaum korrigieren im Hinblick auf die inzwischen weitergeführte Diskussion bzw. die Beschlüsse zu einer Verfassung Europas.

hindeuten. Die wichtigsten Formulierungen stehen im Kapitel *Of the Ends of political society and government*, wo es zu Beginn heißt, daß der Mensch „absolute lord of his own person and possessions" sei, und am Ende des Abschnitts: „lives, liberties and estates, which I call by the general name – property".[143] Hier wird deutlich, daß Locke alles mit dem Wort *property*, also Eigentum begreift.

Es ist eine Evolution des Eigentums, wie wir es nach einer neuzeitlichen bis heute strapazierten Theorie formulieren können. Hegel hat das am Anfang seines Denkens am besten formuliert: Es ist der menschliche Hang, „sein Eigentum, Sachen, zum Absoluten zu machen"[144]. Hier können wir sehen, wie es um den Menschen steht und wie er sich, was vor allem meine These ist, gerade neuzeitlich aufklärerisch und wissenschaftlich entwickelt hat. Der Mensch ist nur dann absoluter Herr *(lord)* seiner eigenen Person und seiner Besitztümer *(possessions)*, wenn er hierzu das Recht hat. Der Mensch, dem es um diesen absoluten Besitz geht, braucht hierzu Rechte. Wir müssen hier den Zusammenhang, ja die Dialektik von Recht und Besitz sehen. Der Rechtsanspruch ist immer aus dem Rechtsverständnis heraus, aus dem Rechtsbegriff selbst, ein Besitzanspruch.

Den neuzeitlichen Zusammenhang von Recht und Besitz können wir nicht nur in Politik und Recht, in den Menschenrechtserklärungen, sondern vor allem in der Philosophie und in den Wissenschaften sehen. Kant hat dies zusammenfassend formuliert. Es ist nicht die alte Frage der Philosophie *Was ist?*, sondern *Was habe ich?*, oder mit Kant gesprochen, es geht nicht um die *questio facti*, sondern um die „questio iuris, mit welchem Recht man" den Begriff „besitze und ihn brauche"[145]. Dies spiegelt sich auch im neuzeitlich herausgearbeiteten Begriff von Freiheit, nämlich Freiheit als Autonomie. Hier könnte man nicht nur den Zusammenhang, sondern die Identität von Freiheit und Recht sehen. Und wenn wir von Freiheitsrechten sprechen, ist dies ein Pleonasmus. Rechtsfreiheit, die Steigerung von Freiheit via Recht. Letztlich geht es um *property, possessions*, um dies noch

---

[143] John Locke: *The Second Treatise of Government*, IX, 123.
[144] G. W. F. Hegel: *Werke in 20 Bänden*, Bd. 1, S. 458.
[145] I. Kant: *Kant's gesammelte Schriften*, XVIII (Handschriftlicher Nachlaß, V), S. 267.

einmal mit Locke zu sagen, um so als Mensch ein absoluter Herr *(lord)* zu werden.

Freiheit, Gleichheit, Brüderlichkeit
Menschenrechte *(human rights)* ist ein Wort, das seit dem 18. Jahrhundert uns immer mehr in den Ohren klingt. Man spricht von der Erklärung der Menschenrechte, zunächst in den USA, dann in Frankreich. Die Französische Revolution von 1789 dreht sich um diese Erklärung und kristallisiert sich in einer berühmten Revolutionsformel: Freiheit, Gleichheit, Brüderlichkeit. In letzterem, *fraternité*, können wir ein Stichwort für die dritte Generation der Menschenrechte sehen und damit einen Zusammenhang mit dem 18. Jahrhundert, ein Stichwort, das bis heute nicht eingelöst ist.[146] Also sind die Menschenrechtserklärungen im 18. Jahrhundert der Anfang, jedenfalls kein endgültiger Zustand von Menschenrechtserklärungen, wie man wohl damals und bis heute im politischen und juristischen Denken weitgehend meint.

Wir haben die Erklärung von Freiheitsrechten, die wesentlich liberale Rechte betreffen. Dies ist die erste Generation der Menschenrechte. Dann kommen erste Versuche, die Gleichheit ins Recht zu bringen. Was sind nun die Gleichheits-Rechte? Hierzu haben wir in Frankreich einen ersten Rechtsanspruch. Es ist das Recht auf Arbeit als ein sogenanntes soziales Recht. Mit dieser Formulierung eines Sozial-Menschenrechtes haben wir die zweite Generation der Menschenrechte. Bis heute wird über dieses Recht auf Arbeit diskutiert, haben wir es auch teilweise in Verfassungen, beispielsweise in den Länderverfassungen der Bundesrepublik Deutschland, aber es ist nirgendwo wirkliches Recht. In der wissenschaftlich-juristischen wie auch politischen Diskussion wird die Spanne aufgerissen vom subjektiven Recht (das ich wirklich habe) über das objektive Recht (das ich

---

[146] Bei *fraternité* (Brüderlichkeit) müßte man allerdings an eine, ja vielleicht die christliche Grundtugend denken und könnte man die Bibel, das Neue Testament und gerade die wenigen von Jesus selbst gesprochenen Worte zitieren. Hier haben wir einen Ansatz zu einer Aussage von Generationen von Menschenrechten. Das Grundrecht des Menschen ist die Brüderlichkeit. (Siehe v. Verf.: *Die Zukunft der Freiheit*, III. Christliche Freiheit, 4. Freiheit der Liebe nach dem Apostel Paulus, S. 109 ff.).

haben sollte), Rechtsprogramme, Staatszielvorstellungen bis zu Ideen des Rechts, welche Philosophen haben. Und das spiegelt sich auch in der Verfassung, eben den genannten deutschen Länderverfassungen, woraus dann letztlich Moralität, also ethisch-moralisch-politische Prinzipien uns ansprechen sollen.[147]

Was haben wir nun in der dritten Generation, wenn es hier wesentlich um Brüderlichkeit geht? *Fraternité* drückt das A und O der Menschenrechte aus. Es sind der Mensch und seine Menschlichkeit, die verschiedenen Menschen in den verschiedenen Ländern. Es wird ausdrücklich bei der dritten Generation von den Rechten der indigenen Völker gesprochen. Der Mensch und die anderen Menschen, der Mensch in der Vielfältigkeit, wie er auf Erden aufgetreten, da und dort geboren und gewachsen ist. Es sind die verschiedenen Kulturen und verschiedenen Sprachen, und – wie es dann später Philosophen, gerade in jener Zeit der Erklärung der Menschenrechte, und hier besonders Hegel zu nennen versuchten – es ist die Geschichte des Menschen. Es ist jenes, um dies zusammenfassend zu sagen, was die Menschlichkeit ausmacht.

Nennungen, Erklärungen von Menschenrechten bestimmen und erfüllen eine Zeit, welche man als eine Zeit des besonderen Fortschritts in Philosophie und Wissenschaft erfährt, als Zeitalter der Aufklärung, *lumières*, bezeichnet und von Philosophen wie Kant ein Zeitalter der Kritik genannt wird, was wir auf deutsch übersetzt nennen können: Zeitalter des Unterscheidens. Den Unterschied können wir in zwei Fragen der Philosophie so festhalten: Was ist Wissen? So fragte die bisherige, die alte Philosophie. Die neue, moderne Philosophie fragt „Was kann ich wissen?". Es ist die Frage der Kritik der Vernunft, um dies mit Kant zu sagen. Es geht um Aufklärung des Wissens und um Aufklärung über das Recht. Beides müssen wir in einem Zusammenhang sehen. Das Zeitalter der Wissensaufklärung ist auch ein Zeitalter der Rechtsaufklärung. Der Mensch und das Recht – der Mensch und das Wissen. Was kann ich als Recht haben und was kann ich als Wissen haben? Das ist die moderne philosophische, ja nicht nur philosophische, sondern allgemeine und so auch politische Frage des Menschen.

---

[147] Siehe hierzu v. Verf.: *Recht auf Arbeit und Beruf?*

Es ist fraglich, ob überhaupt die erste Generation der Menschenrechte wirklich den Menschen bestimmt, ob sie sich in der Rechtssetzung, in der Gesetzgebung überall auf der Erde durchgesetzt hat. Wir wissen, daß viele Menschen in vielen Ländern an diesen Menschenrechten immer noch nicht partizipieren. Recht auf „Freiheit, Leben, Eigentum", wie eine Grundformel in den Menschenrechtserklärungen lautet – haben wir dieses Recht? Wir meinen, es zumindest in Europa und in Nordamerika zu haben. Dort wurde von *basic right* gesprochen. Es ist der Grundstein für alles weitere Recht und es besagt wohl auch, daß Recht als *basic right* überhaupt den Menschen in seinem Wesen verankert und gründet. Auf was schaut hier der Mensch, was will er, was beansprucht er? Mit dem Wort Anspruch haben wir bereits einen wesentlichen Zusammenhang, der immer mit dem Recht einhergeht. Recht und Anspruch bzw. Ansprüche. Im Recht hat der Mensch einen spezifischen Anspruch, eben den Rechtsanspruch: in allem und im ganzen ein Mensch zu sein. Mensch sein und Menschenrecht?

b) Menschenrecht und Menschengesetz

Menschenrechte formulieren Ansprüche des Menschen. Diese führen aber zu Konflikten, für die man wiederum das Recht braucht, um Streit zwischen den Menschen zu schlichten. Die Rede von den Menschenrechten beflügelt uns seit dem 18. Jahrhundert und wird heute zu einer komplexen Rede: liberale Menschenrechte, soziale Menschenrechte und kulturelle Menschenrechte. Wir müssen dabei aber den Zusammenhang von Mensch und Recht bedenken, wie er in den Worten Menschenrechte, *droit de l'homme* oder *human rights* erfaßt ist.

Es geht bei den Menschenrechten um den Menschen als je einzelnen Menschen, das sogenannte Individuum. Dieses lebt, steht und fällt mit den Menschenrechten, wie sie in der ersten Generation erklärt und auszubauen versucht wurden. Können wir also vom Recht des Individuums, des Menschen als Individuum sprechen? Der Mensch als Mensch, der Mensch als Individuum? Können wir dies unterscheiden? Ja, wir müssen dies wohl und können hier auf Aristoteles hinweisen, dessen *Politik* nämlich, wo gleich am Anfang –

jedenfalls nach der traditionellen Anordnung der Texte – die Rede ist vom Menschen als politischem Lebewesen *(zoon politikon)*, was manchmal übersetzt wird mit *animal sociale*. Dort steht auch die zweite große Formel, die von Aristoteles auf uns gekommen ist: der Mensch als *zoon logon echon* bzw. *animal rationale*, wie es problematisch lateinisch-römisch übersetzt ist. Die Rede ist schwierig und doch deutlich. Der Mensch hat den *logos*, um sich im Politischen zu ordnen, welches seine eigentliche Lebensordnung ist.

Wir haben *logos*, um unser Leben in Bezug auf uns selbst wie vor allem auf andere und dort im Hinblick auf das Politische, das politische Leben, die politische Gemeinschaft einzuteilen. Der *logos* ist auf das Recht gerichtet. Recht und *logos* hängen zusammen. Aber das Hauptwort ist nicht Recht oder Gesetz, obwohl man dies auch nennen könnte, sondern das Gerechte: *dikaion*. Der Mensch soll sich und mit anderen zusammen sagen, was gut und nützlich, was gerecht und ungerecht ist. Und alles richtet sich auf jenes, was bei Platon und Aristoteles das gemeinsame Nützliche *(to koinê symphoron)*[148] oder dann später römisch und heute in vielen Sprachen *bonum commune* genannt wird oder auf deutsch Gemeinwohl. Der Mensch, der *logos* und das Gemeinwohl. Hier soll der Mensch richten und rechten, um sich nur so als logisches Lebewesen zu erweisen. Das Logische hängt also mit dem Politischen zusammen. Wir müssen vom logischen *und* politischen Lebewesen sprechen, um dies von der klassischen Philosophie her auszudrücken.

Der Mensch steht vor und über allem, und so auch *vor* der Verfassung oder jeder weiteren Formulierung von Recht und Gesetz. Als *native right* ist es ursprünglich am Menschen lebendig und gründet alles und ist so *basic right*. Das ist eine treffliche Aussage, die man bei der Ausformulierung von Menschenrechten beachten muß, wie wir sie vor allem im Grundgesetz für die Bundesrepublik Deutschland haben. In dieser Verfassung wird wie kaum in einer Verfassung zuvor Menschenrecht ausgesprochen, juristisch als Recht und Gesetz formuliert. Wir haben hier *in* und nicht *vor* der Verfassung gar jenen Satz über die Würde des Menschen, worin nun alles Recht und so

---

[148] Siehe hierzu v. Verf.: *Freiheit, Recht und Gemeinwohl*, S. 1.

auch das Verfassungsrecht als das umfassendste Recht für den Menschen beruhen soll.

Wenn wir behaupten, daß wir Menschenrechte als Grundrechte in unserem Grundgesetz haben, und immer das Wort Grund betonen, dann müssen wir uns doch längst fragen, was wir denn mit diesen in einer Verfassung ausgesprochenen, also logisch gewordenen Menschenrechten wirklich meinen. Nun können wir immer schnell die Rede und jetzt wohl Ausrede finden, daß es um Freiheitsrechte geht, wie sie seit dem 18. Jahrhundert, von USA und Frankreich her kommend, erklärt wurden.

Wir müssen aber bedenken, daß gegenüber allen bisherigen Erklärungen unser Grundgesetz, wie der Name dies auch ausdrücklich macht, Menschenrechte nicht nur zu Grundrechten im Sinne von *native* und *basic right* macht, sondern zu grundgesetzlich verankerten Rechten und damit hier vom Recht zum Gesetz übergeht. So könnten wir ganz unjuristisch formulieren: Wir haben Menschenrechte als Menschengesetze. Wie steht es dann mit der Unterscheidung von Recht und Gesetz?

Die Rede vom Gesetz ist und bleibt schwierig. Juristisch klar und eng verstanden handelt es sich bei Gesetzen darum, daß etwas in einem Text verfaßt ist, daß etwas ausgesprochen wird und wir uns so als die logischen, sprechenden, satzungsgebenden Lebewesen erweisen. Der Mensch spricht hier im Bezug auf Wichtiges. Er spricht sich in Gesetzen aus. Gesetz ist also Recht, das gesagt, in Texten festgelegt und d. h. gesetzt wird. Recht ist Gesetztes. Juristisch haben wir hierzu längst die Rede vom positiven Recht. Es ist Recht, das positiviert wird. Dann wären also die amerikanischen bzw. französischen Erklärungen nicht positives Recht. In Frankreich wie den USA haben wir bis heute den Hinweis, daß man das Menschenrecht nicht positivieren sollte. Heißt das, daß man es nicht positivieren kann? Nein, im Gegenteil, wenn es um Menschenrecht geht, kann bei jedem Menschen, bei jedem Rechtsfall je einzeln und endgültig etwas gesagt werden. Es ist das sogenannte Richterrecht oder der Richterspruch, der Recht setzen kann. Es mögen zwar Gesetze da sein, aber der Richter kann in Bezug auf das Recht als Menschenrecht immer sagen: Hier spreche ich im Namen des Menschen für diesen Menschen. Das ist schon eine besondere Auffassung vom Menschen als logisches und rechtliches Lebewesen, wenn hier ein Richter Menschenrecht und, um jetzt vom Klassischen her zu formulieren, die Gerechtigkeit ins Wort setzen kann. Es wird in jenen Ländern, in denen das Richterrecht noch wesentlich ist, auch immer schon auf das *common law* verwiesen, auf das, was allgemein Gesetz ist und als Recht anerkannt wird. Hier sehe ich einen Zusammenhang mit dem *bonum commune*, also dem Gemeinwohl.

Im Amerikanischen haben wir wie im Römischen ein Ineinander der Rede von Recht und Gesetz, welches im Römischen im Wort *ius* bzw. im Englisch-Amerikanischen im Wort *law* zum Ausdruck kommt. *Law* kann Recht und Gesetz bedeuten, ebenfalls *ius*. *Lex*, Gesetz, ist das Festgelegte, die Ordnung, während *ius* das Gesamte des Rechtlichen und so vor allem den Anspruch des Rechtes nennen will.[149] *Ius* will den Anspruch im Gesetz ordnen. Ich sehe einen ähnlichen Zusammenhang, der freilich kaum überlegt worden ist, im angloamerikanischen *law*, welches jedenfalls die Doppelbedeutung von Recht und Gesetz hat. Ist dies ein sprachlicher Vorteil und ein Zeichen, daß der *logos* weiter gegangen ist, wenn er die Problemstellungen in einem Wort festhalten will? Oder ist es ein besseres Reden, wenn wir Recht und Gesetz unterscheiden?

Ich möchte das Problem auf den Punkt bringen: Beim Recht ist wesentlich der Anspruch herauszuhören, und im Gesetz schwingt jenes mit, was wir deutsch Pflicht und Gebot nennen können. Wir haben also in den Menschenrechten höchste Rechtsansprüche, aber wir müssen dabei immer die Rechtspflichten und die Rechtsgebote überlegen. Gerade im Artikel 2 unseres Grundgesetzes ist neben dem Rechtsanspruch auf Freiheit das Rechtsgebot, die Rechtspflicht nicht nur anvisiert, sondern voll formuliert. Es wird hier Recht zum Gesetz, Gesetzten.

Recht braucht also Gesetze. Heißt das: mehr Gesetze bringen mehr Recht? Ist dort mehr Recht, wo man ständig neue Gesetze niederschreibt, Recht setzt? Das anglo-amerikanische Richterrecht aber schreibt Recht als Gesetze nicht nieder, sondern spricht es aus. Bringen solche Verfahren den gerechteren *logos*? Man kann einwenden, daß in den USA Richter irren können. Aber das können auch in

---

[149] Siehe oben, S. 17 f.

Deutschland Richter oder ganze Verfahren, wenn es um Rechtsprechung geht, vom einfachen Richterverfahren eines Amtsgerichtes bis hinauf zur letzten Rede *(logos)* des Verfassungsgerichtes. Es geht gerade hier um den *logos* des *dikaion* und *politikon dikaion*. Stets ist der Hinblick auf das Gemeinwohl zu bedenken, d. h. der gesamte Zusammenhang, in dem Recht und Gesetz immer stehen.

c) Geltungskraft und Verfahren

Es wird immer mehr Recht positiviert. Wir haben das Wort positives Recht, aber noch deutlicher ist die deutsche Rede vom Gesetzesrecht. Gesetzesrecht, Recht in Gesetzen ist die wichtige Bewegung in der Steigerung, im Anspruch auf Recht. Verrechtlichung bedeutet also, daß der Rechtsanspruch sich mehr oder weniger, jedenfalls allmählich durchsetzt.

Zur Verrechtlichung gehören aber zwei Momente, welche den ganzen Vorgang bestimmen und tragen: die Geltungskraft und das Verfahren. Geltungskraft besteht dann, wenn wir bei einem Recht im Gesetz, also positives Recht oder Gesetzesrecht, ein „subjektiv-öffentliches Recht" haben. Ich zitiere einen Juristen: „Subjektive Rechte auf etwas geben nach juristischem Sprachgebrauch einen *Leistungsanspruch*."[150] Dies wird gesagt im Zusammenhang der Überlegung, ob und wie es ein Recht auf Arbeit gibt.

Wir haben hier das Problem zwischen der ersten und zweiten Generation von Menschenrechten. Ein Recht auf Arbeit gehört der zweiten Generation an oder, wie man auch auf Deutsch sagen kann, ist ein soziales Recht gegenüber wichtigsten Rechten der ersten Generation, der Freiheitsrechte und, wir können noch präziser sagen, der Privatrechte. Hier wird nun deutlich, wie es um die Geltungskraft steht. Nur als subjektiv-öffentliches Recht handelt es sich wirklich um Recht, hat der Mensch Recht, setzt sich der Rechtsanspruch durch.

Wir haben in der juristischen Diskussion, gerade bezüglich eines Rechtes auf Arbeit, verschiedene Unterscheidungen von der Geltungskraft des Rechtes. Einmal, schon länger wird das Recht so ein-

---

[150] J. Pietzcker: *Recht auf Arbeit – Verfassungsrechtliche Aspekte*, S. 17; siehe hierzu v. Verf.: *Freiheit, Recht und Gemeinwohl*, III.2.b) Geltungskraft, S. 80.

geteilt, daß es Recht gibt als „subjektiv-öffentliches Recht", dann als „objektives Recht" und schließlich als „programmatisches Recht". Hier liegt die Zäsur zwischen dem wirklichen Rechtsanspruch schon bei dem erstgenannten, dem subjektiven Recht. Nur dies ist Recht und sonst nichts. Merkwürdig ist die Rede vom objektiven Recht, welches nur Recht ist, das sein soll. Noch problematischer hinsichtlich der Rechtswirklichkeit ist es beim sogenannten Rechtsprogramm oder programmatischen Recht, was auch hier die Rede vom Recht als Programm exakt ausdrückt.

Wir haben nun im Zusammenhang dieses Sozialrechtes, eines Rechtes auf Arbeit, eine weitere Einteilung, welche klären soll, aber die ganze Sache noch schwieriger macht. Der Jurist von Maydell gliedert das Recht in sechs Stufen mit „unterschiedlicher Geltungskraft: Geltungskraft als rechtlicher Anspruch, als soziales Recht, als Rechtsprinzip, als Zielbestimmung, als Programmsatz, als philosophischer Gedanke".[151] Es geht um den rechtlichen Anspruch und nicht um irgendwelche politischen oder auch philosophischen Ansprüche. Und wenn wir hier diese Kette, einen Zusammenhang wie eine große Differenz in der Bewegung des Rechtsanspruchs sehen, dann müssen wir nochmals ausdrücklich auf das Problem von Recht und Anspruch kommen.

Beim Rechtsanspruch haben wir nur auf Stufe 1 „Geltungskraft als rechtlicher Anspruch". Diese Redeweise weist uns auf den Zusammenhang, ja gar die Identität von Geltungskraft und rechtlichem Anspruch. Das Recht, das gilt. Oder noch deutlicher: etwas, das wirklich als Recht gilt. Der Mensch kann mit Recht seinen Anspruch durchsetzen. Wir haben oben überlegt, wie der Mensch sich als ein Lebewesen des Anspruchs darstellt. Es gibt wohl vielerlei, verschiedene Ansprüche. Aber der höchste Anspruch ist offensichtlich der Rechtsanspruch. Der Mensch mit Anspruch – der Mensch mit Recht.

Hinzu kommt der Mensch mit Wille, der in der Philosophie der Neuzeit immer mehr und mehr hervordrängt. Wir haben kaum ein wichtigeres Wort in der neuzeitlichen Philosophie als die Rede vom

---

[151] B. v. Maydell: *Recht auf Arbeit – Völkerrechtliche Aspekte*, S. 62; vgl. v. Verf.: *Freiheit, Recht und Gemeinwohl*, S. 81. Mit „philosophischer Gedanke" ist meine Ausführung zu *Recht auf Arbeit und Beruf?* gemeint.

Willen. Ja, man sieht auch den Zusammenhang zwischen Freiheit und Wille. Es wird pleonastisch gar von der Willensfreiheit gesprochen, in welche sich nun die Freiheit zusammenzieht und auf den Menschen als Subjekt konzentriert. Ich will. Wille, Anspruch sagen nun mehr und deutlicher, was Freiheit und auch Vernunft genannt wird, und konzentrieren es auf den Menschen. Ein Lebewesen mit Vernunft und in Freiheit: Dies heißt jetzt, daß wir im Recht am besten, weitesten Sinne uns als Menschen vernehmen, als Menschen frei sein können. Freiheitsrechte sind somit Willensrechte, oder, um jetzt mit dem vorher und besonders von Juristen gebrauchten Namen zu sprechen: Anspruchsrechte.

Wille, Freiheit, Vernunft des Menschen im und durch das Recht. Das ist der Hinblick auf die sogenannte Verrechtlichung. Ich verweise auf die juristische Redeweise. Es werden hier drei Perspektiven der Verrechtlichung unterschieden, hinsichtlich „der Normenmenge (,Regelungsbesatz') und der Zunahme rechtlich geregelter auf Kosten regelungsfreier Räume (,Regelungsdichte'), als qualitativen Aspekt der Verrechtlichung vor allem die immer größere Detaillierung und Spezialisierung der Normen durch fortschreitende Ausgliederung weiterer Einzeltatbestände innerhalb einer Rechtsmaterie (,Regelungstiefe')"[152].

Halten wir die spezifischen juristischen Worte fest: Regelungsbesatz, Regelungsdichte, Regelungstiefe. Verrechtlichung ist also jedenfalls ein Anwachsen, eine Steigerung von Regelungen, und wir können hier an den Grundsatz der Kybernetik denken und einen Zusammenhang zwischen dem ebenfalls neuzeitlich hervorgebrachten und heute dominierenden Anspruch sehen. „Alles regeln, was regelbar ist, und das Nichtregelbare regelbar machen."[153] Recht ist nun eine besondere und vielleicht die wichtigste Domäne von Machbarkeit.

---

[152] I. Maus: *Verrechtlichung, Entrechtlichung und der Funktionswandel von Institutionen*, S. 278; vgl. v. Verf.: *Freiheit, Recht und Gemeinwohl*, VII.4. Verrechtlichung, b) Rechtsnormierung, S. 198.
[153] H. Schmidt: *Regelungstechnik. Die technische Aufgabe und wirtschaftliche, sozialpolitische und kulturpolitische Auswirkung* (1941), S. 3. Zur kybernetischen Regelung und Machbarkeit siehe v. Verf.: *Mensch und Maschine. Das Denken sub specie machinae*, II.3.e) Die kybernetische Maschine. Mechanismus und Organismus, S. 66 ff.

Regelbarkeit in der Steigerung des Regelungsbesatzes, der Regelungsdichte, Regelungstiefe ist die Vorstellung und Herstellung des Menschen, aller Bereiche und aller Sachen, denen der Mensch sich zuwendet, durch das Recht. Das ist Verrechtlichung.

Nun könnte man sagen, daß es um den Anspruch der Rechtspositivierung mehr und mehr geht und das Gewohnheitsrecht *(common law)* wie auch gerade das Richterrecht im Richterspruch bestehen. Es könnte sein, daß wir im Richterrecht einen noch viel weitergehenden Anspruch des Menschen haben. Hier wird ja einem Menschen als Richter der ganze Anspruch von Recht übertragen. Der Richter spricht Recht. Ein Rechtsanspruch kann damit gewahrt und erledigt sein. Freilich haben wir den Richterspruch in der Steigerung vom einfachen bis zum höchsten Richter. Dies ist wiederum durch Gesetz, Gesetzesrecht, positives Recht festgelegt. Aber im anglo-amerikanischen Raum ist schon immer deutlich geworden, daß selbst oberste Gerichte bestimmte Richtersprüche, die einmal gefällt wurden, nicht revidieren können. Der Mensch zeigt sich hier in seinem Anspruch auf Recht und Gesetz. Der Richterspruch sagt aus, legt fest, positiviert, ja wir können philosophisch sagen, ist der Rechtsanspruch. Wille, Freiheit, Vernunft bündeln sich hier in Einem, in einem Menschen, der für einen Fall, ja für einen Menschen als Menschen spricht. Wir haben somit eine großartige wie ungeheure Dimension hinsichtlich des Menschen als eines Lebewesens, das Recht braucht, sucht und spricht. In *einem* Richterspruch ist konkretisiert, was in drei oder sechs Stufen der Geltungskraft bezüglich der sogenannten Rechtsprinzipien und des Gesetzesrechts anvisiert ist. Wir haben im anglo-amerikanischen Rechtswesen durchaus auch ein Verfahren, vielleicht gar längere Verfahren, die hin und her gehen. Aber es gibt dann den Spruch des Richters als den Anspruch des Rechtes.

Anspruch des Menschen – ein Mensch des Anspruchs. Dies zeigt sich in vielfältiger Weise, besonders in der Wissenschaft, aber in höchster Weise im Recht. Recht und Anspruch sind dasselbe. Dem Anspruch des Menschen bzw. dem Recht als Anspruch dient das Prinzip Sicherheit. Gustav Radbruch verweist auf Sicherheit, Nützlichkeit, Gerechtigkeit. Wir haben im Recht die Realität von Sicherheit, vielleicht auch teilweise Nützlichkeit. Aber die Gerechtigkeit bleibt weithin eine Frage. Die Sicherheit dient den Ansprüchen. Die

Sicherheit wird verstärkt durch Verfahren. Man spricht vom „Recht durch Verfahren"[154]. So besonders die heutige Systemtheorie (beispielsweise Luhmann). Im weiteren Zusammenhang des Sicherheitsproblems, wie es neuzeitlich aufgeworfen und zu lösen versucht wurde, haben wir auch die ganzen Versicherungssysteme. Versicherungen für alles, ob fürs Leben oder fürs Auto. Sicherheit ist das oberste Lebensprinzip, und im Recht haben wir nun eigentlich ein System der Sicherheit. Sicherheit, Verfahren dienen dem Anspruch, dem Rechtsanspruch.

Zur Sicherheit gehört auch jenes, was Vertrag genannt wird. In der Neuzeit wird die Vertragsfreiheit hoch angesetzt; später kommt dann die Frage auf, ob auch die Vertragsgerechtigkeit hierbei genügend beachtet wird. Wir stoßen damit auf das seit langem in der Philosophie formulierte Problem von Recht und Gerechtigkeit. Von letzterer war in der Antike die Rede und weniger vom Recht.

d) Menschenrecht und Menschengerechtigkeit

Politeia heißt das Hauptwerk von Platon. *Über die Gerechtigkeit* lautet sein Untertitel, der als nachgeschoben und nicht original gilt. Aber in diesem Titel ist schon die Sachlage umrissen, um die es in der *politeia* geht. *Politeia* oder die Frage der Gerechtigkeit. Von hier werden wir vom Menschen weg in eine andere Dimension verwiesen oder, anders gesagt, der Mensch in eine weitere Dimension gestellt, auf die es im menschlichen Leben ankommt. Der Mensch als Mensch ist nicht einfach Individuum, auf sich gestellt, um bei sich selbst zu sein und hierin dann eventuell seine größte Freiheit zu sehen, was neuzeitlich Autonomie genannt wird, wobei ich von totalitärer Autonomie spreche.[155] Ich beziehe mich jetzt nur auf Kants Wort: „Alle

---

[154] Siehe hierzu den Abschnitt „Vernunft durch Verfahren?", in: v. Verf.: *Philosophieren mit Jaspers und Heidegger*, S. 74–78.
[155] Siehe v. Verf.: *Europas Autonomie*, II. Autonomie und Würde. Die neuzeitlich europäische Konzeption des Menschen, 6. Totalitäre Autonomie, S. 39 ff.
Der klassische Begriff, beispielsweise bei Aristoteles, erhält in der Neuzeit einen völlig neuen Sinn. Wir haben vergessen, daß der klassische Freiheitsbegriff drei Worte für Freiheit hat, wobei Autonomie nur an dritter Stelle steht: *eleutheria*, *autarkeia* und *autonomia*. Das erste Wort, das Hauptwort bei den Griechen, finden

Philosophie ist 1. Autognosie 2. Autonomie"[156]. Es geht überall um Selbstsetzung, wie dann auch das philosophisch höchste Wort bei Hegel lautet, „Selbstbewußtsein", in dem diese Figur des Menschen sich geschichtlich vollendet sieht.

Politeia bzw. Gerechtigkeit heißt bei Platon, daß der Mensch im Bezug auf sich selbst nicht einfach sich selbst nur sehen und leben kann. Es werden dort verschiedene Bilder, Aussagen in Figurationen versucht, die den Menschen in eine weite Dimension der Menschlichkeit stellen, wobei aber beim Menschlichen gerade auch das Unmenschliche zur Sprache kommt. Es wird vom Gott oder jedenfalls vom Göttlichen im Menschen gesprochen, dann vom Menschen im Menschen und auch vom Ungeheuer im Menschen. Es ist eine dreifache Gestalt, in welcher der Mensch hier angesprochen wird. Das bringt Platon in Zusammenhang mit der sogenannten Seelenlehre vom *logistikon, thymoeides* und *epithymêtikon*, wobei das Göttliche im *logos* genannt wird, im *logos* in seinem Streben nach Weisheit; das Ungeheuer in der Begierde und ihrem Mehr-haben-wollen. Und der Mensch im Menschen in der Mitte mit einem eigenen Namen für die Seele, welche das Leibhaftige der Seele ausspricht: *thymos*. In den Zustand des Göttlichen kommen wir mit der Weisheit *(sophia)*. Das betrifft dann die Philo-sophie.[157]

Wir erinnern an den Versuch in einer dreifachen Struktur die menschliche Lage, *êthos*, auszudrücken. Es sind dort die drei Seelenteile mit den entsprechenden drei Gütern: den seelischen (inneren), den leiblichen und den äußeren Gütern. Wenn die äußeren Güter im Zusammenhang mit der Begierde, dem Mehr-haben-wollen genannt werden, dann muß man dabei auch überlegen, daß in dieser Hinsicht vom Ungeheuer Mensch gesprochen wird, vom Ungeheuren im Menschen.

---

wir indirekt noch im deutschen Wort Leute, die freien Leut'. Es ist die Freiheit im Volk, die Freiheit im ganzen. Es ist jenes, was in Deutschland 1989 zum Ausdruck kam, als in Leipzig gerufen wurde: Wir sind das Volk. Wir können also übersetzen: Freiheit im Volk *(eleutheria)*, Selbstgenügsamkeit *(autarkeia)*, Selbstbestimmung *(autonomia)*.

[156] I. Kant: *Kant's gesammelte Schriften*, XXI, S. 106.
[157] Vgl. Platon: *Politeia*, 435a ff.

Die Begierde sei das Meiste im Menschen.[158] Die Unter- oder Grundlage des Menschen wird also betont. Dazu gehört auch ein guter Zustand *(aretê)*, den man durchaus finden kann, nämlich die Grundtugend der Besonnenheit und des Maßes. Gerade hier wäre heute anzusetzen, um unsere Gesellschaft als Wirtschafts-, Produktions- wie Konsumgesellschaft zu kritisieren. Wir steigern uns ja ins Unermeßliche, verlieren jedes Maß. Denken wir nur an die Vielzahl der sich verbreitenden Werbeprogramme oder auch nur Fernsehprogramme. Ist es denn menschlich überhaupt sinnvoll und vernehmbar, wenn hundert oder noch mehr Programme angeboten werden? Gerade wird in Deutschland propagiert, daß mit einer neuen Technik des Kabelfernsehens man über hundert Programme anbieten könne. Das ist doch der schiere Unsinn, der hier über den Menschen herabfällt.

In der klassischen Philosophie haben wir nicht nur den Versuch in einer Dreierstruktur zu sprechen, sondern darüber hinaus noch weitere Aussageversuche. *Physis* ist das alles Umfassende, worin auch der Mensch steht. Dann kommt die *psychê*, der alles Lebendige, nicht nur der Mensch entspricht. Dieser hat dann den *logos*, aber, was noch viel schwieriger ist und nicht immer genannt wird und eigentlich erst bei Aristoteles in den Blick kommt, *êthos*. Hier schließt sich dann die Rede an, welche das Recht nicht nur um den Menschen kreisen, sondern über ihn hinausgehen läßt. Es ist das politisch Gerechte *(politikon dikaion)*, welches das *physei dikaion* genannt wird, also das Rechte von Natur. Es wäre nun völlig mißverständlich, hat aber Tradition gemacht, hier ein Naturrecht oder Naturgesetz anzusetzen, wie wir es durch die Stoa und besonders durch die christliche Überlieferung und Systematisierung, beispielsweise durch Thomas von Aquin, bis heute haben. Hier kommen andere Gesichtspunkte dazu.

Erinnern wir uns an die knappe Stelle von Aristoteles[159] betreff des Zusammenhangs vom Menschen, der in der *physis* lebt und aufgeht, und zwar in bestimmter Weise, nämlich in der *polis*, welches seine wesentliche *physis* ist. Er lebt letztlich nur, wenn er politisch ist oder, anders gesagt, wenn er in der *politeia* und in der *polis* lebt. Ich wage, wohl von heute oder zumindest der Neuzeit aus gesehen, vom

---

[158] Vgl. ebd., 442a.
[159] Vgl. Aristoteles: *Nikomachische Ethik*, V, 10.

Anspruch der *polis*, des Politischen wie der *politeia* zu sprechen, welche nicht das Recht des Menschen, sondern seine Gerechtigkeit bestimmt.

Die Gerechtigkeit ist jene umfassende Rahmentugend des Menschen, welche alle anderen Seelenteile, deren Tugenden und so auch die Figur des Gottes im Menschen, des Menschen im Menschen und des Ungeheuers im Menschen formt. Die *sophia* ist ganz oben angesiedelt und wird in diesem Sinne göttlich genannt. Das Maß, die Besonnenheit steht unten und ist der tragende Grund des Menschen. Aber das ganze Gefüge, modern gesprochen, die Struktur, der Grundzug, der alles im Menschen durchwaltet, ist die Gerechtigkeit des Menschen. Gerechtigkeit ist damit die Seelentugend schlechthin. Wir können, ja müssen *psychê* und Gerechtigkeit als dasselbe erfahren und sehen. Wer wirklich lebt, im Leben ganz aufgeht, muß dies wahrnehmen und auslegen *(legein, logos)*. So ist dann der Mensch *zoon logon* und wird zum *zoon politikon,* um zu unterscheiden zwischen gut und schlecht, nützlich und schädlich, gerecht und ungerecht. So erreicht er die Lebens-Gerechtigkeit. Bei Aristoteles wird an letzter Stelle[160] die Unterscheidung von gerecht und ungerecht genannt, was uns doch aufmerksam machen müßte. Aber was wir nicht außer Acht lassen dürfen: Der Mensch ist zwar ein Lebewesen der Gerechtigkeit, wozu aber der ständige Abgrund der Ungerechtigkeit, des Menschen als Ungeheuer gehört.

Nun wollen wir mit dem neuzeitlichen und besonders heutigen Recht, angeführt von den Menschenrechtserklärungen bis hin zur Rede von der Menschenwürde in unserem Grundgesetz, den Menschen letztlich für unantastbar halten. Dazu gehört auch, daß jedem Ungeheuer unter den Menschen, den Verbrechern der Mafia, den politischen Verbrechern und auch den Terroristen immer ein Rechtsverfahren, ein Prozeß vor einem Gericht bis zu obersten Gerichten zusteht. Heute sind im Blick die Prozesse gegen Kriegsverbrecher, Kindermörder und dergleichen, die über die Presse und das Fernsehen uns den Anspruch des Rechtes, des Menschenrechtes für jeden Menschen vor Augen führen. Wir werden uns aber immer fragen müssen, ohne hier für eine Todesstrafe zu plädieren: Ist es menschen-

---

[160] Aristoteles: *Politik*, I, 2.

gerecht, politisch gerecht, wenn beispielsweise ein politischer Verbrecher wie Milošević jahrelang Gerichte und Öffentlichkeit beschäftigt und sich durch unsere Art des Selbstbewußtseins und der Selbstgestaltung in den sogenannten Medien weiterhin nicht nur wehren, sondern sich zeigen, in seiner ganzen Verbrechernatur auftreten kann? Was haben wir hier für eine Rechts- und Gerichtsauffassung? Es sollte bei diesem Milošević wie auch bei anderen aus dem politischen Milieu großer Verbrechen der letzten Jahrzehnte, die schon verurteilt wurden oder verurteilt werden, die Hauptfrage sein, ob die in andere Länder und auf Privatkonten geschafften Millionen, ja Milliarden an das betroffene, geschädigte Volk und Land zurückgeführt werden. Denken daran überhaupt die Gerichte und die Juristen, die sich in Recht als Verfahren und System verwickeln, bei denen es um irgendwelche Rechtsverständnisse, aber letztlich wohl kaum um Gerechtigkeit geht?

Wir haben bei diesen großen politischen Rechtsprozessen die Demonstration eines Verfahrens, das eigentlich der klassischen Auffassung von Politik, nämlich *politeia* und Gerechtigkeit Hohn spricht. Ich will keinen Vorschlag machen, zumal es auch schwierig ist, wie wir weiter und anders verfahren sollen. Aber Recht als Verfahren mit der Ausnützung aller Verfahrenstechnik zeigt sich hier als ein Bumerang, der allem Recht, ja besonders der Gerechtigkeit entgegenschlägt. Es wäre der Richterspruch in einem Richterrecht vielleicht angemessen, um das Verfahren kurz und bündig zu machen. Hingegen gehört es zum Recht als Anspruch, zum Menschen des Rechts als Menschen des Anspruchs, daß er im Recht alle Ansprüche versammeln kann. Er hat immer die Möglichkeit des Einspruchs, des Widerspruchs. Dabei kann er je nach Geld und Vermögen eine Unzahl von Rechtsanwälten beschäftigen und von Instanz zu Instanz weiterschreiten. Aber im Fall Milošević, der ja schon beim obersten Gerichtshof seine Ansprüche wahrnehmen kann, zeigt sich nun, wie Recht als Sicherheit, kaum aber als Nützlichkeit geschweige denn als Gerechtigkeit waltet.

Von Radbruch haben wir diese Einteilung von Sicherheit, Nützlichkeit und Gerechtigkeit. Aufhorchen läßt, wenn er von „Unrechtsgesetzen" spricht.[161] Er meinte damit bestimmte Gesetze im nationalsozialistischen Deutschland. Ich denke aber, daß man das Problem des Gesetzesrechtes, das auch Unrechtsgesetze liefern kann, viel weiter fassen muß. Bei meinen Überlegungen möchte ich zunächst auf Hegel kommen, der die Sphäre des Rechts in höchster Weise preist. Recht ist „verwirklichte Freiheit", „Recht ist etwas *Heiliges überhaupt*".[162] Hier liegt eine vom Menschen hervorgebrachte „zweite Natur". Gegen das Naturgesetz stellt er das „Rechtsgesetz". Aber Hegel, was gern übersehen wird, stellt auch die Schattenseite des Rechts dar. Recht ist und bleibt immer abstrakt. Es stellt alles in Abstraktion dar und führt zu abstrakten Lebensverhältnissen. Er nennt ausdrücklich „Ehe, Liebe, Religion" und, was erstaunen mag, bei diesen „höheren Verhältnissen" auch jene „des Staats", wo mit Rechtsgesetzen letztlich nichts auszurichten, nichts vom Menschen zu sagen ist.[163]

Recht in der Familie ist Recht gegen die Familie. Heute kann ein Sohn gegen den Vater einen Rechtsstreit führen, wenn ihm bestimmte Privatrechte nicht zugestanden werden. Wenn man Recht als Gesetzesrecht oder, von Hegel her gesprochen, ein Rechtsgesetz in Verhältnissen versucht, in denen der Mensch gerade wesentlich lebt, denen aber mit Recht letztlich unrecht getan wird, dann kommt es zu Unrechtsgesetzen. Man müßte heute überlegen, daß in vielen Bereichen, die Hegel nennt, die Verrechtlichung, das Recht als Verfahren,

---

[161] Siehe oben, S. 29.
[162] G. W. F. Hegel: *Grundlinien der Philosophie des Rechts*, § 4 u. § 33. Vgl. zu diesem komplexen Zusammenhang von Recht und Freiheit v. Verf.: *Die Zukunft der Freiheit*, V.4. Hegel, bes. d) Das Recht als realisierte und konkretisierte Freiheit u. e) Freiheit: Mensch als Mensch, S. 217 ff. u. 222 ff.
[163] G. W. F. Hegel: *Werke*, Bd. 7, § 213, S. 365 f.
Es lohnt sich, gerade im Hinblick auf den Nahen wie Fernen Osten, aus jenem Zusatz zu zitieren: „An den höheren Verhältnissen, der Ehe, Liebe, Religion, des Staats können nur die Seiten Gegenstand der Gesetzgebung werden, die ihrer Natur nach fähig sind, die Äußerlichkeit an sich zu haben. Indessen macht hierbei die Gesetzgebung verschiedener Völker einen großen Unterschied. Bei den Chinesen ist es z. B. Staatsgesetz, daß der Mann seine erste Frau mehr lieben soll als die anderen Weiber, die er hat. Wird er überführt, das Gegenteil getan zu haben, so bestraft man ihn mit Prügeln. Ebenso finden sich in älteren Gesetzgebungen viele Vorschriften über Treue und Redlichkeit, die der Natur des Gesetzes angemessen sind, weil sie ganz in das Innerliche fallen."

der Rechtsstreit nicht die entsprechende Auseinandersetzung ist, um die es vielleicht bei der Liebe und der Familie auch und gerade gehen kann. Wer in der Liebe und der Familie Recht will, lebt wohl schon gar nicht mehr in Liebe oder in der Familie. Hier ist der Rechtsanspruch auch ein Unrechtsanspruch, wie ich es einmal pointiert formulieren möchte. Und hier müßten wir überlegen, gerade auch über Hegel hinaus, weil die Verrechtlichung auch weitergeschritten ist, was wir bis heute an Unrechtsgesetzen produziert haben.

Betreff der Natur, heute der sogenannten Umwelt, versuchen wir Gesetzgebungen, so auch an hoher Position im Grundgesetz für die Bundesrepublik Deutschland, und zwar dort im Artikel 20[164], mit dem die Gesetzesrede vom Staat selbst beginnt, um mit Recht und Gesetz nicht einfach als *status negativus*, wie oft die Menschenrechte gesehen werden, sondern mit einem *status positivus*, also wirklich Natur zu schützen. Aber wie kommt es zu diesem rechtlichen Anspruch für die Natur? Wohl hauptsächlich deshalb, weil wir im gesamten Bereich der Wirtschaft, der sogenannten freien Marktwirtschaft viel gegen die Natur, ja auch gegen den Menschen mit Recht abgesichert haben. Man muß nur einen Vertrag schließen, man muß sich vielleicht nur auf Grundfreiheiten und damit Grundrechte des Menschen berufen, um in Handel, Handwerk und Gewerbe, wie dies ursprünglich noch genannt wurde, nicht nur Güter für den Menschen, sondern auch gegen den Menschen zu produzieren. Dabei ist es schon widersinnig, wenn wir von Gütern reden. Was wird heute alles dem Menschen zum Konsum angepriesen, was ihm nicht gut, sondern schlecht, nicht immer nützlich, sondern schädlich und somit letztlich ihm nicht gerecht ist? Was ist menschengerecht? Das wäre doch die politische Frage, im Sinne des *politikon dikaion* als *physei dikaion* von der Klassik her gesprochen. Aber diese Frage scheint heute kaum denkbar, geschweige denn aussprechbar.

Menschenrechte – Größe und Grenze des Rechts. Der erste und für manche auch heute noch alles umfassende und abschließende Anlauf zu Menschenrechten ist ein großer Versuch und Anspruch, um den Menschen als Menschen darzustellen, herauszustellen. Aber das Gefüge und System dieses Rechts, des Menschen mit diesem Men-

---

[164] Siehe oben, Anm. 94, S. 62.

schenrecht ist bereits ins Wanken geraten durch die neuen Anläufe zu einer zweiten und dritten Generation von Menschenrechten. Hier wissen wir noch gar nicht, wie wir zu Recht, zur Sicherung der Ansprüche kommen. Wir wissen es aber deshalb wohl auch nicht, weil wir den Blick auf eine in Europa früh gestellte Fragestellung verloren haben, nämlich die Unterscheidung von Recht und Gerechtigkeit, wie ich jetzt behaupten möchte. Mit den Menschenrechten kommen wir nicht zu einem gerechten Leben des Menschen. Es zeigt sich gerade das Gegenteil. Wir stürzen in Unrecht, in Unrechtsgesetze.

Wir können dies allein schon im Hauptmenschenrecht sehen, das wir im Eigentum, im Privateigentum haben. Hegel war klug genug, nicht von der Freiheit und immer weiteren Möglichkeit der Eigentumsvermehrung zu sprechen, sondern von der „Notwendigkeit des *Privateigentums*"[165]. Es ist die schiere, den Menschen in seinem Leben erhaltende Notwendigkeit. Wenn wir aber dies in die unendliche Möglichkeit der Machbarkeit von Privateigentum umwerten, dann verstoßen wir mit diesem Anspruch des Rechtes gegen das Gebot der Gerechtigkeit. Den Rechtsansprüchen stehen hier die Gerechtigkeitsgebote gegenüber oder auch, anders formuliert, die Gerechtigkeitspflichten. Hier wäre ein neuer Rechtsbegriff, ein neues Rechtsverständnis anzusetzen, um überhaupt in der Generationenfrage der Menschenrechte, nämlich von der ersten in die zweite oder gar dritte weiterzukommen.

Wir werden bei der ersten Generation nicht nur hängenbleiben, sondern diese selbst letztlich in Frage stellen, wenn wir partout das Recht des Menschen gegen die Gerechtigkeit des Menschen durchsetzen. Und hier könnte das Platonische Bild die Dimension des Menschen treffen. Gelten die Menschenrechte dem Menschlichen im Menschen, dem Göttlichen oder gar auch dem Ungeheuerlichen im Menschen?

Abschließend möchte ich noch einen kurzen Blick auf unsere Formulierung des Grundrechts auf Freiheit werfen, worin Menschenrecht und Menschengesetz, aber vor allem Menschenrechte und Menschengerechtigkeit, wenn auch schwirig und mißverständlich, unabstreitbar aufklingen. Es werden dort als Maßgabe für Freiheit ge-

---

[165] G. W. F. Hegel: *Grundlinien der Philosophie des Rechts*, § 46, Zusatz.

nannt: der Andere, die Verfassung und das Sittengesetz. Es ist der menschlich-politische Rahmen, wie er schon in der klassischen Formulierung vom Menschen als einem logisch-politischen Lebewesen genannt wurde. Nach dem Anderen, nach der Verfassung, nach dem Sittengesetz hat sich der Mensch zu richten. Hier ist die politische Dimension der Gerechtigkeit genannt. Freilich kann man sich heute fragen: was ist heute Sitte und Unsitte? Gibt es weniger Sitten als nur Unsitten? Sind die Unsitten die heutige Sittlichkeit? Wie steht es heute um das Sittengesetz?

e) Verbrechen im Namen der Menschenrechte

Freiheit und Krieg

Die zwei Irak-Kriege wurden im Namen der Menschenrechte geführt. Unter der Führung der Weltmacht USA wurde zum Weltkrieg gegen den Terrorismus aufgerufen. Einige Staaten schlossen sich an, andere distanzierten sich oder hielten sich zurück. Die Vereinigten Staaten von Amerika (USA) gewannen nicht den Zuspruch der Vereinten Nationen der Welt (UN). Hier ist eine Auseinandersetzung im Gange, in welcher offen ist, ob sich die Weltmacht USA oder die Weltnationen durchsetzen. Um was geht es bei diesem Weltkrieg gegen einen terroristischen Staat, der eigentlich nur das Symbol für den Weltterrorismus[166] darstellt?

Der Westen sieht sich als die freie Welt. Ihr gegenüber stand die weniger freie Welt des Ostens, bekannt als Weltbewegung des Kommunismus, der in Europa, in Deutschland zumal zusammenbrach, der aber immer noch rumort. Hier kann man China, aber vor allem Nordkorea nennen, wo eine Brutstätte eines künftigen Terrorismus liegen mag. China wie Rußland sind in einem Umbruch, ob allerdings zu der Freiheit des Westens oder zu etwas anderem, ist eine offene und weite Frage.

---

[166] Ich möchte hier auf ein Buch hinweisen, in welchem östliche und westliche Literatur zum Terror dargestellt wird: Hiroshi Kabashima: *Attentat, Terror, Gerechtigkeit. Eine vergleichende Studie zu B. Savinkov, J. Osaragi, K. Takahashi und A. Camus.*

Die USA haben im Namen der Freiheit, der westlichen Freiheit, den Zweiten Weltkrieg geführt – aber haben sie wirklich gewonnen? Die USA haben ein kommunistisch terroristisches Regime mit dem Terroristen schlechthin, nämlich Stalin unterstützt. Ein gravierendes Beispiel dafür ist, daß sie sich aus Teilen Deutschlands, obwohl sie es hätten besetzen können, zurückzogen, um hier ein Terrain dem Kommunismus zu überlassen. Die Deutsche Demokratische Republik (DDR) ist auch ein Ergebnis amerikanischer Weltpolitik. Freiheitspolitik?

Wie man den kommunistischen Terroristen Stalin hat walten lassen und nur wenige, besonders Churchill, den gravierenden Fehler erkannt haben, so hat man in der ganzen Nachkriegszeit beim sogenannten Wiederaufbau, nicht nur Deutschlands, sondern der ganzen Welt, im Osten, aber besonders auch im Süden immer mehr größere oder kleinere totalitäre Systeme, weniger kommunistische als kaum politisch einordenbare neue Terroristen unterstützt. Ich bezeichne mit diesem wohl schwerwiegenden Wort auch all jene politischen Figuren, die im Osten, ob in Indochina oder in Indonesien, den Philippinen, aber besonders in Afrika und im Nahen Osten bis heute ihre Politik treiben.

Jedenfalls hat auch unter der Führung der USA ein ständiger Aufbau von Terror und terroristischen Diktaturen stattgefunden. Was stand meistens dahinter? Es wird von wirtschaftlichen Interessen gesprochen, hier besonders das Öl. Öl ist ohne Übertreibung zum Weltbegriff geworden. Damit steht und fällt die ganze Politik. Und deshalb müßte man öfter weder von Politik noch von Ökonomie – alles Worte, die ja vom Namen her etwas ganz anderes sagen –, sondern, wenn man die Sache irgendwie nennen will, von einer ‚Verölung der Politik' sprechen. Dies wird auch beim Irak wieder sichtbar. Ich möchte allerdings keinesfalls die USA einfach brandmarken, um sie als eine Ölfeldnation zu deklarieren. Es geht hier um mehr, wozu freilich das Öl gehört.

Krieg im Namen der Weltpolitik, so auch des Weltöls – ich spreche aber von Verbrechen im Namen der Menschenrechte. Der Westen, die Freiheit des Westens stehen und fallen mit dem Recht, den verschiedenen Erklärungen von Menschenrechten in den USA, in Frankreich im 18. Jahrhundert und im rechtlichen Ausbau dieses

Rechts- bzw. Freiheitsverständnisses in den Verfassungen. Der Verfassungsstaat ist mehr oder weniger ein Freiheitsstaat. Was heißt hier aber Freiheit als das alles tragende Element und Moment der Politik, des Lebens im Westen überhaupt?

Worin besteht die größte Freiheit? Worin markiert sich, was in Freiheit möglich ist? Es ist die Freiheit, die jeder für sich selbst haben und eben mit dem Freiheits- und Menschenrecht durchsetzen kann. Es ist für jedermann die Freiheit des Privaten, die Freiheit des Konsums, die Freiheit in allen Tätigkeiten, wobei nur darauf zu achten ist, daß jeder Tätige seinen Teil an Freiheit, an Besitz erhält. Aber das ist nun genau der Punkt, wo sich Freiheit nicht aufbaut, sondern abbaut, wo Freiheit den Menschen nicht nur entfaltet, ihn in seinem Tun, in seinem Leben nicht größer, sondern vor allem auch kleiner macht. Symbolisch haben wir dafür die Formulierung von Marx bzw. vom Präsidenten Kennedy: Die Reichen werden immer reicher, die Armen werden immer ärmer. In diesem Spruch wird ein Grundverhältnis markiert, das nun die Freiheit des Westens auszeichnet. Jeder kann, jedenfalls soll möglichst alles tun können. Es erfolgt eine sich entfaltende, immer mehr sich steigernde, letztlich alles ergreifende Beweglichkeit. Es ist die Modernisierung bzw. heute Globalisierung genannte Mobilisierung des Menschen auf allen Ebenen. Hierzu dient vor allem die Wirtschaft, welche wohl im Ansatz wie Ziel nur eine Domäne der alles umfassenden Mobilmachung ist. Immer mehr Produkte. Produktivität ist bei Marx eine Hauptempfehlung für den Kommunismus.[167] Konsum-, Produktions-, ja ich möchte jetzt weitergehend sagen, Beweglichkeitsgesellschaft. Hier soll möglichst viel, ja alles, was möglich ist, mit dem Menschen, in der Welt gemacht werden. Es ist eine immer weitergehende und so totale Machbarkeit. Machen, was machbar ist, und was noch nicht machbar ist, machbar

---

[167] Marx sieht im Liberalismus und Kapitalismus die Entfremdung des Arbeitsproduktes, der Arbeitsproduktion und der Arbeitsproduktivität, setzt aber im Sozialismus und Kommunismus auf die „Produktivkraft" und „Produktivität", wie die Begriffe bei und seit Marx lauten (*MEW* 42, S. 19 ff., Einleitung zu *Grundrisse der Kritik der politischen Ökonomie* (1857/58), siehe v. Verf.: *Einführung in die politische Philosophie der Neuzeit*, III.7. Marx. Entfremdete Arbeit und Privateigentum, S. 95–109).

machen.¹⁶⁸ Vorstellen, was vorstellbar ist ... – so kann man die Medien zusammenfassen. Ist dies nun Freiheit?

Im Westen und seiner sich seit dem 18. Jahrhundert aufbauenden Sprecherin und Vorreiterin, den USA, herrscht eine Politik, welche wesentlich Wirtschaftspolitik ist, auch und gerade wenn sie sich Freiheitspolitik nach wie vor nennt und sich als solche heute besonders empfehlen will. Es ist die Freiheit des Marktes. Aber was bringt uns dieser freie Markt bzw. auf deutsch die Marktwirtschaft? Sie bringt uns den Konflikt mit jenen Rechten, welche inzwischen die zweite und dritte Generation der Menschenrechte genannt wurden. Wir müßten heute endlich einsehen, daß mit den Freiheitsrechten nicht die Menschenrechte ein für allemal und abschließend in die Welt kamen. Die Freiheitsrechte sind ein neuzeitliches aufklärerisches und aufs Recht sich stützendes wie stürzendes Politikum.

Was aber jetzt wichtig ist, sind die Menschenrechte der sogenannten dritten Generation, die, wie es oft heißt, Rechte der eingeborenen Völker, Rechte der Kulturen; und hierzu gehört auch das Recht der Religion. Die Religion wurde freilich bei den Menschenrechten nicht nur als Freiheit gleich *liberty* genannt, vielmehr mit dem umfassenderen Freiheitsbegriff im Amerikanischen, nämlich *freedom*, innerhalb der sogenannten *four freedoms*.¹⁶⁹ Aber trifft dies jenes, nämlich die andere, kaum verstandene Religion, die andere Kultur?

Mit der Formulierung von Rechten, gerade Menschenrechten haben wir offensichtlich Schwierigkeiten. Die ersten haben uns beflügelt, aber selbst bis heute ist im Gesetzgebungs- und Verfassungsprozeß noch alles in einem offenen Horizont. Aber schauen wir einmal auf eine wohl durch das Schicksal Deutschlands herausgeforderte und besonders gelungene Formulierung, nämlich die Grenze der Freiheit

---

[168] Vgl. v. Verf.: *Philosophieren mit Jaspers und Heidegger*, VI.4. Berechnendes Denken – Grundsätze der Machbarkeit, S. 108 ff. u. *Machbarkeit. Perspektiven unseres Lebens*, I.2. Der Grundsatz der Machbarkeit, S. 31 ff.

[169] Man spricht von den *four freedoms*, welche erstmals Roosevelt als Politiker formuliert haben soll: die Freiheit des Ausdrucks, Religionsfreiheit, Freiheit von Not und Furcht. Letztere wären also die sozialen Menschenrechte, erstere die liberalen oder, wie immer schon genannt, die Menschenrechte als Freiheitsrechte.

im Bezug auf den anderen, der Sittenordnung und der Verfassung.[170] Dort klingt bereits jenes an, ob schon bewußt oder nur geahnt, was dann die zweite und dritte Generation der Menschenrechte genannt wird; hier kommen wir überhaupt zur Rechts- und Verfassungsfrage. Gelingt hier oder endet hier der Rechts- und Verfassungsstaat? Wie steht es mit der Freiheit in diesem sogenannten „Hauptfreiheitsartikel"[171], der für alle weiteren Menschenrechtsartikel in unserem Grundgesetz maßgeblich sein soll? Es ist immer jeder Mensch und der jeweilig andere. Das heißt doch der andere da und dort in der Welt? Das ist eine kaum übersehbare Schwierigkeit. Was heißt hier aber nun dann die Rede von der Sittenordnung, vom Sittengesetz?

Was ist Sitte und d. h. in der alten europäischen Philosophie der Aufenthalt, *êthos*? Wenn wir die westliche und vor allem amerikanische Wirtschaft globalisieren, dann brechen wir mit einem Aufenthalt in die Aufenthalte der ganzen Welt ein. Wir beseitigen damit den *êthos* aller anderen Kulturen. Dies steht im Hintergrund, wenn ich vom Verbrechen im Namen der Menschenrechte spreche. Amerika, der Aufbruch in ein Zeitalter der ersten Generation der Menschenrechte, führen uns zum Wagnis, diese erste Art von Menschenrechten zu globalisieren, im Namen der ersten Generation der Menschenrechte und d. h. vor allem des Freiheitsrechtes Kriege zu führen, aber dabei auch Verbrechen zu begehen. Im Namen dieser Menschenrechte geht nun Amerika und nachfolgend auch Europa, die sogenannte westliche Welt, in den Osten und in den Süden, was zu all jenem geführt hat, was das Nord-Süd-Gefälle genannt wird, worin sich besonders der Unterschied von Reich und Arm bezeugt. Was will eine Weltmacht wie die USA, wenn sie im Namen der Menschen-

---

[170] Vgl. *Grundgesetz für die Bundesrepublik Deutschland*, Artikel 2: „(1) Jeder hat das Recht auf die freie Entfaltung seiner Persönlichkeit, soweit er nicht die Rechte anderer verletzt und nicht gegen die verfassungsmäßige Ordnung oder das Sittengesetz verstößt. (2) Jeder hat das Recht auf Leben und körperliche Unversehrtheit. Die Freiheit der Person ist unverletzlich. In diese Rechte darf nur auf Grund eines Gesetzes eingegriffen werden."

[171] Der Ausdruck wurde in der Diskussion um die Interpretation von Juristen verwendet, wie Ulrich Scheuner: *Die Funktion der Grundrechte im Sozialstaat. Die Grundrechte als Richtlinie und Rahmen der Staatstätigkeit*; vgl. hierzu v. Verf.: *Europäisches „Menschenbild" und das Grundgesetz für die Bundesrepublik Deutschland*, S. 53, 58 u. 62.

rechte (Freiheitsrechte, Besitz- und Wirtschaftsrechte) oder, anders formuliert, im Zuge der politischen Grundbewegung des Liberalismus und Kapitalismus handelt? Es geht doch um die Herrschaft von Liberalismus und Kapitalismus! Führt dies nicht in einen neuen, ja ganz neuartigen Totalitarismus? Der Terror ist auch eine Antwort auf diese Bewegung.

Globalisierung und Terror
Die Globalisierung ist die neue Botschaft an die Welt, ja der neue Glaube des Menschen.[172] Die Welt kommt mit dieser Globalisierung aufgrund dieser Wirtschaft kaum zusammen, sondern bricht auseinander. Man sieht dies jetzt vor allem in Afrika mit den unmenschlichen Lebensverhältnissen, die nicht nur auf der dortigen Ortspolitik beruhen, sondern wesentlich mit der Globalisierung zusammenhängen. Da und dort wird humanitär wohl etwas versucht, aber im Grunde nichts getan. Gegen die *philia* oder die Freundschaft oder die politische Gemeinschaft haben wir hier die politische Kluft, *krisis*. Es ist ein Hohn und eine Lüge, wenn von Globalisierung, wenn von einer Einheit, einer neuen Vereinigung in der Welt gesprochen wird. Dieses Wort geht wesentlich von den USA aus, wo die Armut sich mehrt, wo gerade die sozialen Verhältnisse und Rechte mehr und mehr vernachlässigt werden und in vielfältiger Weise und in vielen Schichten der Bevölkerung das Leben zusammenzubrechen droht.

---

[172] „Sind wir hilflos im entfesselten Markt? Ist der globale Markt der neue Gott: allwissend, allmächtig und allgegenwärtig? Er fordert von uns immer größere Opfer – im Namen einer vermeintlich wertfreien ökonomischen Rationalität. Doch wertfreie Ökonomie ist eine Mär."
Peter Ulrich fragt so in seinem Buch *Der entzauberte Markt. Eine wirtschaftsethische Orientierung* (Verlagsprospekt). Siehe hierzu den Aufsatz von Peter Ulrich: *Von der Metaphysik des Weltmarkts zur globalen Vitalpolitik – Ein wirtschaftsethischer Orientierungsversuch –*, wo er alles zusammenfaßt und die verworrene Lage der Wissenschaft diskutiert. Ulrich gehört zu den wenigen Wissenschaftlern bzw. Wirtschaftsethikern, die überhaupt die Lage umfassend betrachten und einzuschätzen versuchen. Siehe hierzu meine Sammelbesprechung *Wirtschaftsethik – Aufgabe und Disziplin der Philosophie und/oder der Ökonomik?*, wo ich Ulrichs Hauptwerk *Integrative Wirtschaftsethik. Grundlagen einer lebensdienlichen Ökonomie* bespreche. Wie man sich heute um Wirtschaftsethik bemüht, zeigt das *Handbuch der Wirtschaftsethik in vier Bänden*. Siehe hierzu meine kritische Rezension.

Vereinigung, Fusionierung – wir hören diese Worte in der Wirtschaft allenthalben, wenn Verhandlungen zur Zusammenlegung, aber auch Beseitigung von Geschäftsbereichen oder Firmen geführt werden. Aber letztlich handelt es sich bei fast allen Fusionierungen um „feindliche Übernahmen", jedenfalls in dem Sinne, daß Arbeitsplätze vernichtet werden, daß Manager, von Amerika besonders herkommend, sich bereichern und Armut zurücklassen. Die Globalisierung ist eine „feindliche Übernahme". Wir haben hier jenes, was Carl Schmitt zu einem Stichwort machte: die Freund-Feind-Unterscheidung.[173] Davon hat schon Hobbes gesprochen, und ist es das frühzeitliche politische Grundereignis. Heute kommt es aber von einer Politik der Feind-Freund-Unterscheidung zu einer Wirtschaft, mit der letztlich alles zum Feind-Verhältnis gerät. Wir sind vom Freund-Feind-Verhältnis zu einem reinen Feind-Verhältnis übergegangen. Das ist der neue Fortschritt der Neuzeit. Liberalisierung, Privatisierung, Privatrechte, *res privata*?[174]

Privat heißt auf deutsch nicht nur zurückgezogen, sondern beraubt. Es geht um die Beraubung der Natur und des Menschen. Privatisierung ist nun ein Raubzug ohnegleichen geworden. Meine Anfangsthese zielte darauf, daß Menschenrechte wesentlich Privatrechte sind. Aus wichtigen, ja teilweise wichtigsten Rechten, welche die Privatrechte durchaus darstellen, sind jetzt Beraubungsrechte, Feindschaftsrechte geworden. Der Mensch ist zum Feind geworden. Das neuzeitliche Menschenbild entlarvt sich heute als ein Feindbild.

„Wenn die Phantasie nicht alles begriffen hat, wenn die Hand nicht alles ausgeführt hat, ist es unmöglich, daß die Wollust vollständig gewesen ist, weil immer ein Gewissensbiß bleibt. Ich hätte mehr

---

[173] „Die spezifisch politische Unterscheidung, auf welche sich die politischen Handlungen und Motive zurückführen lassen, ist die Unterscheidung von *Freund* und *Feind*. Sie gibt eine Begriffsbestimmung im Sinne eines Kriteriums, nicht als erschöpfende Definition oder Inhaltsangabe. Insofern sie nicht aus anderen Kriterien ableitbar ist, entspricht sie für das Politische den relativ selbständigen Kriterien anderer Gegensätze: Gut und Böse im Moralischen; Schön und Häßlich im Ästhetischen usw." „Der politische Gegensatz ist der intensivste und äußerste Gegensatz" (C. Schmitt: *Der Begriff des Politischen*, S. 26 f. bzw. 30).

[174] Siehe hierzu v. Verf.: *Die Zukunft der Freiheit*, II.2. Libertas in populo, α) Res privata und res publica, S. 41 ff.

tun können, ich habe es nicht getan."[175] Sade spricht am Ende des Zeitalters der Aufklärung, welches ein Zeitalter der Vernunft sein wollte. Und hierzu haben wir in Deutschland unseren großen Philosophen Kant, in Frankreich aber Marquis de Sade, welcher als obszöner Schriftsteller, als Meister der Pornographie kritisiert wie auch propagiert wird. Daß er gerade auch ein politischer Schriftsteller ist im Namen einer neuen Gesellschaft, die er eine „Gesellschaft der Freunde des Verbrechens" nennt, wird gern übersehen. „Franzosen, noch eine Anstrengung, wenn Ihr Republikaner sein wollt"[176]. Sade ruft dort zu ungeheuerlichen Freiheiten auf, von denen wir uns distanzieren, wenn es sich um Mord und damit ein Kardinalverbrechen handelt.

Wenn ich hier auf Sade verweise, wird man mir vielleicht zugestehen, daß ich Terroristen jeder Art in diese Gesellschaft der Freunde des Verbrechens einordnen könnte. Es gibt zu denken, daß die Terroristen, welche unsere Lebensbedrohung derzeit sind, letztlich und so auch für alle Zukunft deshalb den Nihilismus verkörpern, weil wir, um jetzt mit Nietzsche zu sprechen, die „Umwertung aller Werte" zu unserem Lebensprinzip gemacht haben.[177] Diese Umwertung findet statt in jenem, was wir Konsumgesellschaft, liberalistische Besitzgesellschaft und gerade auch Werbe- wie Informationsgesellschaft nennen. Angesichts hunderter Fernsehprogramme gerät der menschliche Aufenthalt, sprich klassisch *êthos*, fundamental ins Wanken. Das ist auch Terrorismus, der alles verbrauchen, vereinnahmen, haben und so sein will. Es ist ein menschliches Sein unter der Anstrengung des vielfältigsten Haben-Wollens, klassisch gesprochen, des Mehr-Haben-Wollens.

---

[175] Sade: *Œuvres* 8, S. 400, vgl. dt. Übersetzung in *Ausgewählte Werke* 3, S. 602. Siehe hierzu v. Verf.: *Mensch und Maschine. Das Denken sub specie machinae*, IV. Die Apathie des Denkens (Sade), S. 117–172.
[176] Sade: *Ausgewählte Werke* 3, S. 71.
[177] Nietzsche sieht sein ganzes Werk, die Aufgabe des Denkens und Lebens in der „Umwertung aller Werte": „das ist meine Formel für einen Akt höchster Selbstbesinnung der Menschheit". Er zielt auf das Denkwerk des Menschen schlechthin: „Der Wille zur Macht. Versuch einer Umwertung aller Werte" (siehe hierzu K. Schlechta: *Nietzsche-Index zu den Werken in drei Bänden*, S. 371).

Dies spiegelt sich vor allem in den heutigen Zahlensystemen, wie wir sie in der Wirtschaft und dort besonders im Börsenwesen haben. Alles starrt auf die Zahl. Heute gibt es kaum Nachrichtensendungen, wo nicht Börsenkurse über die Menschen gestreut werden. Rangierte früher die Börse am Rande, als eine Spezialnachricht, so werden uns mittlerweile nicht nur in den Tagesnachrichten abends, vielmehr stündlich und gar viertelstündlich Börsenneuigkeiten geliefert. Wir sind auch zu einer Börsengesellschaft geworden. Es wird verrechnet, gezählt. So werden wir in ein Zahlensystem eingereiht, wobei alles nicht nur gezählt, sondern der Mensch letztlich zerzählt wird. Wir rechnen, was berechenbar ist, und was nicht berechenbar ist, wird berechenbar gemacht – vorstellen, was vorstellbar ist, und was noch nicht vorstellbar ist, vorstellbar machen. Was unterscheidet uns noch von einer Gesellschaft der Freunde des Verbrechens?

Kant hat auf die Achtung verwiesen wie kaum ein Denker zuvor. Wir haben dies beispielhaft im Grundgesetz für die Bundesrepublik Deutschland in rechtlicher Weise ausgesprochen. Die Achtung vor dem Menschen. Das ist eigentlich das Problem der Würde. Was achten wir heute am Menschen? Was achten wir im Bezug auf die verschiedenen Menschen in den verschiedenen Kulturen oder, um jetzt wieder politisch von der Klassik her zu sprechen, in verschiedenen Aufenthalten, *êthos*?

Wir rennen heute nicht einer, nein, vielen Ethiken nach. Sie sind zum Spekulationsprojekt schlechthin geworden. Spekulation mit den Börsenzahlen der Wirtschaft, Spekulation in der Ethik, die damit dem Werbe- und Börsenmenschen entspricht. Was sollen, was können wir tun? Nein, es geht doch immer wieder um: was *wollen* wir tun? Es ist der „Wille zur Macht", um mit Nietzsche zu sprechen, die „Umwertung aller Werte", auf die wir hinaus sinnen; es ist die Autonomie, worin wir die Freiheit hochgejubelt, aber inzwischen auch vernichtet haben.

Terrorismus, Terroristen stellen eine „Gesellschaft der Freunde des Verbrechens" dar. Und die andere, weit größere Gesellschaft, die Menschen in der heutigen Weltgesellschaft? Die Globalisierung mit ihren Fusionierungen, nicht nur von Betrieben, sondern ganzen Kulturbereichen? Die heutige Gesellschaft denkt und lebt im Namen der Freiheit, d. h. der Autonomie. Hierzu gehört jenes, was auch die Rede von der pluralistischen Gesellschaft sagen will, ein Leben in vielerlei, in allem. Wir können alles, wenn immer es wir wollen. Die neuzeitlich angefangene Machbarkeit hat sich zu einer Machbarkeit von allem, die Machbarkeit jeder Möglichkeit entwickelt. Das ist die Evolution, die wir kaum Geschichte nennen können, weil zur Geschichte der Rückblick auf die Tradition, die Herkunft gehören würde. Wir rennen in das völlig Neue. Dies zeigt sich in Bewegungen, die sich postmodern nennen. Es zeigt sich aber vor allem in der Wirtschaft und dort wiederum in der Börse. Dort spricht man von Künstlern; es sind jedenfalls Jongleure, welche die Welt wie einen Ball hin und her werfen. So redet man auch vom *global player* im personalen Management. *Laissez-faire, Laissez-jouer!* heißt ja der postmoderne Spruch. Was hier geschieht, soll allen nützen, aber wird bedacht, was alles jeweils schadet?[178]

Man setzt auf die Zukunft der Wissenschaft. Das ist aber mehr als fragwürdig und ein Wagnis schlechthin, das ins pure Nichts den Menschen und die Welt führen kann. Wir spekulieren mit allem. Das ist der Punkt, um vom Menschen heute in einer Gesellschaft des Verbrechens zu sprechen. Alle sind betroffen, und wer aussteigt, hält kaum die Entwicklung auf.

Wohin treiben wir? Der Glanz der Autonomie verbirgt das neue Dunkel. Die Autonomie führt zu Freiheiten, aber gerade auch zu Unfreiheiten. Der Mensch kann, will alles und verrät damit sein Menschentum. Hier könnte man mit Jaspers und Heidegger philosophieren, wohl die letzten Philosophen überhaupt, die uns auf die Endlichkeit, Sterblichkeit des Menschen verwiesen haben, auf den Aufenthalt auf Erden.

---

[178] Seit meiner Dissertation habe ich mich um Philosophie als Zeitkritik bemüht, zuletzt in *Philosophieren mit Jaspers und Heidegger*, IV. Philosophie als Zeitkritik, S. 65 ff. u. V. Dummheit und Schlechtigkeit, S. 83 ff.

2. Wer ist der Mensch?

a) Was ist? – die Frage des Menschen

Kinder fragen „Was ist das?" – „Was ist?" wird in der Philosophie zur wichtigsten Frage. Es ist die Frage nach dem, was in der Philosophie das Seiende genannt wird, griechisch *on*, lateinisch *ens* und eben deutsch Seiendes. Die Philosophie fragt noch weiter: „Was ist das Seiende als Seiendes?" *(to on hê on* bzw. *ens ut ens)*[179]. Damit fängt das Philosophieren an. Hier sehen wir den Zusammenhang von der Frage des Menschen, der Frage des Kindes mit der Philosophie.

„Was ist?" ist die Frage des interessierten Menschen. Der Mensch mit Interesse. Hier haben wir im Ton und in der Aussage ein bemerkenswertes Wort: Interesse. Inter-esse heißt Zwischen-sein. Was zeigt sich alles am Menschen? Der Mensch hat Interesse, sucht, fragt. Hier sehen wir einen Zusammenhang mit jenem Wort, das die Philosophie in ihrem Anfang eingeführt hat und überhaupt der Anfang von Philosophie ist: Seiendes.

Freilich haben wir noch den Unterschied zwischen Sein und Seiendem. Hier bemühen sich die Philosophen, zuletzt Heidegger, der davon spricht, daß es in der Philosophie darum geht: das Seiende als solches und im ganzen. Das kann dann auch Sein genannt werden. Aber diese philosophische Formulierung trifft gerade zu für die Frage des Kindes, die augenscheinlich einfache Frage: was ist das? Hier geht es doch wohl auch um das Seiende *als* solches und im ganzen. Der Mensch und so auch das Kind kann dieses und jenes herauslösen aus dem Zusammenhang, in dem alles steht. Aber was ist, was heißt der Zusammenhang? Hier kann man sogleich weit hinaus sehen und sprechen: die Welt oder die Natur, die Erde, Himmel und Erde. Mit jedem Augenaufschlag, wenn es taghell ist, sehen wir in die Weite hinein, worin aber Seiendes ist, die Frage nach dem Seienden aufkommt und wir fragen: was ist?

Der Mensch fragt nach Seiendem. Ist es sein Sein, daß er so fragt? „Was ist der Mensch?"[180] Dies ist die Grundfrage bei Kant und überhaupt der modernen Philosophie. Die Grundfrage der alten, d. h.

---

[179] Aristoteles: *Metaphysik*, IV, 1003 a 20.
[180] I. Kant: *Kant's gesammelte Schriften*, Bd. IX (Logik), S. 25.

beginnenden Philosophie ist die Frage nach dem Seienden. Die Grundfrage der Neuzeit ist die Frage nach dem Menschen. Aristoteles und Kant sind die ersten Philosophen, die diese Fragen formulieren.

Was ist der Mensch? Diese Frage, in welcher Kant die alles zusammenfassende Frage des Menschen und so der Philosophie sieht, ist nicht die Frage am Anfang der Philosophie. Es wird dort gar gesagt: „der Mensch ist nicht das Beste, was es im Kosmos gibt".[181] Sterne sind mehr als der Mensch, wie es im alten Griechenland heißt. Am Anfang der Moderne – und das ist wohl überhaupt die Moderne – heißt es, „daß es nur einen einzigen bedeutenden Gegenstand des menschlichen Denkens gäbe, den Menschen". So der Dichter Petrarca.[182] Was ist das Seiende? – Die Frage nach dem Seienden stellen zwar Menschen, gehen aber damit über sich und vielleicht auch über alles, was ist, was nah wie fern ist, hinaus. Es ist jenes, was später Metaphysik genannt wird, oder lateinisch Transzendenz. Man spricht auch von Transzendenzerfahrung, wobei wir das deutsche Wort genau hören müssen. *Erfahren*, worin eine sinnliche Tätigkeit liegt, das Fahren, was uns heute gerade etwas sagen müßte. Hegel spricht von der „Erfahrung des Bewußtseins"[183]. Hier haben wir schon den neuzeitlich springenden Punkt. Erfahrung des Bewußt-seins. Bewußtsein ist ein durch und durch neuzeitliches, im Deutschen geprägtes Wort und ist seit Kant in der Philosophie und geht hin bis zum Hauptwort von Hegel: Selbstbewußtsein. So könnte niemals die klassische Philosophie sprechen. Gehen wir also vom Sein zum Bewußtsein und schließlich Selbstbewußtsein?

In der Kantischen bzw. neuzeitlichen Frage „Was ist der Mensch?" haben wir im Fragen ein Hinausgehen des Menschen, wobei der Mensch doch letztlich nur bei sich bleibt. Er kommt zu

---

[181] Aristoteles: *Nikomachische Ethik*, VI, 7, 1141 a 22, übers. v. O. Gigon, S. 188.
[182] Zit. nach: P. O. Kristeller: *Humanismus und Renaissance II*, S. 121.
[183] Hegels *Phänomenologie des Geistes*, 1807 veröffentlicht unter dem Titel „System der Wissenschaft von G. W. F. Hegel, Erster Teil, Die Phänomenologie des Geistes" hatte zunächst den Titel *Wissenschaft der Erfahrung des Bewußtseins* (siehe hierzu *Werke in 20 Bänden.*, Bd. 3, S. 596). Ich verweise auf Martin Heidegger: *Hegels Begriff der Erfahrung*. Heidegger beginnt: „»Wissenschaft der *Erfahrung* des Bewußtseyns« lautet der Titel, den Hegel bei der Veröffentlichung der Phänomenologie des Geistes im Jahre 1807 dem Werke voranstellt." (S. 115).

sich selbst. Beim Sein geht es jetzt, in der neuzeitlichen Denkungsart, um das „Bei-sich-selbst-sein", wie es bei Hegel heißt.[184] Die Fragen des Menschen bestimmen alles aus dem Menschen selbst, der Struktur des Menschen, wie man seit der Neuzeit ein lateinisches Grundwort dafür hat, wobei alles auf den Menschen gestellt wird, wofür wir dann das Wort Subjekt haben bzw., bei Hegel am besten formuliert: „Prinzip der Subjektivität".[185] Es geht von der Transzendenz in die Transzendentalität. Ein schwieriges, einerseits raffiniertes, andererseits verwirrendes Wort. Man hält fest an dem Wort Transzendenz und beugt diese aber zurück und spricht von Transzendentalität.

In der alten Philosophie wurde gesagt, daß der Mensch das logische Lebewesen *(zoon logon echon)* und das politische Lebewesen *(zoon politikon)* sei. Man übersetzt dann mit *animal rationale* bzw. *animal sociale*, wobei wir schon die Schwierigkeiten, ja Veränderungen bis Verfälschungen sehen können. Der Mensch hat *(echon)* den *logos*. Mit ihm redet er, fragt er nach dem Seienden *(on, ens)*. Der Satz, ja wir können sagen, die Formel vom *zoon logon echon* steht in der Aristotelischen *Politik*, wie das Buch dann überschrieben ist, dort in einem kleinen Abschnitt im Anfangskapitel, worin sofort auf die weitere und noch wichtigere Formel hingeführt wird: *zoon politikon*. Der Mensch hat den *logos*, um politisch zu leben. Und politisch heißt dort, daß er mit den anderen Menschen, immer so lebt, daß er gut und schlecht, nützlich und schädlich, gerecht und ungerecht unterscheidet. Wir können hierin, etwas überspitzt formuliert, jenes sehen, was den Menschen in der Rede auszeichnet: ja und nein zu sagen. Ja für das, was gut ist, und nein für das, was schlecht ist. Aber hier sieht man auch sogleich, weil es jedermanns Erfahrung ist, in der ganzen Geschichte des Menschen und jeder einzelnen Lebensgeschichte: Er kann Ja zum Schädlichen, Schlechten und Ungerechten sagen. Er kann sich hin und her bewegen. Das ist seine Lebendigkeit und, um jetzt ein Wort zu nehmen, das ins weitere verweist, was die griechische Philosophie in ihrem Anfang hauptsächlich überlegt: Beweglichkeit.

Bewegung, Beweglichkeit ist das Thema der *Physik* von Aristoteles. Und jene ist, was Heidegger noch einmal eindringlich zu sagen

---
[184] Vgl. G. W. F. Hegel: *Vernunft in der Geschichte*, S. 55.
[185] G. W. F. Hegel: *Werke*, Bd. 7, S. 407; siehe oben, S. 42 ff.

versuchte, obwohl wir es immer wieder vergessen, das Grundbuch der Philosophie. Nicht die Metaphysik, die es als Buch gar nicht gibt, wohl einige Abhandlungen, die sich durchaus auf die Frage konzentrieren: was ist? Ein berühmt gewordener Satz steht am Anfang einer Abhandlung von Aristoteles: *theoria* geht auf *ousia*,[186] Anwesen, Wesen, und wir können jetzt zu übersetzen versuchen: *theoria* geht auf das Sein. Halten wir aber kritisch fest: Ein Hauptwort, worin wir meinen, immer alles zu sagen, gibt es im Griechischen nicht für Sein. Es gibt ein Verbum *einei* und eben das Wort Seiendes, aber nicht das Sein. Gleichwohl können wir sagen, daß es in der Philosophie um die Frage nach dem Sein geht – so wie ein Kind fragt: was ist das?

Am Anfang der Philosophie haben wir die Frage nach dem Seienden: Seiendes als Seiendes. Die Frage nach dem Menschen gehört hinzu, ist aber nicht die wichtigste oder gar zentrale Frage, wie sie dann neuzeitlich herausgestellt wird. Was ist das Seiende? – Was ist der Mensch? Nun könnte man meinen, daß also die Philosophie einen großen Anfang hat, mit dem sie aber nicht zu Rande kommt und dann die Frage einschränkt auf den Menschen. Was heißt nun aber die Frage nach dem Menschen? Es geht hier um die Frage nach dem Menschen *als* Menschen. Wir haben hier die Frageart der Philosophie, die, schulmäßig formuliert, von der Transzendenzphilosophie oder Transzendenzerfahrung zu einer Transzendentalphilosophie oder Transzendentalerfahrung wird. Das kann man bei Kant ganz klar aufzeigen.[187]

Meine These lautet nun: Mit der Frage nach dem Menschen gehen wir noch weiter als mit der Frage nach dem Seienden. Der Mensch nimmt die Frage nach dem Seienden in sich auf, radikalisiert sie. Es wird zu seiner Wurzel *(radix)* wie auch zu seinem ganzen Umfang und Horizont. Der Mensch umspannt alles. Er zeigt sich so als das Seiende als solches und im ganzen, um jetzt eine Formulierung von Heidegger an- und (gegen das Heideggerische Verständnis) umzuwenden. Es geht um den Menschen, es geht um nichts anderes als den Menschen. Der Mensch ist das, was ist. Die Frage nach den Sternen

---

[186] Vgl. Aristoteles: *Metaphysik*, XII.
[187] Vgl. v. Verf.: *Die Zukunft der Freiheit*, V.1.b) Transzendentalphilosophie als autonome Philosophie, S. 172 ff., siehe auch v. Verf.: *Immanuel Kant*.

oder gar Göttern ist eine Frage, die es durchaus noch gibt, die aber keine Antwort finden kann, ja als Frage überhaupt neuzeitlich immer mehr und gerade heute verdächtig wird.

Um hier auf den kritischen Punkt zu kommen, erinnere ich kurz an die klassisch philosophische, vor allem von Platon formulierte Lehre vom Menschen, die sogenannte Seelenlehre *(psychê)*. Dort gibt es den Gott im Menschen *(logistikon)*, den Menschen im Menschen *(thymoeides)* und das Ungeheuer im Menschen *(epithymêtikon)*.

Denken wir nur kurz daran, daß hier der Gesamtname die Seele, *psychê* ist, aber in dieser Seele waltet vor allem *thymos*, welches der ältere Name für Seele war, was Kant noch wußte und philosophisch auslegte, indem er vom Gemüt sprach. Wir haben die Seele mit dem Logischen (oberer Seelenteil) – um hier griechisch wie international für alle Sprachen heute zu sprechen –, in der Mitte das Gemüt, den Lebensmut, um so *thymoeides* zu übersetzen, und unten die Begierde *(epithymêtikon)*, wie es üblicherweise übersetzt wird. Aber hierzu eben die weiteren Bestimmungen, welche das Problem zusammenfassen: Der Gott im Menschen *(logos)*, der Mensch im Menschen *(thymos)*, das Ungeheuer im Menschen.[188] Also Menschen sind auch Ungeheuer. Das ist nun die Frage.

---

[188] Ich verweise auf Platon: *Politeia*, IX, 588b ff., der Übersetzungen und Überschriften gefunden hat wie: „Die eigentliche Bedeutung des Unrechttuns: ein Bild der Seele" (Platon: *Werke in acht Bänden*, S. 777) oder „Verdeutlichung der eigentlichen Bedeutung des Unrechttuns und Gerechthandelns durch ein Bild der Seele" (Platon: *Sämtliche Werke*, Bd. III, S. 284). Das dort zentrale Wort ist *thêrion*, welches in der Regel mit ‚wildes Tier' übersetzt wird und in der auf den Menschen übertragenen Bedeutung, so auch in den Wörterbüchern festgehalten, übersetzt wird mit Untier, Ungetüm, Bestie, tierischer Mensch. Im Gespräch zwischen Glaukon und Sokrates über dieses menschliche Bild, diese menschliche Figur des Gerechten und Ungerechten zitiere ich eine deutsche Übersetzung. d. h. eine knappe Stelle, wo das Gespräch bildreich hin und her geht, die mir deutsch sprechend am besten klingt. Sokrates hat das Unrechttun mit diesem Menschen-Tier-Bild, Löwen- und Ungeheuerbild umrissen, um dann auf die Gerechtigkeit zu kommen: „Wird nun nicht anderseits der Verteidiger des Nutzens der Gerechtigkeit behaupten, man müsse in Tat und Wort darauf hinarbeiten, den inwendigen Menschen zum vollen Herrn des ganzen Menschen und zum rechten Wärter des vielköpfigen Ungetüms zu machen, zu einer Art Landwirt, der die zahmen Triebe nährt und pflegt, die wilden aber nicht aufkommen läßt, wobei er sich die Kraft des Löwen als seines Bundesgenossen dienstbar macht, und so, für alle sorgend und sich sowohl untereinander wie mit sich selbst befreundend, seines Pflegeramtes waltet?" Oder: „Und wird

b) Menschen sind Ungeheuer

Hitler, Stalin, Saddam Hussein, Milošević sind Menschen. Terroristen, Verbrecher sind Menschen. Was ist hier der Mensch als Mensch? Was zeigt sich am Menschen? Wir können nun in Erinnerung an das in der Philosophie Überlegte davon sprechen, daß hier das Ungeheuer im Menschen sich zeigt. Hitler, Terroristen sind Menschen, die wie eine Schlange, wie ein Bild Platons, ja überhaupt im Altgriechischen darstellt, alle anderen Menschen umschlingen wollen. Hitler wie Stalin wollten die Welt erobern. Dies war der Nationalsozialismus bzw. Kommunismus, jedenfalls in deren, Hitlers und Stalins Sinn. Es sind Menschen als je einzelne, die in ihrem ganzen Sein, ihrer Lebendigkeit das in ihnen Logische und die Bewegungskraft ihrer Lebensmitte, wie wir *thymos* jetzt übersetzen wollen, nur darin sehen, alles ins Ungeheuerliche zu bringen. Nun ist das klassisch philosophisch gesehen. Man wird dies von den Bewegungen des Nationalismus wie Kommunismus her, besonders aber im Selbstverständnis dieser Menschen und der ihnen Nahestehenden ganz anders sehen. Für sie ist es nicht das Ungeheure; es ist Weltpolitik, von der ja damals wie heute gesprochen wird.

Menschliche Ungeheuer treiben, bestimmen Politik, ja Weltpolitik. Aber der Name Politik dürfte hier gar nicht verwendet werden, wenn wir ihn aus seiner Herkunft nehmen. Der Mensch ist, wie gesagt, *zoon politikon*. Der Zusammenhang wie aber gerade Unterschied von Mensch und Tier wird in der alten Formel gewahrt, bedacht. Das Politische liegt in der Unterscheidung der oben genannten Kriterien. Ich wiederhole nur das letzte: gerecht und ungerecht. *Politeia oder über die Gerechtigkeit* ist Platons Hauptwerk. Im Titel ist schon alles gesagt. Wir sind politisch, um Gerechtigkeit zu leben, zu sein. So sind wir die Lebewesen, ja das Seiende der Gerechtigkeit.

Dreistigkeit und Übellaunigkeit nicht getadelt, wenn das löwen- und schlangenartige Element unserer Seele unverhältnismäßig gesteigert und angespannt wird?" (Platon: *Sämtliche Dialoge*, Bd. V, S. 383 u. 384). „Wer nun behauptet, Unrechttun nütze einem solchen Menschen, Rechttun aber nicht, dem wollen wir nun entgegenhalten: damit behaupte er nichts anderes, als daß es für dieses Wesen von Vorteil sei, das vielgestaltige Ungetüm zu füttern und stark zu machen, und den Löwen dazu und was zu ihm gehört, während der Mensch verhungert und schwach wird [...]" (Platon: *Der Staat*, S. 409).

Diese wird die Grundtugend genannt, wobei wir das griechische Wort *aretê* mit ‚guter Zustand' besser übersetzen und verstehen können.

Der Mensch hat nur einen guten Zustand, wenn er gerecht zu leben versucht. Und dies ist dort die Einteilung der Seele *(psychê)* mit diesen drei Teilen, wofür immer eine Tugend, ein guter Zustand *(aretê)* genannt wird. Dem Logischen *(logistikon)* entspricht die Weisheit *(sophia)*. Das ist wohl der Höhepunkt, den aber der Mensch kaum erreicht. Deshalb heißt es ja auch Philo-sophie, Streben, Liebe zur Weisheit. Der unterste Bereich der Begierde hat die Tugend der Besonnenheit, des Maßes. Wer Begierde hat, hat auch Maß.[189] Aber das ist und bleibt die Frage bei jedem Menschen. Und das Mittlere, das Zentrum, das auf alles ausstrahlt, ist eben dort *thymos* bzw. *thymoeides*, wozu die Tugend gehört, die in der Regel übersetzt wird mit: Tapferkeit, *fortitudo*. Es heißt griechisch *andreia*. Darin steckt das Wort *aner*, also Mann und Mensch. Um Menschen zu sein, müssen wir so leben, alles einzuteilen versuchen, daß wir den guten Zustand des Menschen erreichen. Dafür muß jeder den Lebensmut haben, womit ich *thymoeides* übersetze. Und Tapferkeit in dem Sinne, daß von Tag zu Tag, ja von Stunde zu Stunde des Lebens wir uns tapfer, mutig für das menschliche Leben einsetzen, für die menschliche Lebendigkeit, welche eine politische ist, wofür das ganze Logische, das Sprechen und Vernehmen da ist. Wir sind nur, indem und wenn wir politisch sind. Das ist die erste These der Philosophie.

Es werden damals Bilder, Figuren oder Symbole, wie immer wir es nennen mögen, versucht, um den Menschen, das, was er wirklich und als Seiendes ist, zu beschreiben. Es wird vom Politischen in mir selbst gesprochen *(politeia en auto)*.[190] Es gibt die Politik im Großen wie im Kleinen. Jeder Mensch ist Politik im Kleinen und so politisches Lebewesen. Die Seele, *psychê*, also das Symbol für die Lebendigkeit wird *politeia en auto* genannt. Wir sind aber dieses Politische nur dann, wenn wir eben ständig das Gefüge, die Struktur der Lebendigkeit, nämlich den Gott im Menschen, den Menschen im Menschen und das Ungeheuer im Menschen auszugleichen versuchen. Es wird hier durchaus unterstrichen, daß am Menschen Ungeheures ist, er ein

---

[189] Platon: *Politeia*, 430d–432a.
[190] Platon: *Politeia*, 368d.

Ungeheuer ist. Es ist die unterste, und wir können gern behaupten, breiteste Stufe in dieser Stufensicht des Menschen, wo oben der Gott, das Göttliche genannt wird. Es heißt ausdrücklich: Begierde ist das Meiste im Menschen.[191] Also sind wir stets in einem Zusammenhang mit dem Ungeheuer. Dies schält sich wohl heraus bei solchen Menschen, wie ich sie oben nannte. Aber diese werden nun immer noch Menschen genannt, besonders heute. Diese Menschen haben, wie alle Menschen, die sogenannten Menschenrechte.

Wir sehen heute, wie der ehemalige Staatsmann Milošević in einem Prozeß behandelt wird, und werden es wohl auch sehen bei Saddam Hussein, der jetzt als Kriegsverbrecher eingestuft wird. Wir haben hier das Menschliche letztlich aufgehängt am Bügel des Menschenrechtes. Was heißt dies? Das Menschenrecht ist das Recht der Menschen *als* Menschen. Dem gegenüber stehen Menschen wie Hitler, Stalin oder, um bei heute zu bleiben, Saddam und Milošević. Das sind Menschen, in denen der Mensch als Ungeheuer alles mehr oder weniger bestimmt hat. Menschen sind Ungeheuer, wenn das Ungeheure in ihnen sich durchsetzt. Was ist hier der Mensch als Mensch, was ist das Spezifische am Menschen? Er ist jenes spezifische Seiende, das universal wie total sein kann. Man hat die politischen Bewegungen des Nationalsozialismus bzw. Kommunismus als Totalitarismus bezeichnet. Man sieht hier eine letzte, jedenfalls spezifische Aussagemöglichkeit. Totalitarismus und Terrorismus – was ist hier das Spezifische bzw. auch der Zusammenhang? Terroristen sind insofern Totalitaristen, als sie allen Menschen Schrecken einjagen können, nicht nur den direkt dort in einem Land oder einer Kultur betroffenen Menschen, nein, heute weltweit. Die Meldungen von Terroranschlägen bewegen Menschen in allen Ländern mehr oder weniger. So ist der Terrorist total wie universal. Das ist seine eigentliche Lebendigkeit und Tätigkeit. Das weiß er wohl und lebt aus diesem Wissen. Seine Seelenstruktur, Lebendigkeit ist diese terroristische Totalität. Dies kann und ist der Mensch im Gegensatz zu allen anderen Lebewesen. Er ist politisches Lebewesen, das nun alles ins Ungeheure hineinzieht, weil er ganz aus diesem Ungeheuren lebt. Und hier wollen wir nun Rechte, langwierige kostspielige Prozesse,

---
[191] Ebd., 442a.

um zu demonstrieren und dokumentieren: Jeder Mensch ist und bleibt irgendwie und letztlich Mensch.

Der Mensch und die Gerechtigkeit, *politeia* und die Gerechtigkeit, *politeia en auto*. Was haben wir hier für ein Politikverständnis wie auch Rechtsverständnis? Diese Menschen haben so viele andere Menschen umgebracht, jedenfalls umbringen lassen. Sie haben ganze Länder und Kulturen zerstört. Dennoch, Hitler, Stalin und ihresgleichen sind Menschen, wie auch Terroristen und Verbrecher Menschen sind. Es liegt für jedermann offen zu Tage, daß Verbrechen von diesem Mann Milošević verübt wurden. Aber das Verbrechen ihm nachzuweisen, ihn zu verurteilen, soll erst nach einem Prozeß erfolgen, wie er jetzt gegen Milošević mehrjährig durchgeführt wird. Nun brauchen wir ein langes Verfahren, ja ein neues höchstes Gericht, in welchen über diesen Mann geurteilt werden soll, inwieweit er ein Verbrecher ist. Menschen können Verbrecher sein, sie bleiben aber Menschen. Aber das ist doch die Frage. Ich setze die These entgegen, auch ganz entgegen dem heutigen bzw. aus der Moderne erwachsenen Menschenrechtsverständnis: Hier zeigt sich an Menschen, daß Menschen alles andere auch sein können als Menschen. Der Mensch als Mensch wird hier zum Menschen als Ungeheuer. Es sind Menschen, welche das Menschliche vernichten. Es ist der umfassende Nihilismus des Menschen bzw. der Mensch des Nihilismus: der Unmensch.

Von Hitler, Stalin und auch den heutigen Terroristen wissen wir, daß sie in einem Nihilismus sich befinden, wie wir ihn heute bei der sogenannten Globalisierung sehen können und müssen. Politiker weltweit, angefangen von den USA, aber auch die in diesem Zusammenhang stehende Wirtschaft und Industrie haben nur eines vor: einen weltpolitischen Zusammenhang, eine Universalität wie Totalität der Politik, d. h. vor allem der Wirtschaftspolitik, der Industriepolitik zu betreiben und in allen Ländern, in allen Kulturen, an alle Menschen möglichst alles zu verkaufen bzw. alles zu propagieren, so daß jedermann alles haben kann bzw. haben will. Es ist der totale bis totalitaristische Zusammenhang von Produktion und Konsumtion, in welchem heute die wichtigste Bewegung, Beweglichkeit stattfindet.

Ob das, was verkauft werden soll, was Menschen zu kaufen angeregt werden sollen, auch gut, nützlich, menschengerecht ist, um es klassisch zu formulieren, das wird nicht gefragt. Man spricht von freier Marktwirtschaft. Man will diese globalisieren. Wir sehen bei dieser globalisierenden Beweglichkeit vor allem, wie Produktionen ineinander geschoben, vermittelt, vermengt, ja wir können auch sagen, aufgehoben werden. Wir haben das wirtschaftliche Stichwort Fusionierung. Um was geht es hier letztlich? Es geht um die Vermehrung von Geld. Alles ist letztlich eine reine Beweglichkeit des Geldes, wofür alles weitere nachrangig ist. Auch hier werden Menschen geschädigt bis vernichtet, es werden Arbeitsplätze hin und her geschoben, da vernichtet und dort wieder angesiedelt. Es herrscht eine totale Beweglichkeit. Diese zeigt sich nun vor allem in der neuesten Produktion, der Medientechnik oder, kurz gesprochen, der Medialität.

Wir werden von einer gewaltigen Fülle an Nachrichten, Informationen bewegt, in eine ungeheure Bewegung hineingerissen, so daß es niemanden mehr gibt, der wirklich weiß, was für ihn gut, nützlich, schädlich ist. Einerseits haben wir die Bewegung, daß alles gleichgeschaltet wird. Alle Menschen in allen Ländern, in allen Kulturen sollen das gleiche bekommen. Das scheint ein Lebensziel zu sein, das den Menschen vorgegaukelt wird. Zum anderen wissen wir gar nicht, was es alles gibt, was es schon wieder nicht mehr gibt, was nicht mehr produziert wird. Die sogenannte freie Marktwirtschaft ist zum Ungeheuer der Beweglichkeit geworden, besonders sichtbar, eindringlich in der Beweglichkeit der Medien: Die Medialität ist universal, totalitär und so ungeheuerlich.

Werbung – es wird geworben; wir sind in einem Strudel und Wirbel der Werbebeweglichkeit, bei der alles durcheinander gerät, was ehemals, ausgesprochen in der klassischen Philosophie, die Gütereinteilung war. Können wir heute wirklich noch den Unterschied machen zwischen inneren und äußeren Gütern, leiblichen und seelischen Gütern und letztlich auch, um das Wichtigste klassisch zu nennen, den politischen Gütern? Letzteres, das politische Gut würde heute heißen, daß wir jeden einzelnen Menschen als je Einzigartigen, andere Kulturen als je eine Eigenart achten. Das würde bedeuten, daß der Mensch als Mensch noch geachtet wird.

c) Was ist das Ungeheure?

Bei den oben angesprochenen Menschenrechtsprozessen (Milošević usw.) geht es um die Achtung und Würde des Menschen. Dies sind Worte, die Kant in seinem Philosophieren herausgehoben hat. Wir haben nun einen Satz, in dem sich dies alles zusammenzieht, den ersten Satz des Grundgesetzes für die Bundesrepublik Deutschland. „Die Würde des Menschen ist unantastbar". Dieser Satz wurde formuliert, weil gerade die Deutschen mit Hitler und dem Nationalsozialismus eine Geschichte hinter sich hatten, in der alles mehr oder weniger angetastet wurde. Wichtig ist die Rede vom Antasten, Tasten, worin ein, ja vielleicht der menschliche Grundsinn liegt.[192] Ich verweise nur kurz darauf, daß die heutige Wirtschaft, ihre Werbung und die entsprechenden Medien alles antasten, jeden Menschen Tag und Nacht, jeden Menschen überall in allen Ländern, in allen Kulturen. Bleiben wir aber bei Kant.

Kant war bewußt, daß Würde zusammenhängt mit Wert, was auch das deutsche Wort Würde in seiner Wurzel hat. Die ursprüngliche Wortbedeutung liegt im Wert-haben. Würde und Wert. Würde heißt höchster Wert. Wenn die Rede von Werten ist, dann entspricht ihr auch das Werten, Umwerten, Abwerten, Aufwerten. „Die Umwertung aller Werte" ist Nietzsches These vom Willen zur Macht, der zugleich Nihilismus ist.[193] Wir haben diesen Vorgang in der heutigen Wirtschaft. Es ist ein Markt der Werte, besonders sichtbar im Geld als dem Wert schlechthin. Geld ist der oberste Wertgesichtspunkt. Geld kann sich allein als Wert bewegen, spielt seine Beweglichkeit gegenüber allem aus. Kant sieht hier klar den Zusammenhang zwischen Wert, Wertungen, und im Bezug zur Wirtschaft zwischen Wert und Preis. Davon spricht er in einem seiner wichtigsten Bücher, nämlich in der *Grundlegung zur Metaphysik der Sitten*:

„Im Reich der Zwecke hat alles entweder einen *Preis* oder eine *Würde*"[194]. Für Kant ist Würde unvergleichbar, hebt sich über jeden Preis, also über die Produktion und Beweglichkeit der Wirtschaft.

---

[192] Vgl. v. Verf.: *Vom Tastsinn des animal rationale*.
[193] Siehe oben, Anm. 177, S. 126.
[194] I. Kant: *Grundlegung zur Metaphysik der Sitten*, S. 58.

Hier hat alles seinen „Marktpreis"[195]. Er spricht vom „Marktpreis" und im selben Satz von „Affektionspreis". Ersterer entspricht den „Neigungen und Bedürfnissen", letzterer den menschlichen Gefühlen und dem Gemüt. Kant spricht von „Gemüthskräften". Aber schließlich kommt Kant auf jenes, was ihm sein philosophisches Hauptanliegen ist, was die Metaphysik der Sitten ist und der Mensch als ein Seiendes dieser metaphysischen Sittlichkeit: Es geht um den „Zweck an sich selbst". Dort gibt es „nicht bloß einen relativen Wert, d. i. einen Preis, sondern einen inneren Wert, d. i. *Würde*"[196].

Halten wir fest: Hier wird deutlich der Zusammenhang von Würde und Preis. Beides sind Werte. Das wäre zu bedenken, gerade wenn wir von der klassischen Güterlehre und Gütereinteilung her kommen. Güter können in Werte umgedacht, umgelebt werden. Wir sehen, daß wir Schwierigkeiten bei der Rede haben. Wie wird aus einem Gut ein Wert? Indem es beispielsweise mit seinem Marktpreis bewertet wird. Aber Würde selbst müßte nun von jedem Wert und Preis losgelöst bleiben. Und das ist die Frage hinsichtlich des Menschen und seiner Würde. Wenn immer er mit Werten zusammenkommt und er selbst bewertet wird, steht er in der Beweglichkeit von Auf- und Abwerten, oder jetzt direkter gesprochen, in der Beweglichkeit des Antastens. Die Würde ist unantastbar?

Kant versuchte den Menschen in dem Sinne zu retten, daß er im Menschen den höchsten Wert sieht. Aber er bleibt Wert, freilich mit der Maßgabe, daß von ihm her und auf ihn hin alles bewertet werden soll. Er wäre also jenes Seiende, jener Mensch *als* Mensch, der in allem, was er ist, worauf er im Leben und Streben zugeht, doch immer nur bei sich bleibt, in sich seinen Stand hat, gerade wenn er die Welt zum Gegenstand macht, wie ein weiteres Grundwort bei Kant und in der Neuzeit heißt.[197] Es ist der Mensch, der alles zu Mitteln und Zwecken machen, alles und gerade in der Wirtschaft im Mittel-Zweck-Verhältnis bewegen kann, der nun aber jenes ist und zu blei-

---

[195] Vgl. ebd.
[196] Ebd.
[197] Vgl. I. Kant: *Kritik der reinen Vernunft*, Vorrede zur zweiten Auflage von 1787; siehe hierzu v. Verf.: *Freiheit, Recht und Gemeinwohl*, II.2.b) Die Freiheit des Bewußtseins im Subjekt-Objekt-Verhältnis, S. 39 ff.

ben versucht und damit das Seiende ist, das nur er ist: der Selbstzweck. Was wird hier aber wirklich ausgesagt?

Mittel- und Zweck-Verhältnisse leben auf Zwecke hin. Von Zweck und Ziel *(telos)* sprach auch die klassische Philosophie. Es gibt dort die *technê* und die *praxis*, formuliert im ersten Satz der *Nikomachischen Ethik*, also dem Grundbuch der klassischen Ethik. Es wird dort von Gut gesprochen, wobei das Gut in der Praxis sich rundet, während es bei der Technik um Güter geht, die für anderes, so auch für die Lebenspraxis dienen können und sollen. Was verlangt aber Kant vom Menschen, damit dieser wirklich Mensch ist?

Kant formuliert dies im sogenannten kategorischen Imperativ. Der Mensch soll immer versuchen, gerade weil er in Anderes, in Gegenteiliges verstrickt ist, ein Mensch zu bleiben. Für Kant bedeutet dies: Mensch bleibe Mensch, indem du Mensch als allgemeiner Mensch bist: Werde allgemein! – so können wir alle Formeln des kategorischen Imperativs zusammenfassen, die Kant in gesteigerter Form in der oben genannten Schrift zur *Grundlegung der Metaphysik der Sitten* liefert. Er schreibt dort dem Menschen vor, und es ist das Grundgesetz seines Lebens und d. h. Handelns im Leben, daß bei jeder Handlung bedacht, ja wohl auch so getan, also gehandelt werden soll, daß aus jeder Handlung „ein allgemeines Gesetz" werden kann. Er steigert die Formulierung: daß meine Handlung „zum *allgemeinen Naturgesetz* werden sollte". Und schließlich, daß jeder Mensch so handeln soll, daß „du die Menschheit, sowohl in deiner Person als in der Person eines jeden anderen, jederzeit zugleich als Zweck, niemals bloß als Mittel brauchst".[198] Dies ist die höchst gesteigerte Formulierung für den Menschen, seine Achtung und Würde. Was zeichnet sich hier aber letztlich ab?

Gegenüber allen Mittel-Zweck-Verhältnissen, wie sie gerade in den heutigen Lebensweisen vorherrschen, setzt sich der Mensch in das Lebensverhältnis des Selbstzwecks. Kann er dies leisten? Ich wage den Sprung auf eine klassische Überlegung bei Aristoteles, welche immer wieder die Philosophie in Unruhe versetzte. Er spricht vom Gott bzw. vom Göttlichen als einem unbewegten Beweger.[199]

---

[198] I. Kant: *Grundlegung zur Metaphysik der Sitten*, S. 52.
[199] Aristoteles: *Metaphysik*, XII, 1071 b ff., bes. 1072 a 25 ff.

Bei den Mittel-Zweck-Verhältnissen haben wir Beweglichkeit schlechthin. Demgegenüber wird der Mensch als Selbstzweck eher in der Art dieser Gottesfigur gesehen. „Die Würde des Menschen ist unantastbar" heißt, daß der Mensch als Selbstzweck gesehen wird, oder nun im Rückblick auf die Klassik als ein unbewegter Beweger. Wenn der Mensch so gesehen wird, kann jeder Mensch, auch wenn er Terrorist und Weltverbrecher wurde, immer noch letztlich als Mensch gesehen, anerkannt werden. Dies versucht das Verfahren heutiger Menschenrechtsprozesse. Auch wenn er Unmenschliches getan hat, auch wenn er zum Ungeheuer wurde, ist der Mensch nach wie vor Mensch. So können wir die Menschenrechtsprozesse verstehen, legitimieren. Wir müssen dabei aber auch sehen, daß der Mensch sich hier in ein ungeheures Feld und in eine ungeheure Weite eines Lebens- und Menschensinns hinausbegibt.

Der Mensch kann alles tun, kann alles gegen den Menschen als Menschen tun und bleibt immer doch Mensch. Das ist aber eine These, welche mit dem neuzeitlichen Menschenbild und überhaupt mit einem Menschenbild zusammenhängt, wo der Mensch nur auf sich und nichts anderes schaut, also nicht hinaufschaut auf etwas, das größer ist, was die Griechen die Sterne oder auch das Göttliche nannten. Es geht um jenes, was in der Neuzeit, besonders seit dem 18. Jahrhundert, erstmals als Wort aufkam: *Selbst,* am bemerkenswertesten wohl bei Hegel: Selbstverwirklichung, aber auch Selbstbewußtsein. Selbstbestimmung ist ja die deutsche Übersetzung für die neuzeitliche Freiheit, auch Autonomie genannt.[200] Und heute haben wir das Wort Selbstsein.

Heute geht es bei unserer ganzen Lebenspolitik wesentlich um diese *politeia en auto* der Selbstbestimmung, der Selbstverwirklichung, des Selbstseins. Ich dürfte allerdings gar nicht das klassische Wort von der *politeia en auto* benützen, das so mißverständlich heute aufgefaßt wird wie Platons Haupttitel *Politeia oder über die Gerechtigkeit. Politeia en auto* und *Politeia oder über die Gerechtigkeit* hängen im klassischen Verständnis zusammen. Es geht darum, daß ich mich in mir selbst wesentlich politisch benehme, in die Welt hinein lebe. In der klassischen Seelenlehre bringt sich der Mensch

---

[200] Vgl. oben, S. 111, Anm. 155.

selbst in die Spannung von Gott bis Ungeheuer im Menschen. Und es wird damals nur jenes politisch bzw. *politeia* genannt, was ständig bemüht ist, sich auf die Mitte, den Menschen im Menschen zu richten und daraus zu leben, tagtäglich um das Menschliche zu kämpfen. Und hier können wir dann durchaus das Wort Tapferkeit verwenden. Es bedarf des Mutes, der Tapferkeit, ja bis hin zum kriegerischen Mut, ein Mensch zu bleiben, zu sein.

Es werden heute Menschen verteidigt, die Menschen umgebracht haben, das Menschliche verachtet und vernichtet haben. Wie können wir hier nach wie vor von Menschen sprechen? Ist der Mensch jenes spezifische Seiende, das, was immer er auch tun mag, in der Vielfältigkeit, ja Totalität und Ubiquität seiner Lebendigkeit und Beweglichkeit letztlich nie aus dem Menschlichen gerät? Der Mensch bleibt immer Mensch – der Mensch ist Mensch, ist jenes Seiende, das alles sein kann und so gerade Mensch ist. Es ist ein totaler, ja wir können nach der philosophischen Redeweise auch sagen, metaphysischer Anspruch, mit dem sich der Mensch nun alles anmaßt, ja mehr anmaßt, als wir in allen Kulturen dem Gott oder dem Göttlichen je zugeschrieben haben. Es gibt keine Zeugnisse, daß Gott so sein kann, wie hier der Mensch sich selbst sieht bzw. sich in ein solches Selbstsein erhebt. Es ist also keine Vergöttlichung, nicht einmal eine Vergötzung des Menschen, vielmehr eine Selbsterhebung in ein Selbstsein wie Selbstnichts, wie ich es jetzt einmal nennen möchte. Gehört dies zur Autonomie, zur neuzeitlichen bis heutigen Freiheit?

Nach Kant gehen Achtung und Würde auf den Menschen im allgemeinen. Bei den Menschenrechtsprozessen heißt aber Achtung und Würde, daß jeder als je einzelner voll und ganz als Mensch immer geachtet, gewürdigt wird, auch wenn er ganz gegen das menschlich Allgemeine wie Individuelle, nämlich durch Tötung von einzelnen Menschen gehandelt hat. Was haben wir hier für einen Anspruch des Menschen? Welcher Rechtsanspruch dokumentiert sich im Menschenrecht? Ein Mensch hat gegen viele, alle Menschen gehandelt und bleibt nach wie vor ein Mensch. Das ist der Anspruch eines spezifischen Seins: Mensch *als* Mensch. Ein Mensch hat Menschen vernichtet, sagt nein zu den Menschen und bleibt selbst Mensch.

Ich will noch einen Ausblick versuchen, um die Weite des Problems anzudeuten: Der Mensch kann gegen andere Menschen handeln, aber auch gegen alles, was auf Erden ist. Er kann gegen Natur und Erde handeln, er kann Natur und Erde vernichten wollen – er ist immer Mensch. Wenn wir bei diesem Bild vom Menschen bleiben, dann werden wir bei der sich schon länger ankündigenden Vernichtung von Natur und Erde kaum Menschen zur Verantwortung ziehen können. Alles bleibt Handlung des Menschen *als* Mensch. Der Mensch kann in alles eingreifen – jeder selbst kann sich dem Zugriff aber entziehen. Er ist bei all der von ihm ausgelösten Beweglichkeit heute in Industrieproduktion und Medialität, ja überhaupt bei aller Beweglichkeit der unbewegte Beweger. Er kann sich in alles einschalten und alles gleichschalten, wie dies in der heutigen Technik, besonders der Computer- und Internettechnik geschieht, und behält doch die Möglichkeit, sich aus allem herauszuhalten und abzuheben. Er darf alle berühren, antasten, bewegen; aber als Mensch selbst, in seiner letzten und höchsten Menschlichkeit soll er unantastbar, unberührt bleiben. Was haben wir hier für einen Anspruch des Seins?

Der Rechtsanspruch der Menschenrechte demonstriert im Rechtsbegriff, was hier mit dem wohl umfassendsten philosophischen Wort Sein dann ausgesagt wird. Der Mensch ist jenes spezifische Seiende, welches überhaupt die Seiendheit darstellt. Er kann alles in den Prozeß von Sein und Nichts hineinführen, oder auch in den von Sein und Zeit. Das ist nun eine letzte und entscheidende Lebensfrage: Der Mensch selbst hält sich aufrecht im reinen Sein, ist das Lebewesen der Endlichkeit und Sterblichkeit. Sein in der Zeit, zeitliches Sein, Zeitlichkeit ist seine eigentliche Bewegtheit, oder um nun wieder vom Griechischen her zu sprechen, seine *physis*. *Physis, psychê, logos, ethos* ist die Spannung, Struktur des Menschen, in der er sich bewegt, sich aufhält, wobei wir aus dem Wort Bewegung die *physis* und aus dem Aufenthalt *(êthos)* die Haltung, das Verhalten *(ethos)* heraushören können.

Aufenthalt auf Erden in dieser umfassenden und weitgreifenden Beweglichkeit – wie können wir noch sinnvoll von Aufenthalt sprechen und davon, daß wir uns in den Aufenthalt einüben, gewöhnen müssen? *Ethos* des *êthos*, d. h. Üben, Gewöhnen, sich Halten und Verhalten im Aufenthalt. Was, wo ist aber unser Aufenthalt? Damals war der Lebensaufenthalt die *polis* und ihre *politeia*. Und die Grundtugend, die man im guten Zustand des Menschen überhaupt erreicht, in der *philia politikê*, in der politischen Freundschaft. Was entspricht jenem in der heutigen, immer noch so genannten Politik oder auch Ökonomik und Ethik? Besonders von letzterer ist ja mehr und mehr die Rede. Weil wir in zuviel Beweglichkeit hinabstürzen, brauchen wir gerade heute Ethiken. Aber ist noch Aufenthalt *(êthos)* und Anwesenheit *(ousia)* möglich? Wo hält sich der Mensch des Selbstbewußtseins, der Selbstverwirklichung, der Selbstbewegung auf? Als Selbst, Selbstzweck, unbewegter Beweger ist der Mensch das Ungeheuer, nicht nur von unten, dem Boden bzw. Bauch des *epithymêtikon* her, wie dies klassisch überlegt wurde, nein, nach dem neuzeitlichen Selbst-verständnis ein Ungeheuer im ganzen, und d. h. – wiederum im Rückblick auf das Klassische – in der Lebensmitte des *thymos* und im *logos*, der ins Göttliche will. Alles ist verdreht, verkehrt und in dieser Weise ungeheuerlich. Dies demonstriert sich in den heutigen Verhältnissen der Wirtschaft und besonders in den Medien.

Der Mensch stürzt sich in eine Vielfalt von Beweglichkeiten, und wenn er gar ein Terrorist der Beweglichkeit wird, dem Totalitarismus bzw. Ungeheuer der Beweglichkeit verfällt, kann er sich aus dem Sumpf der Beweglichkeit doch noch herausziehen und befreien? Heißt dies die Freiheit, ein Mensch zu sein? Erfahren wir dies bei den Menschenrechtsprozessen?

3. Aufenthalt auf Erden

a) Wissenschaft und Demokratie

Wo halten wir uns heute auf? Wenn wir uns überhaupt so eine Frage stellen, dann scheint die Antwort selbstverständlich. Wir leben in der Wissenschafts- und Informationsgesellschaft, stehen auf dem Boden der Tatsachen, halten uns, politisch gesehen, in der Demokratie auf. Der menschliche Aufenthalt – ist solch eine Frage überhaupt sinnvoll und nicht nur von Philosophen zu stellen, die alles in Frage stellen? Ja, es geht um die Frage an uns selbst, die wir doch heute auf alles eine Antwort haben.

Ich möchte mit meiner Frage allerdings zurückgehen in jene Zeit, die wohl immer noch als der Anfang unserer neuen Zeit gesehen werden muß. Es ist das sogenannte Zeitalter der Aufklärung, das 18. und 19. Jahrhundert mit den großen Bekundungen des Rechtes wie der Wissenschaft im ganzen, der Gründung des Rechts mit den Menschenrechtserklärungen und der Wissenschaft mit dem Aufbau der Naturwissenschaften bzw. der Technik und der technischen Wissenschaften. Ich möchte an zwei Antworten erinnern, welche von großen Philosophen, einmal von Hegel, dann von Marx formuliert wurden und bis heute irritieren.

„Das Reich Gottes komme, und unsre Hände seien nicht müßig im Schoße! Einen Ausdruck in Deinem Briefe von dem moralischen Beweise verstehe ich nicht ganz: ›den sie so zu handhaben wissen, daß das individuelle, persönliche Wesen herausspringe‹. Glaubst Du, wir reichen eigentlich nicht so weit? Lebe wohl! Vernunft und Freiheit bleiben unsre Losung und unser Vereinigungspunkt die unsichtbare Kirche."[201] Hegel schreibt dies 1795 in einem Jungendbrief an den noch jüngeren Schelling. Zusammengefaßt ist diese Stelle meistens bekannt: „Vernunft und Freiheit bleiben unsre Losung". Vernunft, das betrifft die Wissenschaft, und Freiheit die Politik, die Demokratie. So könnte man dies heute zusammenfassen. Unser Aufenthalt ist zum einen mehr oder weniger in der Wissenschaft bzw. von der Wissenschaft in allen Bereichen bestimmt. Ich erwähne die Medizin, die uns wohl am meisten angeht, aber auch die Wirtschaftswissenschaften, die technischen Wissenschaften, d. h. vor allem die Naturwissenschaften, welche mehr oder weniger auf die Technik ausgerichtet sind. Und Freiheit im Sinne von Demokratie, wie wir sie inzwischen ausgebaut haben, scheint zum anderen der normale Aufenthalt, den man in der Welt allen Menschen mehr und mehr verspricht und zutraut. Aber was steht eigentlich in diesen Worten von Hegel? Haben sie überhaupt einen Zusammenhang mit Vernunft und Wissenschaft bzw. Freiheit und Demokratie?

Hegel und Schelling denken weiter über den zunächst jeweiligen Aufenthalt hinaus in die große Weite, die hier genannt wird das Reich Gottes. Freilich ist hier schon die Frage: „Glaubst Du, wir reichen eigentlich nicht so weit?" Aber indem er sich dann verabschiedet und sein „Lebe wohl!" ruft, verschreibt er die Menschen der Losung von

---
[201] G. W. F. Hegel: *Briefe*, I, 18.

Vernunft und Freiheit und d. h. der Wissenschaft und Demokratie. Wenn wir in diesen Bereichen uns üben und vorangehen, dann ist der Aufenthalt auf Erden das Reich Gottes.

Von Marx haben wir als zweiten und, wie wir vielleicht meinen können, völlig anderen Gedanken: was herrscht ist immer jenes, was die Herrscher wollen. Oder anders gesagt: Die herrschenden Gedanken sind die Gedanken der Herrschenden. Das Marx zugeschriebene Wort hat Tradition. Es wurde in der Neuzeit ausgesprochen, vermutlich erstmals vom französischen Materialisten Helvétius. Es ist jedenfalls ein Grundwort der Neuzeit, mitten im Zeitalter der Aufklärung. Ich zitiere einmal wörtlich Helvétius: „Wenn die Meinung die Welt beherrscht, dann ist es auf die Dauer der Mächtige, welcher die Meinung beherrscht."[202] Marx formuliert dann so: „Die herrschenden Gedanken sind weiter Nichts als der ideelle Ausdruck der herrschenden materiellen Verhältnisse, die als Gedanken gefaßten herrschenden materiellen Verhältnisse; also die Verhältnisse, die eben die eine Klasse zur herrschenden machen, also die Gedanken ihrer Herrschaft"[203]. Freilich ist es problematisch, wenn man diese Formulierungen gewissermaßen in eine Formel prägt, die aber doch den Sinn der Sache zusammenfaßt. Ja, ich möchte hier noch weiter verdichten und formulieren: Was gedacht und gesagt wird, ist jenes, was uns vorgedacht und vorgesagt wird. Dies ist der Aufenthalt in der Informationsgesellschaft, welche ich als einen umfassenden Namen nehme für die politisch-demokratische wie auch wissenschaftliche Gesellschaft.

Was Wissenschaftler sagen, darauf beruft man sich gerne. Das zitieren dann die Berater, die Kommissionen, welche in Politik und auch Wirtschaft usw. eingesetzt werden. Wir haben hier einen komplexen Zusammenhang von dem, was gedacht und gesagt, und dem, was dann mehr oder weniger von jedermann übernommen wird. Das ist der Überfall auf alle Menschen durch die Medien, dem man sich kaum entziehen kann. Die Informationsgesellschaft steht in einem Gewoge von wissenschaftlicher und politischer Information, wobei die Wissenschaft das repräsentiert, was alle und alles betrifft. In

---

[202] Zitiert nach H. Barth: *Wahrheit und Ideologie*, S. 56.
[203] *MEW* 3, S. 46.

diesem Sinne ist hier ein Zusammenhang, ja eine Identität zwischen Wissenschaft und Politik als Demokratie.

Man will die allgemeine und d. h. auch durchschnittliche Aussage. Dies sieht man beispielsweise an der Entwicklung der Medizin als Wissenschaft. Es werden Produkte in der pharmazeutischen Industrie hergestellt, die helfen, aber auch Menschen schaden können. Nimm dies oder das und dann lebst du gut oder besser! Es gibt keine Rezeptur, die nicht eine Fülle von Einschränkungen machen muß. Die wissenschaftliche Auffassung, die herrscht, wird dann einfach zur herrschenden Meinung. Hier hapert es mit der Losung von Vernunft und Freiheit. Gemäß der Vernunft, d. h. der Wissenschaft, welche Vernunft mehr oder weniger darstellt, muß dann dies oder jenes konsumiert werden. Und die Freiheit, wo bleibt sie hier? Kann ich dann noch nein sagen? Kann ich mich hier der wissenschaftlichen Auffassung entziehen? Da scheint es durchaus vernünftig, wenn wir das Wort von Helvétius aufgreifen und von Meinung sprechen. Wissenschaft und Meinung? Das wird man doch nicht zugeben wollen? Entkommen wir jemals der Meinung und haben ein wirkliches Wissen?

Wo ist unser Aufenthalt? Wir halten uns in der Wissenschaft und in der Demokratie auf. Das sind die wesentlichen Bestimmungen, das sind die Bereiche, die herrschen. Es ist die Herrschaft von Wissenschaft und Demokratie. Wenn wir nun aber das Hegelsche Wort wiederaufnehmen, dann ist dies unsere Zukunft, die weite und große, über allen Aufenthalt auf Erden hinausgehende, ins Reich Gottes gelangende Zukunft. Ja, es ist das Reich Gottes auf Erden. Und das hieße beispielsweise, daß der Mensch nicht nur sein Leben mehr und mehr verlängert, sondern daß alles besser wird, daß er jene Existenzbestimmung, die von Jaspers wie Heidegger zu den Grenzbestimmungen des Menschen wurden, nämlich Sterblichkeit und Endlichkeit, allmählich hinter sich läßt.

Aufenthalt auf Erden ist deutsch ausgedrückt; griechisch und d. h. nach der klassischen Philosophie heißt es *êthos*. Auch hier können wir wieder Hegel zitieren, der ein schönes Stichwort hinterlassen hat: „Sitte – *êthos* [...] Herkommen des Menschen – *Sitte* – ob von *Sitz*? –

Gewohnheit, Charakter [...] Weise des Seins und Lebens".[204] Wenn wir uns in Wissenschaft und Demokratie, unserem Sitz, heute wesentlich aufhalten, dann müßten alle Sitten und d. h. jetzt, griechisch gesprochen, Ethik in Demokratie und Wissenschaft verwurzelt sein.

b) Zwischen Himmel und Erde

Das Wort Ethik hören wir heute zuhauf. Es werden Ethiken in allen Gebieten gefordert, Medizinethik, Wirtschaftsethik, freilich auch Wissenschaftsethik usw., um nur die größeren Bereiche zu nennen. Es ist ein Lauf um die Formulierung von Ethiken, wie wir ihn noch nie in der Menschheitsgeschichte hatten. Man kann jedenfalls darin sehen, daß der Mensch einen Notruf ausstößt, um in seinem Aufenthalt, in seinem Sitz sich irgendwie noch zu orientieren. Es ist die immer mehr aufbrechende, umfassende und damit globale Aufenthaltslosigkeit, Beraubung und Vernichtung von Aufenthalt, die wir aber in all unserem Tun selbst so herausfordern.

Man spricht von der Tourismusgesellschaft. Noch nie ist in der Welt so viel gereist worden. Der Mensch soll überall hin und schließlich auch über die Erde hinaus, mit dem Aufenthalt auf Mond und Mars und dergleichen. Was bahnt sich hier an? Was wird hier dem Menschen und seinem Aufenthalt auf Erden zugemutet?

Sitte kommt von Sitz; und das ist nicht nur Hegels Wort. Hegel, der die griechische Philosophie gut studierte, wußte, daß dieses Wort zurückgedacht ist auf jenes, was griechische Philosophen zuerst dachten. Es ist dort die Polis, in der der Mensch neben dem Haus *(oikos)* und der Familie den wichtigsten Aufenthaltsort hatte. Die Polis war die Welt im kleinen. Es wurde von Mikrokosmos indirekt bzw. von der *politeia* als dem *makroanthropos*, dem groß geschriebenen Menschen gesprochen.[205] Dort und damals galt es – dies haben Philosophen, aber auch Politiker schon empfohlen – sich über das Haus und dessen Ökonomie hinaus in der Polis, im Aufenthalt in der Polis zu üben. Das ist die dortige Ethik, die wesentlich politische

---

[204] G. W. F. Hegel: *Grundlinien der Philosophie des Rechts*, § 151, Notiz.
[205] Vgl. Platon: *Politeia*, 368d.

Ethik ist.[206] Von dort her auf heute hin gedacht, hieße dies, daß wir uns in einer demokratischen Ethik üben müßten und wohl auch könnten, sofern wir doch beanspruchen, längst in Demokratie zu leben und diese auch als die Zukunft global zu propagieren.

Leben wir wirklich demokratisch? Wenn ich für europäische Verhältnisse und freilich auch für die USA, also mindestens Teile von Amerika spreche, dann scheint klar, daß die Mehrheit alles bestimmt. Das Wählen ist der ursprünglichste Akt, um in der Demokratie sich aufzuhalten. Und das erste Rechtsprinzip, auf dem dann der Rechtsstaat aufgebaut wird, so wie es Locke erstmals formulierte, ist die Mehrheit.[207] Es wurden eine Reihe von Rechtsstaatsprinzipien entwickelt, wozu die Herrschaft des Rechtes, die Gewaltenteilung usw. gehören. Hier kann man eine Spanne sehen. Das erste Prinzip heißt: Mehrheit, und das Schlußprinzip, jedenfalls als letzte Nennung: jeder Mensch als „Hüter der Verfassung"[208], ja gar als Hüter des Rechtes. Aber nun welchen Rechtes? Wesentlich doch der Menschenrechte, aber wohl nur der sogenannten ersten Generation, d. h. der Menschenrechte als Freiheitsrechte und diese wiederum genauer definiert als Besitzrechte, nämlich „Besitz von Freiheit, Leben, Eigentum". Diesen Rechten gegenüber, ja kontrovers laufen inzwischen die Menschenrechte der sogenannten zweiten und dritten Generation: die sozialen Rechte wie auch die Rechte der verschiedenen eingeborenen Völker oder fremden Kulturen.

Hören wir noch einmal einen Satzteil des scheinbar einfachen, aber letztlich doch schwierigen Satzes von Marx: „die als Gedanken gefaßten herrschenden materiellen Verhältnisse". Dieser Marxsche Nebensatz bzw. diese Zusammenfassung des vorherigen Satzteils können

---

[206] Wir müssen immer vor Augen haben, daß die Werke zu Ethik, Ökonomik und Politik von Aristoteles unter dem Gesamttitel „Politik" gesammelt wurden.
[207] Vgl. J. Locke: *The Second Treatise of Government*, VIII, 96.
[208] Das Wort prägte C. Schmitt: *Der Hüter der Verfassung* (1931). Freilich ohne sich an Schmitt anzuschließen, haben wir dann diese Bezeichnung für das Bundesverfassungsgericht und auch in der juristischen Literatur, so bei Peter Häberle für die heutige Gesellschaft als den umfassenden „Hüter der Verfassung", siehe hierzu die weiteren Überlegungen von Häberle in seinen zwei meines Erachtens wichtigsten Studien *Öffentliches Interesse als juristisches Problem* (1970) und *Die Gemeinwohlproblematik in rechtswissenschaftlicher Sicht* (1983).
Zu „Hüter des Rechtes" siehe v. Verf: *Freiheit, Recht und Gemeinwohl*, S. 28–32.

wir auf heute übertragen, ja bemerken, daß dieser Satz letztlich wenig mit dem Sozialismus und Kommunismus, der Revolution gegen die bisherigen Verhältnisse zu tun hat, vielmehr, nun von heute her und philosophisch gedacht, uns sagt: unser Denken wird nicht nur mehr oder weniger, sondern überhaupt von dem bestimmt, was unser Leben mehr und mehr erfüllt, bestimmt, beherrscht. Es sind Gedanken des konkreten oder, um mit Marx zu sprechen, materiellen Lebens. Ich verstehe materiell überhaupt nicht im Sinne des sogenannten Materialismus, vielmehr als das Konkrete, aus dem dann Gedanken aufgehen. Ja, wir müssen die Sache sogar, ohne hier nun marxistisch zu sein, dialektisch sehen. Wir haben einen wachsenden Zusammenhang zwischen jenem, was wir uns sagen wollen, oder modern gesprochen, den Informationen und dem, was heute das Materielle, die Materie, Sache, Inhalt des Lebens ist. Das ist die Wirtschaft, diese wiederum das Geld.

Wir haben den banalen Spruch: Geld regiert die Welt. Das bestimmt die Dialektik von Idee und Materie, von Gedanken, sprich Informationen, die aus dem Materiellen und d. h. letztlich dem Geld kommen. Wer Geld hat, wer Geld für sich spielen und so arbeiten lassen kann, der herrscht über andere und alles, der bestimmt auch die Informationen, d. h. die Ideen. Das ist nun wirklicher Materialismus, wie ihn Marx vielleicht geahnt hat, der aber kaum marxistisch, sozialistisch oder kommunistisch genannt werden kann. Es ist der Materialismus, wie ihn herausragend Papst Johannes Paul II. schon länger kritisiert und auch so genannt hat. Seine Kritik mag aus religiöser und d. h. christlicher Gesinnung kommen und so auf das Reich Gottes im christlichen Sinn hinweisen. Hegel meinte, vom Reich Gottes zu wissen und dieses auf die Erde herunterzuholen, wie eine andere Aussage von ihm ja lautet. Den Himmel auf die Erde holen – das hat nichts mit Philosophie zu tun, das ist nicht der Aufenthalt auf Erden. Dieser ist der Aufenthalt im Endlichen und Sterblichen, was es anzuerkennen gilt. Damit muß sich die Philosophie beschäftigen und hat hierzu am Ende, wohl am endgültigen Ende der Epoche der Philosophie im europäischen Sinne Jaspers und Heidegger.[209]

---

[209] Zu Jaspers' Themen Scheitern, Welterfahrungen und Existenz siehe die entsprechenden Kapitel in: Gerson Brea: *Wahrheit in Kommunikation. Zum Ursprung der Existenzphilosophie bei Karl Jaspers.*

Vielleicht läßt sich japanisch weiterdenken mit dem Grundwort *ki*, was im ursprünglichen Sinn wohl heißt „zwischen Himmel und Erde". Hier schließen sich viele Bedeutungen an, welche aber immer darauf hinweisen, daß der Mensch mit seinem je eigenen Intellekt, Gefühl, Willen überstiegen wird. Es geht um den Aufenthalt zwischen Himmel und Erde.[210]

Aufenthalt auf Erden. *Êthos*, Sitz in den irdischen Verhältnissen, angefangen mit der irdischen Natur bis zur irdischen Menschlichkeit. Hier ist überall Sterblichkeit, die alle Seinsverhältnisse auf der Welt beherrscht. Der Mensch aber ist berufen, dies zu bedenken. Pflanzen und Tiere, wie wir dies immer noch unterscheiden, leben diese Natur der Endlichkeit und Sterblichkeit. Aber hier greift nun der Mensch in umfassender, globaler bis totaler Weise ein: die großen Waldrodungen (beispielsweise im Amazonasgebiet) bis hin zur Genmanipulation der Natur. Das soll wissenschaftlich und politisch-demokratisch sein. Das muß man aber heute in Frage stellen, um noch Mensch bleiben zu können. Wir schlachten die Natur aus und schlachten damit bereits den Menschen ab. Die Umschichtung, ja Vernichtung der Natur stellt uns in ein neues Erden- und so Lebensverhältnis. Sitte kommt von Sitz, *ethos* von *êthos*, Verhalten von Aufenthalt. Das ist jetzt im Umbruch, ja Zusammenbruch: Der Sitz kommt jetzt von Sitte, wenn wir dies einmal so sagen wollen. Aber was für Sitten? Ich möchte nicht einfach angreifend von Unsitten sprechen. Wie verhalten wir uns? Denken wir nur an jenes, was in den herrschenden gesellschaftlichen Verhältnissen geschieht.

---

[210] Siehe hierzu den Beitrag von Hideki Mine: *Das menschliche Dasein als Zwischensein* in dem unter Leitung von Pavo Barišić erschienenen Themenheft *Philosophie in Japan* der Zeitschrift *Synthesis philosophica* (1/2004). Mine konzentriert sich in seinem Aufsatz auf Watsuji Tetsuro, dessen Hauptwerk unter dem Titel *Fūdo – Wind und Erde* auf deutsch veröffentlicht wurde; siehe hierzu meine Besprechung „*Wir Japaner*", wo ich u. a. Heinrich Rombach: *Drachenkampf* und Kimura Bin: *Zwischen Mensch und Mensch* aus der heutigen Literatur herauszuheben versuchte.

c) Überall und nirgendwo

Wir leben in einer Informationsgesellschaft, näher bestimmt als Werbegesellschaft, Wissenschaftsgesellschaft. Es wird uns dies oder jenes Wissen zelebriert, das dann besonders sich hervortut, wenn es in Gutachten angefordert wird. Keine Politik, keine Wirtschaft usw. ohne Gutachten. Oft nur als Ausrede, zu welcher die wissenschaftliche Rede dienen soll. Was geschieht hier bzw. machen wir uns vor? Wir errichten uns vielfältige Gedankengebäude, ob Wirtschaft, Politik usw., um dann werbend Informationen auszustreuen, nach denen sich jeder richten kann, ja soll. So haben wir ein Gewoge von Wissenschaft und Werbung, das uns sagen will, wie das Leben zu leben ist. Meinungen bestimmen, beherrschen uns. Und ich wage durchaus auch die Wissenschaft als eine Meinung zu bezeichnen. Das sieht man daran – nicht nur beim Recht, wo das beinahe normal erscheint, vielmehr auch bei naturwissenschaftlichen und technischen Gutachten –, daß vieles in Gegen- und Widerspruch gerät. Das scheint logisch zu sein und ist es wohl auch. Aber wenn Gutachten gegen Gutachten spricht, wobei jedes wissenschaftlich fundiert ist, d. h. offen ist im Sinne der entsprechenden Wissenschaftstheorie des Kritischen Rationalismus[211], dann haben wir damit die Umdrehung, Revolution des ethischen Ur- wie Grundsatzes. Der Sitz, wo ich mich aufhalte, die Menschlichkeit, die ich bin, also wo und wer ich bin, wird mehr oder weniger bestimmt aus der Gewöhnung an jenes, was uns beeinflußt, Tag um Tag durch Werbung und Information eingehämmert wird und so eine Mehrheit erzeugt. Mehrheit jeglicher Art, auch die politische Mehrheit und damit die Demokratie kommt nicht aus dem, was der einzelne ist, entspringt nicht dem Menschen in seiner Individualität, nein, kommt heute aus dem Pluralismus der Gesellschaft, was aber auch wiederum eine irreführende Rede ist. Pluralismus soll doch sagen, daß man in vielfältiger Weise leben kann. Das ist aber, wenn man genau hinschaut, nicht der Fall.

Alle sollen Reisende werden, die Reiseziele, wenn auch an verschiedenen Orten der Welt, sind doch in der Regel dieselben: die

---

[211] Siehe hierzu v. Verf.: *Die Zukunft der Freiheit*, VII.1. Selbstbestimmung und Offenheit im Kritischen Rationalismus, S. 306 ff.

gleichen Hotels, die gleichen Restaurants, die gleichen Vergnügungen. Wenn man nach Japan reist, wird man kaum mehr in ein Ryokan kommen, was für die Vielzahl von Reisenden auch gar nicht möglich wäre, ganz abgesehen davon, daß es zu teuer ist. Man will mehr und mehr die Billigreise, die Billigflüge und dergleichen mehr. Wir sind letztlich zu einem billigen Menschen geworden. Dafür bezahlen aber die Meisten, jedenfalls die Mehrheit der billig leben Wollenden oder auch nur billig leben Könnenden das Geld für die wenigen Reichen, die immer reicher werden. Um es ganz konkret zu nennen: Es ist letztlich für den Aufenthalt auf Erden *(êthos)*, für die Lebensform *(bios)* untragbar, wenn in den wirtschaftlich reichen Ländern, wie Deutschland oder USA, einige Konzerne Milliarden Dollars verdienen, heute gerade auch beim Informationsgeschäft, und Millionen, ja Milliarden Menschen auf die immer weiter sich aufspreizende Telekommunikationstechnik hereinfallen. Freilich brauchen wir heute mehr oder weniger Computer und Handy. Wenn wir uns aber total, ja totalitär vernetzen lassen, dann lassen wir uns nicht nur alles verkaufen, wodurch wir um Geld gebracht und ärmer, während andere, die uns verkaufen, reicher werden, nein, vielmehr lassen wir uns manipulieren und aus unseren Lebensverhältnissen, unserem Lebensverhalten wird allmählich ein Verhältnisblödsinn, um mit Jaspers' *Psychopathologie* zu sprechen. Ich möchte auf die rechtlichen Probleme kommen.

Wenn wir wirklich eine Politik im demokratischen Sinne hätten, dann müßte gerade das wichtigste Recht der ersten Generation, nämlich das Recht auf Freiheit in seiner ganzen menschlichen Dimension beachtet werden, wie es selten in der Rechtssetzung, auch nicht in Verfassungen formuliert wird. Wir haben allerdings im Grundgesetz für die Bundesrepublik Deutschland mit Artikel 2 einen Hinweis, der aber auch von Juristen in der ganzen Diskussion, wie sie geführt wurde, nicht erwogen wird.[212] Gemäß Artikel 2 GG wird die Freiheit, und d. h. für uns doch wohl mehr oder weniger die Autonomie mit der Sittenordnung eingegrenzt. Es ist dort wörtlich die Rede vom „Sittengesetz". Aber zum Sittengesetz gehören jetzt wohl weltweit Liberalismus und Kapitalismus. Hierin mündet die Politik der Globa-

---

[212] Siehe oben, Anm. 20, S. 18.

lisierung. Wenn wir wirklich eine Politik im demokratischen Sinne hätten, dann müßten das Recht und die Verfassungen endlich mehr auf die zweite und dritte Generation der Menschenrechte schauen. Mit der Beachtung der zweiten Generation, also der sozialen Menschenrechte, aber auch der dritten, d. h. wesentlich der Rechte der verschiedenen Kulturen und der Natur müßten die immer reicher werdenden Reichen ihre Milliarden der Mehrheit wieder zurückgeben. Es entspricht aber dem Recht, wenn heute immer reichere Wenige auf Kosten der Mehrheit leben. Das ist Wirtschaft gegen die Demokratie.[213] Mit einer solchen Wirtschaft leben wir längst nicht mehr in demokratischen Staaten, auch wenn wir hier die entsprechenden Verfassungen und auch weitere Rechte und Gesetzgebungen haben. Es ist eine Farce, wenn wir weiterhin von Demokratie sprechen.

Sitte kommt von Sitz. Was ist der Aufenthalt auf Erden? Wir halten uns bei den Informationen, dem medialen Gewoge, aber letztlich bei allen Produkten, vom Automobil bis zur Nahrungsmittelproduktion bei jenem auf, was uns diese Sitten, Verhaltensweisen der Wirtschaft, der Industrie und Börse diktieren. Der Aufenthalt auf Erden ist zu einem Aufenthalt in dieser Wirtschaft und d. h. deren Werbung und Börse geworden, um Kernpunkte zu nennen. Es ist jenes konkrete Geschehen, das von jenem abbringt, was zum Ursprung jeder ethischen Überlegung gehört, nämlich daß es um Verhalten in einem Aufenthalt, um eine Sitte aus einem Sitz geht. Wir haben längst keinen Sitz mehr, wenn wir in einer Wohnung, in einem Zimmer wohnen; wir sind ja, stets angeschlossen an das, was nun die Erde im ganzen bestimmt, also, um heutig zu sprechen, ein globales Ereignis und Verhältnis ist. Alle sind mehr oder weniger mit allem verbunden. Es herrscht Ubiquität. Das scheint großartig und das Reich Gottes auf Erden in gewisser Weise. Ich kann zumindest in der Informations-, Internet- und Telegesellschaft jederzeit bei allem sein.[214]

---

[213] Dazu gehört, wenn derzeit (Herbst 2005) in Deutschland ein Steuersatz von 25 Prozent für alle diskutiert wird.
[214] Ein wichtiger kritischer Autor zu unserer Gesellschaft der Bewegung ist Paul Virilio; siehe hierzu: Claus Morisch: *Technikphilosophie bei Paul Virilio – Dromologie –*.

Aufenthalt? Das Wort ist überholt, wird ständig durch unsere Mediengesellschaft aufgehoben. Die Medialität geht dabei vom Auto übers Flugzeug bis zum Internet und wohl in Zukunft in dieser technischen Weise weiter. Aufenthalt, Sitz, *êthos* auf Erden? Nein, Bewegung, Beweglichkeit, Medialität auf Erden. Wir sind überall und nirgendwo. Was ist noch ein Ort auf Erden? Polis war ein bestimmter Ort, auch durch das Wort festgehalten, ein Pol. Von dieser ursprünglichen Bedeutung her ist es geradezu irrsinnig, wenn wir von Welt*politik* sprechen. Aufenthalt auf Erden heißt zunächst überhaupt der Aufenthalt an einem Ort, in einem Haus. Wenn ich das Haus verlasse und eben die Stadt betrete, welches ja die Urform von Polis war und wohl bleibend ist, dann bedarf dies in dieser Spannung schon viel Übung und Gewöhnung. Hier beginnt dann das Üben und Gewöhnen und damit die Ethik. Wie gehe ich aus dem Haus und eine Straße entlang? Wir müssen ja rasen, Städte und Landschaften durchsausen, um von der Wohnstätte zur Arbeitsstätte zu kommen. Hier beginnt das neue Lebensverhältnis, was zu viel Verhältnisblödsinn führt, insofern der Mensch wohl nach wie vor ein Lebewesen ist, das den Aufenthalt, den Ort, die Anwesenheit braucht. Damit kommen wir auf das Seinsproblem.

d) Physis

Das ist ein unmenschliches Verhalten – wir alle haben schon einmal eine solche Aussage gemacht oder gehört. Man kennt auch das Wort vom Unmenschen, ja Ungeheuer. „Ungeheuer ist viel. Doch nichts Ungeheurer, als der Mensch"[215]. Und ist dies die Tragödie des Menschen, daß er ein Ungeheuer sein kann? Spricht man von Untier, Unpflanze? Wir kennen das Wort von der Unnatur, besonders als Adverb unnatürlich. Das Wort Untier finden wir in Musils Roman *Der Mann ohne Eigenschaften*. Dort betrifft es aber nicht das Tier, sondern ist ein Wort zum Menschen. Was wird vom Menschen ausgesagt?

---
[215] Hölderlins Übersetzung der Anfangszeilen des Chors der Thebanischen Alten in der Tragödie *Antigone* von Sophokles, in: F. Hölderlin: *Sämtliche Werke und Briefe*, Bd. II, S. 331.

In Platons Seelenlehre wird *psychê* in einer Spannung gesehen von Logischem und Alogischem, genauer eingeteilt in *logistikon, thymoeides* und *epithymêtikon*. Wichtig ist hier der griechische Begriff *thymos*, ein viel älterer und umfassenderer Begriff für Seele, schwierig zu übersetzen, weil *psychê* eben mit Seele übersetzt wurde. Wichtig ist, daß *thymos* zweimal genannt wird, in der Mitte und unten im Menschen. Oben sei der Gott im Menschen, in der Mitte der Mensch im Menschen und unten das Ungeheuer im Menschen.[216] Der Mensch ist ein Ungeheuer, wenn er besonders und wesentlich aus der unteren Ebene lebt, welche Begierde ist und bei der es um das Mehr-haben-wollen geht. *Pleonexia* ist das griechische Wort dafür. Der Mensch und sein Mehr-haben-wollen. Das ist die entscheidende Frage für die ganze Seele des Menschen. Nach Platon kann der Mensch natürlich wie unnatürlich leben und d. h. handeln. Er kann mit dieser in ihm ruhenden wie ihn bewegenden Begierde leben, indem er ein Maß findet. Wer Begierde hat, hat auch Maß, sagt Platon. Leben heißt also hier Leben mit Maß. Wir werden aber auf die Natur verwiesen, in welcher auch die *psychê* ist.[217]

Wir kommen also hier zum Zusammenhang von Mensch und Natur, oder jetzt griechisch gesprochen *physis*. *Physis, psychê, logos, êthos* sind Worte, die all das benennen, was ist. Hier ist ein Zusammenhang, eine Struktur von allem zu sehen, wobei *physis* der umfassende Name ist. Wir können in der *physis* jenes sehen, was wir auch dann, angefangen im Griechischen, das Sein nennen können. Was ist? Was ist überhaupt und im ganzen? *Physis*.

Was heißt nun aber *physis* und was lesen wir schon aus diesem Wort? Es ist der Zusammenhang zwischen *physis* und *phos*, also Licht, und der spezifische physische Sachverhalt ist der Sonnenaufgang. Die Sonne geht auf, die Sonne geht unter. Wir wissen inzwischen, daß wir, gemäß den neuzeitlich bis heute entwickelten Wissenschaften, besonders den Naturwissenschaften, so gar nicht mehr sprechen dürfen. Der Satz ist falsch. Der Satz ist wissenschaftlich falsch, aber menschlich, lebendig richtig und wichtig. *Physis* heißt

---

[216] Platon: *Politeia*, 588c–589b.
[217] Platon: *Politeia*, 429a–432a.

Aufgang, sichtbar, demonstriert am Sonnenaufgang. Und darin, ja davon lebt der Mensch. So ist er auch in der Natur.

Wir kennen das Grundbuch der Philosophie, die Aristotelische *Physik*, in welchem die *physis* als Bewegung dargestellt und vier Bewegungen unterschieden werden,[218] wovon wir nur die vierte, nämlich die Bewegung von Ort zu Ort in der Philosophie und Wissenschaft der Neuzeit, angefangen von Galilei, aufgenommen und weitergetrieben haben. Aber was ist die Bewegung, wenn ein Blatt vom Grünen ins Braune geht? Oder was ist die Bewegung des Alterns beim Menschen? *Physis* ist Bewegung, und wichtig auch aus dem deutschen Wort herauszulesen, es geht um einen Weg. *Physis* betrifft alle Bewegung, alle Wege. So ist die *physis* das Ganze, oder wagen wir durchaus das groß überlieferte und immer wieder strapazierte Wort vom Sein. Was ist, ist *physis*, oder sagen wir es jetzt deutsch, Bewegung.

Was ist die Bewegung des Menschen, oder weiter gesehen, des Lebens? Was ist das Lebendige? *Zoon logon, zoon politikon* – man übersetzt *animal rationale, animal sociale* und pointiert noch im 18. Jahrhundert, im Zeitalter der Aufklärung, worin wir alles Bisherige in der Philosophie übertreffen wollten: der Mensch sei das *animal rationabile* und *sociabile!*[219]

Zoon logon und *politikon* – hier stehen wir vor dem Problem Seele, *psychê*. Was ist eigentlich das Spezifische oder Wesentliche beim Menschen, seine wesenhafte Lebendigkeit? Das Logische? Bei letzterem würde er sich ins Göttliche bewegen. Das wäre dann eben jenes sogenannte Metaphysische, lateinisch gesprochen Transzendierende, alles Übersteigende. Oder geht er in sich hinab, zurück in seinen Grund und Boden, der doch die Begierde ist und ihn zu einem Ungeheuer werden lassen kann? Was, wie, wo ist der Mensch?

Der Mensch lebt in der *physis*. Der Mensch lebt in der Seele, die ja über ihn hinausgeht, wenn es das Leben bzw. das Lebendige sein soll im Sinne von *zoon*. Hier setzt nun die Philosophie wirklich an, beginnt das Philosophieren, oder wir können im Bezug auf Weg und Bewegung sagen, bewegt sich der Mensch philosophisch, beginnt der

---

[218] Aristoteles: *Physik,* III, 1, 201 a 10 ff.
[219] Siehe oben, S. 24.

Weg des Menschen. Es ist seine Frage nach dem, was ist, anders gesprochen, dem Sein, wozu im Griechischen ein Wort steht: *ousia*, welches wir als Anwesen übersetzen können. Wir haben noch ein zweites und, wie ich meine, gleichrangiges Wort: *êthos*, was ich mit Aufenthalt übersetze. Wir haben also zwei Worte, *ousia* und *êthos* bzw. deutsch Anwesen und Aufenthalt, was die menschliche Frage ist. Ja, ich möchte behaupten, es ist die Frage nach dem Sein und dem Menschen, d. h. die Frage nach dem, was den Menschen spezifisch betrifft.

Mensch und Sein, Mensch und Natur bzw. *physis* – dem Aufgang der Sonne entspricht der Aufgang des Lebens von jedem Menschen. Es ist die Geburt. Ein Mensch kommt auf die Welt. Ein Tag der Freude, der Erinnerung – aber was ist nun der Lebensweg von der Geburt zum Tod? Leben und Sterben, wobei wir das *und* betonen müssen. Man kann von Wachsen, Steigern oder Werden sprechen. Es ist der Lebensweg und, wie wir noch weiter sagen können, die Lebenszeit. Wir kommen auf den Zusammenhang von Sein *und* Zeit, um auch hier das *und* zu betonen.

Lebenszeit und *physis*. Dort, bei der Natur, welche der Mensch ein Leben lang in allen seinen Lebensjahren durchlebt, haben wir die Tageszeit, eben mit dem Sonnenauf- und -untergang. Und hierzu noch der Mond, mit seinem Auf- und Untergang, dann die Jahreszeit. Wir halten uns in der *physis* mit ihren Zeiten auf. Und wenn wir am Meer wohnen, dann haben wir die Gezeiten, in welchen wir das Auf und Ab, die Struktur der *physis* sehen, bei Flut und Sturm hören, wenn Blätter uns ins Gesicht wehen, auch riechen können. Hier sind wir schon inmitten von jenem, was näher von der Natur gesagt wird, wenn von Klima gesprochen wird.

e) Ungeheuer von Natur

Wir haben ein Wort für den Menschen, das sagt, was er ist, das für ihn als Seienden spricht, auf sein Sein, sein Leben, seine Natur verweist, nämlich das altgriechische Wort *praxis*. Es werden damals drei Praxisweisen[220] unterschieden, eingestuft in die höchste, die

---

[220] Aristoteles: *Nikomachische Ethik*, I, 3.

praxis der *theoria*, dann die des politischen Lebens und schließlich die des Lustlebens. Und hier bricht dann die *praxis* zusammen, schlägt um. Fassen wir zunächst kurz zusammen, was *praxis* besagen soll.

Praxis heißt, im Wort knapp gefaßt: *prak* durch, hindurch und verweist also auch auf das Gehen, die Bewegung, Durchgang des Lebens. Dies ist bereits eine doppeldeutige bzw. zweifache Aussage. Durchgang des Lebens bzw. Leben des Durchgangs. Wohin durch? Wir haben nun immer wieder die Bemühungen, weitere Aussagen zur *praxis* zu versuchen. Hier kommt es dann zum entscheidenden Wort, das auch international geworden ist: *bios* ist *praxis*. Da ist der Unterschied zwischen *zoon*, zu dem ein Tier gehört, und *bios*, was vermutlich nur der Mensch erreichen kann. *Bios* heißt Lebensform, die in der Lebensvollendung gesehen wird, die in all diesen Praxisformen erreicht wird. Zusammengefaßt wird auf deutsch zu sagen versucht, was aber fragwürdig bis verfälschend ist: Selbstvollzug, Selbstdurchgang, Selbstbewegung, ja Selbstsein, wie ich jetzt noch die Selbstaussage steigern möchte. *Praxis* als Selbstaussage, als *logos* von mir selbst.

Was ist aber der entscheidende Unterschied zu *bios* als Lebensform? Gegenüber dieser stellt der Grieche *biaios*. *Biaios* wird übersetzt mit unnatürlich. Darin steckt das Wort *bia* und das heißt Gewalt, gewaltsam. Wenn der Mensch gewaltsam lebt, dann ist er unnatürlich, dann ist der Mensch ein Unmensch. Dies kann im Lustleben beginnen, wenn es dort nicht um ein Leben geht, das auf ein Ziel ausgerichtet ist, das sich sagt, es ist genug, es ist gut so. Es geht im Leben um den guten Zustand *(aretê)*. Und hier haben wir auch den entsprechenden Freiheitsbegriff, nämlich Autarkie bzw. autark, d. h. das sich selbst genügende Leben.

Ich möchte jetzt allerdings vorsichtig sein mit dem Wort *selbstgenügsam*. Im *Selbst* liegt das Ungeheuerliche mit eingeschlossen. Hier kann ich vom Selbstsein zum Selbstnichts bzw. der Selbstvernichtung kommen. Diese beginnt, indem das Leben gewaltsam wird. Und dies gilt auf vielen Ebenen.

Wichtig ist der Hinweis von Aristoteles in einer knappen Formel: *bios* ist nicht *poiesis*.²²¹ In der *poiesis* bzw. *technê*, also in Herstellung und Technik haben wir kein Leben, keine Lebensform *(bios)*, keine *praxis*. Es gibt hier keinen Durchgang *(praxis)* des Lebens. Hierzu gehören auch die weiteren Überlegungen, wenn Aristoteles in seiner Ethik vom Leben des Menschen spricht, der in der Gewalt seine Lebendigkeit sucht, also nicht eine *praxis* der Lust, vielmehr eine Herstellung und Technik der Lust. Dann ist die Rede vom Menschen als „Sklaven der Lust", der sich der Begierde des Mehr-haben-wollens rastlos hingibt. Sklave ist der Begriff aus dem Griechischen und besonders von Aristoteles betont. Dieser spricht vom „Sklaven von Natur".²²² Hier könnte man den Naturbegriff überlegen. Wir sind nicht Sklaven von Unnatur. Wir geraten in das Unnatürliche, Unmenschliche, Ungeheuerliche von Natur. Das ist das Problem von Mensch und Unmensch.

Wir werden heute mehr und mehr Sklaven der Lust, des Mehr-haben-wollens, des Besitzes, des Geldes, um gerade letzteres zu nennen, was die größten Versklavungen des Menschen bringt. Die Sklaven des Geldes sind wir in der heutigen Börsenwirtschaft, Fusionswirtschaft, in der ganzen Globalisierung also. Wir sind es aber auch im europäischen Rechtsbegriff, wenn es um ein Anspruchsrecht geht, welches mehr oder weniger ein Recht des Besitzes ist.

Was kann ich wissen? Mit dieser Kantschen Frage können wir aber auch zu Sklaven des Besitzes werden. Im europäischen Rechts- wie Wissenschaftsverständnis, wovon besonders das Letztere weltweit sich ausbreitet, geraten wir in die Nähe einer Versklavung des Menschen bzw., genauer gesprochen, der Selbstversklavung des Menschen *als* Unmenschen.

Wir leben mehr und mehr nach der Uhrzeit, Terminzeit, Ortsbewegungszeit. Freilich können wir hier und jetzt einen großen, gar wunderbaren Lebensaugenblick haben, in dem uns das Leben so gut und groß erscheint, daß wir in aller Bewegung anhalten können und so einen Aufenthalt finden. „Hier und jetzt" ist eine schöne Formel für den Aufenthalt. Ich möchte auf einen Satz verweisen, mit dem ich

---

²²¹ Aristoteles: *Nikomachische Ethik*, VI, 5, 1140 b 6, u. *Politik* I, 4, 1254 a 7.
²²² Aristoteles: *Politik*, I, 4–6, u. *Nikomachische Ethik*, X, 1177 a 6 ff.

das Buch *Alternative Lebensform?* abschloß: „Ohne Auge gäbe es keine Augenblicke, ohne Augenblicke keine Praxis, ohne Praxis kein Sein."[223] Hier haben wir den Zusammenhang zwischen Mensch und Sein, ein lebendiger Augenaufschlag, die Bewegung des Auges und damit der ganze Durchgang des Seins. Das können wir japanisch ausdrücken. Hier geschieht *giri* und *aida*.[224] Es geht nicht um Auge einerseits und Sein andererseits, nein, es ist die Praxis des Auges als Praxis des Seins. *Prak, giri, aida* – haben wir nicht dasselbe Wort?

Es ist der Augenblick, und ich möchte die anderen Sinne hinzuführen. Das Zuhören, der Geschmack und das Riechen, ja letztlich und vielleicht am wichtigsten für die Lebendigkeit, das Tasten in der Welt, das wir in eine ungeheure Beweglichkeit gesteigert haben mit dem digitalen Tasten. Wir müssen uns aber ständig bemühen, praktizieren, sein, damit wir in den Sinnen leben, hier eine Lebensbewegung, einen Lebensrhythmus praktizieren und immer im Durchgang, im *aida* bleiben, sensibel sind, und ich wage jetzt eine deutsch-japanisch Wortmischung: *giriös*. Es geht um eine giriöse Lebendigkeit.

Marx sah in der Welt den verlängerten Körper des Menschen.[225] Hier müßte auch Hegel kritisch genannt werden, bei dem das „Prinzip der Subjektivität" in den Weltgeist mündet. Bei unseren Sinnen und unserer Sensibilität, Giriosität, müssen wir bei uns bleiben, weil wir ja immer schon bei, in, zu und zwischen allem sind. Wir müssen heute vor allem bedenken, wie und ob sich dies in der Wissenschaft, Wirtschaft, Technik und Politik, um nur diese Bereiche zu nennen, zeigt. Der Mensch verlängert nicht nur den Körper in die Welt, nein, mit „Weltgeist" im Sinne von Hegel[226] geht er zu weit. Die *praxis* zerbricht, indem der Durchgang *(prak)* ein Hinausgang wird. Und das ist die Gefahr bei allem Transzendieren wie Transzendentalisieren, wobei man alles wieder zurückholen will. Das sind nicht nur schwierige, gefährliche, nein, auch den Menschen umdrehende und verdrehende Bewegungen.

---

[223] V. Verf.: *Alternative Lebensform?*, S. 163.
[224] Siehe hierzu B. Kimura: *Zwischen Mensch und Mensch*, bes. S. 31 ff. u. 163 ff.
[225] Vgl. *MEW, Ergänzungsband I*, S. 516.
[226] G. W. F. Hegel: *Werke, Bd. 7, Grundlinien der Philosophie des Rechts*, S. 88.

Das Mehr-haben-wollen liegt wohl nicht nur auf der Ebene des Körpers, sondern gerade auf der des Geistes, um diese Unterscheidungen für den Menschen zu nehmen. Der Mensch als Körper-Geist-Wesen. Wir haben freilich im Deutschen die Viererstruktur von Körper, Leib, Seele und Geist, was uns aber nicht in der Sache des Menschen, seiner Praxis, seinem Zwischensein weiterbringt. Freilich können wir in der Welt als dem verlängerten Körper das verlängerte Ungeheuer sehen. Aber es wäre zu wenig, wenn wir dies auf jener von Platon genannten unteren Ebene sähen, die er *epithymêtikon* nennt. Bei der Technik, die alles herstellen, vermitteln und vermischen will in den heutigen Teletechniken; bei der Wirtschaft, die in den Börsen- und Geldbewegungen das Ungeheure in der Zahl der Milliarden zeigt, haben wir nicht nur den Menschen als Begierdemenschen. Nein, das Problem ist viel größer geworden und müßte nun zu einer neuen Überlegung über den Menschen führen.

Die Begierde ist das Meiste im Menschen, treibt uns im vielfältigen Mehr-haben-wollen in eine ungeheure Beweglichkeit des Herstellens, also, klassisch gesprochen, der Technik des Konsumierens. Dabei wollen wir mehr haben, als wir je gebrauchen können, wie sich schließlich ein rein in sich steigerndes Mehr-haben-wollen in der heutigen Geld- und vor allem Börsenwirtschaft zeigt. Diese heute spezifische Wirtschaft faßt aber nur zusammen, was uns vermutlich mehr und mehr antreibt. Es ist der Drang, die Bewegung und ich möchte jetzt durchaus sagen, die Krankheit und Unnatur zum Besitz. Besitz um des Besitzes willen, „Wille zur Macht" bzw. Besitz. Das führt zur „Umwertung aller Werte", um mit Nietzsche zu sprechen. Diese beginnt damit, daß man von Gut zu Wert übergeht und gar nicht mehr sieht und sagen kann, was ein Gut ist, sondern nur noch von Werten spricht.[227] Damit drängen wir aber von der, klassisch gesehen, unteren Ebene der Begierde in die anderen Ebenen.

Der Mensch selbst wird zum Wert. Hegel spricht vom „unendlichen *Wert*"[228], was sich auch im Rechtsverständnis zeigt. Indem wir werten, leben wir aber nur aus der unteren Ebene der Begierde, des Mehr-haben-wollens. Geld und Gott sind Werte. Was sich hier be-

---

[227] Siehe oben, S. 139 f.
[228] G. W. F. Hegel: *Enzyklopädie*, § 482.

wegt, was den Menschen heute mehr denn je bewegt, meint Marx, wenn er Geld und Gott miteinander vergleicht. Und wir glauben heute an den freien Markt, freien in die Welt hinausdrängenden, die Welt dar- wie herstellenden Markt in einer Weise, wie früher an Gott geglaubt wurde.

Der Materialismus im Sinne des Kommunismus sah das Ganze des Menschen in der Grundstruktur des Körpers, den es in die Welt zu verlängern galt. Wir haben dieselbe Struktur im Idealismus, wo es um den verlängerten Geist geht. Wo bleibt aber die Mitte des Menschen, *thymos, thymoeides*, um sie von der griechischen Einteilung her zu nennen? Wird der Mensch im Menschen auch in die Welt verlängert? Mit welchen Taten?

Oben im Logischen, im *logistikon* können wir die Tätigkeit der Wissenschaft sehen, unten im *epithymêtikon* Wirtschaft und Technik, die aber ohne die obere Ebene, das Denken und Rechnen, nicht auskommen. Was tut der Mensch im Menschen, um Mensch zu sein, zu bleiben? Der Mensch muß sich offensichtlich nach oben wie unten wehren und sich zwischen beiden bewähren. Zwischen Körper und Geist, zwischen *logistikon* und *epithymêtikon* wirkt *thymos, thymoeides*. Wir wollen weder oben noch unten, auch nicht oben und unten das Leben durchgehen, praktizieren, vielmehr leben wir den Durchgang, *prak*, das Zwischen. Wir leben als Mensch, den Menschen im Menschen, wenn wir den Unmenschen im Menschen immer wieder im Durchgang hinter uns lassen können.

Ich will nun gern von der oberen Ebene nicht als dem Ungeheuer im Menschen sprechen, sondern vom Göttlichen oder gar Gott im Menschen, um hier auf die griechische Sicht zu kommen. Aber ein Unmensch sind wir auch dann, wenn wir uns ins Göttliche versteigen, was wir nicht nur im Religiösen, sondern auch im Politischen, Technischen, Wissenschaftlichen, wohl in allen Bewegungen bzw. Tätigkeiten des Menschen erfahren können. Leben wir also zwischen dem Göttlichen und dem Ungeheuren? Jetzt bleibt zu bedenken: Nicht nur beim Ungeheuer im Menschen werden wir Unmenschen, sondern auch beim Logischen, beim Gott im Menschen werden wir Unmenschen. Dies ist vielleicht sogar das größere Problem, wie es sich heute allmählich zeigt, wenn wir das Besitz-haben-wollen in einem bestimmten Rechtsverständnis, in einem Wissenschaftsverständnis herausstellen.

Müßten wir also schließlich unterscheiden zwischen dem Ungeheuer des Menschen und dem Unmenschen des Menschen?

f) Im Zwischen

Ich möchte bei der Philosophie bleiben, welche zu den Werken von Ethik und Politik, beispielsweise bei Aristoteles geführt hat oder zu Platons Hauptwerk *Politeia*. In der Philosophie werden die Orte genannt, der Aufenthalt, und ich möchte jetzt sagen, das Sein und Anwesen, das in jenem liegen soll, was *physis, psychê, logos* und schließlich *ethos* genannt wurde. *Physis* umfaßt mehr als den Menschen; auch *psychê* ist den Pflanzen wie Tieren zuzuordnen. Aber *logos* soll dem Menschen vorbehalten sein. Deshalb Logik als immer wieder die Form, vielleicht höchste Form der Philosophie. Dort fällt ein weiteres Wort, das nur dem Menschen zuzuordnen ist, nämlich *ethos*. Der Mensch wird beschrieben in der Struktur von *physis, psychê, logos* und mit dem, wie ich meine, schwierigsten Wort: *ethos*.

Metaphysis, Metaphysik – dies ist kein Name der klassischen Philosophie. Damals wird nirgendwo gesagt, daß der Mensch ein metaphysisches Lebewesen sei *(animal metaphysicum)*. Das ist später in der Philosophie so ausgesprochen worden. Aber es wird eines klar gesagt, wohl weniger religiös als eben philosophisch gemeint: es gibt den Bereich des reinen theoretischen Lebens *(bios theoretikos)*, welches aber letztlich als übermenschlich und so symbolisch an wenigen Stellen als *theion*, göttlich bezeichnet wurde.[229] Das ist weniger eine religiöse oder gar christlich-religiöse Redeweise, sondern eine Abgrenzung. Wenn vom Menschen die Rede ist, fallen die Worte Ethik und Politik. Der menschliche Aufenthalt ist hier *physis, psychê, logos* und besonders *ethos*, wie ich jetzt behaupten möchte. Das heißt, daß der Aufenthalt aus dem Verhalten kommt, aus den menschlichen Lebensverhältnissen, wozu das Logische, Psychische und Physische gehören. Wir haben jedenfalls einen Anfang der Ethik, welche in der Politik, der politischen Gemeinschaft, in der *philia politikê* aufgeht.

---

[229] Vgl. Aristoteles: *Nikomachische Ethik*, X, 8, 1177 b 27 ff.

Eric Voegelin nennt die *philia politikê* die „Zentraltugend der politischen Gemeinschaft".²³⁰ Tugend ist ein Wort für Sittlichkeit. Im griechischen Wort *aretê* liegt die Bedeutung ‚guter Zustand'. Es geht um den guten Aufenthalt auf Erden und d. h. was der Erde und uns entspricht. Besonnenheit und Maß wird als die Fundamentaltugend genannt. Dieser Aufenthalt spannt sich hinüber bis zur Weisheit, die über die *physis* ins Göttliche hinausgeht. Dazwischen wird die Tapferkeit genannt, griechisch *andreia*, mit der Wortwurzel *anêr*, d. h. Mensch. Es ist die Menschlichkeit. Schließlich wird die Gerechtigkeit genannt. Es ist jenes, was dem guten Zustand, dem guten Aufenthalt dient, wenn ich alles richtig einzuteilen und zu verteilen versuche.

Wir halten uns beim Menschen und auf der Erde auf, d. h. damals in der Polis, wenn wir aufeinander zugehen in gemeinsamem Vernehmen, gemeinsamen Interessen, einmütigem Handeln, gemeinsamen Beschlüssen.²³¹ Hier wäre betreff der östlichen und d. h. besonders japanischen Einsicht und Haltung des Lebens zu fragen, ob wir nicht von einer natürlichen Gemeinschaft sprechen können. Dabei ist freilich zunächst die Frage, ob dies nicht gänzlich vom Europäischen her gedacht ist, *koinon*, das Gemeinsame. Im Griechisch-Europäischen und weltweit Gewordenen geht es um die Ein-, Zu- und Gleichstimmung im *nous*, in der Vernunft, das drückt das Wort *homonoia* letztlich aus, aber auch *homologia, homologein:* mit dem *logos* und dem *nous* übereinstimmen. Östlich-japanisch geht es um das Übereinstimmen mit – wiederum mit einem europäischen Wort gesprochen – dem Klima. Ich kann nur versuchen ein japanisches Wort zu nennen: *ki*. Hier fehlen überhaupt die Worte. Der Mensch zeigt sich als ein Lebewesen, das auch, aber nicht spezifisch ein *zoon logon* ist, vielmehr die Natur lebt, wobei Natur wiederum ein westliches Wort ist. Die Rede vom Zwischen *(ki)* ist der Hinweis auf die Natur bzw. das Klima. Wir sind die im Zwischen lebenden Lebewesen, vor allem im Zwischen der Natur.

Sitte, Sittlichkeit, *ethos* und Ethik, wie immer wir dies nennen mögen, wird mit diesen Worten umschrieben, die alle aus dem Aufenthalt, *êthos* sprechen und dem Menschen sagen sollen, worum es

---

²³⁰ E. Voegelin: *Anamnesis. Zur Theorie der Geschichte und Politik*, S. 130.
²³¹ Vgl. Aristoteles: *Nikomachische Ethik*, IX, 6.

geht. Um den Aufenthalt auf Erden in höchster Lebendigkeit, in menschlicher Lebendigkeit zu leben. Nehmen wir einmal die alten Worte, die Grundworte, die Tugendworte der Ethik und fragen uns, was sie uns heute sagen. Besonnenheit bzw. Maß, Tapferkeit bzw. Menschlichkeit, Gerechtigkeit bzw. Einteilung und Verteilung. Wir müssen vor allem den Zusammenhang sehen. Die augenscheinlich verschiedenen Worte wollen immer dasselbe sagen, sprechen aus der menschlichen Lebendigkeit für den Aufenthalt des Menschen auf Erden. Darauf müßten wir uns zurückbesinnen, nachsinnen, ob uns andere Worte einfallen, ob diese Worte, mit denen jede Ethik steht und fällt, in den heutigen Ethiken noch eine Rolle spielen. Haben wir noch einen Aufenthalt, gerade auch auf Erden? Was und wie ist der politische Aufenthalt? Es könnte sein, daß wir von Ethik und Politik wie auch Ökonomik reden, wobei wir längst dabei sind, jeden Aufenthalt, das Menschliche und das Menschentum überhaupt zu verlassen.

Menschliches und Menschentum verlassen heißt, das Natürliche, das Zwischen, den Aufenthalt überhaupt zu verlassen. Nicht ein Aufenthalt auf Erden, und das heißt jetzt japanisch genauer, im Klima, im Zwischen, nicht mehr *zwischen* Himmel und Erde leben und sein, vielmehr mit der technischen und wirtschaftlichen Beschleunigung, mit deren Ausbeutung und Zerstörung der Erde den Aufenthalt verlassen, in den Weltraum mit technischen Geräten, aber überhaupt in der Wissenschaft hinausfliegen, zum fernsten und weitesten Wissen, aber immer weniger vom Menschen selbst vernehmen.

Ausblick

Mensch und Unmensch. Es soll nicht heißen, daß es einerseits Menschen und andererseits Unmenschen gibt. Freilich haben wir auch die menschlichen Ungeheuer in den größten Verbrechern, den Terroristen, aber auch in der ganzen Spanne der Verbrechen, wie sie nach den verschiedenen Gesetzgebungen, Rechtsauffassungen eingeteilt werden bis hin zum Menschen als Mörder. Aber die Frage nach dem Ungeheuer ist viel menschlicher, als sie nur diesen herausragenden Unmenschen zuzuschreiben. In jedem Menschen ruht nicht nur, nein, rumort immer, bewegt sich das Ungeheure. Das will Platon mit seiner Seelenlehre zeigen. Wir sind ständig in Auseinandersetzung mit dem Ungeheuren in uns. Das haben wir in der Geldbewegung. Das ist der springende und deshalb ungeheure Punkt aller Börsenbewegung. Es ist ein ungeheures Geldspiel, weil der Mensch sich hier ja freudig wie leidenschaftlich hingibt.

In der heutigen Technik, Wirtschaft, auch Politik spielen wir mit dem Leben, dem Menschen in seiner ganzen Lebendigkeit. Wir spielen mit allem, der Natur, der Welt, aber besonders mit uns selbst, jeder mit sich selbst. Dies bahnt sich an in der neuzeitlichen, besonders im Deutschen herausgebildeten Sprechweise mit *selbst-:* vom Selbstbewußtsein Hegels bis zum Selbstsein Heideggers. Alle Selbstbestimmungen gehen von der Selbstverwirklichung bis zur Selbstvernichtung. Diese haben wir heute vor Augen. Darüber wird diskutiert, ja und nein gesagt, die Wahrheit wie auch die Lüge gelebt. Man könnte sagen, daß wir sehenden Auges in den Abgrund fahren. Aufgang und Untergang, Sein und Nichts. Das Spiel, die Bewegung wird immer schneller. Wir treiben sie an, wie die geschaffenen Dinge in Technik und in Wirtschaft uns antreiben.

Wir sind in einem ungeheuren Getriebe, das uns groß wie klein macht, um nur diese Prädikate zu wagen. Wichtig wäre für heute zu erfahren und zu sagen, daß nicht nur Terroristen und Verbrecher Unmenschen sind, das Ungeheure des Menschen darstellen. Nein, viel wichtiger wäre zu sehen, daß wir in einem Lauf, einer immer schneller werdenden Bewegung, einer Beschleunigung des Ungeheuren sind. Das Unnatürliche, Unmenschliche wächst, und zwar gerade auch, wenn wir meinen und durchaus auch so es sehen können, daß uns alles zunächst und auch zukünftig gut bekommt. Die Politik der Vereinigten Staaten kann immer sagen, daß sie es gut mit der Welt, dem Osten wie Süden, Asien wie Afrika, meint, und doch kann, was wohl eher wahrscheinlich ist, nur das Schlechte herauskommen. Man verspricht den technischen, wirtschaftlichen Aufschwung, und es könnte wohl eher zum Untergang werden. Die Frage nach dem Sein könnte zur Antwort mit dem Nichts führen. Der Aufenthalt im Sein – wo ist der menschlichste, natürlichste Aufenthalt?

Rom verwies auf Altar und Herd *(arae et focis)*.[232] Wenn dies zerstört, vernichtet wird, dann ist der menschliche Aufenthalt vernichtet. Es ist ein Aufenthalt auf Erden, der hinausblickt, jedenfalls hier zurückblickt auf die Alten, die *generatio*. Es ist ein Jenseits im Diesseits, um dies mit Doderer zu formulieren, der dieses Wort öfter in seinem Hauptwerk *Die Dämonen* ausspricht. Und Dämonen, nicht nur Dostojewskis Werk, sondern der Ursprung im Griechischen und so bei Sokrates mit dem *daimonion* verweist auf einen Aufenthalt, der freilich in der Neuzeit, besonders von Hegel verinnerlicht wurde. Er spricht vom *daimonion* als dem Gewissen. Das ist wohl eine andere Frage. *Daimonion* ist ein weiteres Wort für die Zwischenlage des Menschen, ein Parallelwort zu *metaxy*, wobei *daimonion* mehr, ja eben das Ungeheure mitsagt.[233] Und hier hätte übrigens Hegel aufhorchen können, um nicht in Sokrates den Wendepunkt der Philosophie zu sehen, um zum „Prinzip der Subjektivität" zu kommen. *Daimonion* weist gerade vom Subjekt oder, um mit Heidegger zu sprechen, von der „Subjektität" weg.[234] Nicht auf jene, die alles machen können *(technitês)*, nicht auf alle, das Volk, hören (Demoskopie), nein, auf das *daimonion*. Was heißt dies?

Können und Wollen, Sollen und Müssen – der Mensch lebt diese Lebendigkeit. Seine Wirklichkeit ist die Möglichkeit. Er ist *energeia* und *dynamis*, wobei wir dies ganz gut deutsch sagen können: *Energie*

---

[232] Vgl. M. T. Cicero: *Atticus-Briefe*, S. 426.
[233] Vgl. Platon: *Apologie*, 31c–32a u. 40a–c
[234] Vgl. M. Heidegger: *Nietzsches Wort „Gott ist tot" (1943)* u. *Hegels Begriff der Erfahrung*.

und *Dynamik*. Er ist alles und zugleich nichts, natürlich und unnatürlich, vernünftig und unvernünftig, wobei wir hier an die Zweierstruktur von *logos* und *alogos* erinnern können. Aber bleiben wir bei der Grundstruktur, dem Boden des Menschen, welches auch das Meiste im Menschen ist, wie Platon betont. Begierde ist das Meiste im Menschen und die meisten Menschen sind Begierdemenschen.[235] Hier ist der Hinweis auf den Menschen als Unmenschen, als Ungeheuer.

Die politische Ethik der Griechen versucht eine Lösung dieses Problems, das aber wohl unlösbar ist. Es ist kein Problem, vielmehr die Grundfrage des Menschen, die offen bleibt und ihn als Wesen mit Jenseits im Diesseits, in Transzendenz, oder wie immer wir dies ausdrücken wollen, zeigt. Die heutigen Wissenschaften mit Psychologie, Psychiatrie, der Medizin im ganzen, versuchen Antworten, Lösungen. Können wir hier überhaupt Antworten, Lösungen noch erwarten angesichts dieses sich in alles und überall einschaltenden und somit gleichschaltenden Menschen?

Politeia, Klima, um nur diese Horizonte und Zwischenlagen des Menschen zu nennen, vernichtet der heutige Mensch mehr und mehr. Ich will dies nur in einer Erfahrung ansprechen: Wir bewegen uns immer schneller und überall, sind da und dort und doch nirgendwo. Die Ubiquität ist eine Utopie: überall sein ist nirgendwo sein. Der Aufenthalt auf Erden ist weniger ein Sein als ein Nichtsein. Was ist der Mensch? Was ist der Mensch als Seiendes (als solches und im ganzen)? Er ist und ist nicht. Er ist Mensch und Unmensch.

Dem entspricht das Recht. So gibt es Recht des Menschen und Unmenschen. Freiheit und d. h. genauer Wille und Anspruch manifestieren, kristallisieren sich im Recht. Und hierzu gehört der Anspruch des Menschen, alles und so auch nichts zu sein, Mensch und als Mensch auch Unmensch zu sein. Der Anspruch geht über alles hinaus, auch über jenes, was Gott genannt wird, auch über jenes, was als die Spanne vom Gott im Menschen *(logistikon)* und Ungeheuer im Menschen in der klassischen Philosophie formuliert wurde. Freiheit heißt hier Recht, und Recht heißt hier Recht des Menschen und Unmenschen. Was immer auch ein Mensch gegen andere Menschen tut, was Menschen oder ganze menschliche Bereiche, sprich Kulturen

---

[235] Platon: *Politeia*, 442a u. 430d.

gegen andere Menschen und andere Kulturen tun, immer soll dies menschliches Tun sein, auch wenn gerade hier das Unmenschliche sich zeigt und triumphiert. Wir haben solche unmenschlichen Taten nicht nur im Terrorismus bzw. per Terroristen, nicht nur bei Mördern von Menschen, nein, auch bei der Bewegung, die wir heute Globalisierung nennen. Wir haben dies kritisiert und sehen hier den Zusammenstoß wie Zusammenbruch der sogenannten drei Generationen von Menschenrechten, wobei wir die dritte Generation überhaupt noch nicht erreicht haben. Aber im Blick auf die dritte Generation wird die erste Generation fragwürdig, ja auch ein Recht für Ungeheuerliches, Unmenschliches, also Recht des Unmenschen. Wohin gehen wir mit dem Recht, der Freiheit, die jetzt mehr und mehr zusammengehen mit Unrecht und Unfreiheit?

Nachwort

Eine mehrmonatige Einladung meines Kollegen Hideki Mine an die Kwansei Gakuin Universität hat zu wesentlichen Teilen dieses Buches geführt, wofür ich danke, zumal ich nicht nach Japan gefahren bin. Danken möchte ich auch dem Kollegen und Freund Akihiro Takeichi, mit dem die Jahre der Begegnungen zunächst in Deutschland begannen, wohin dann Kollegen und Studenten aus Japan kamen. Ich fahre jetzt das japanische Auto *Prius*, bei dem, wie dies selten heute ist, die Werbung wirklich einmal stimmt: „Die Zukunft beginnt heute".

Dr. Fred Slanitz danke ich besonders. Seit über zehn Jahren hat er mit kritischer Durchsicht alle meine veröffentlichten wie unveröffentlichten Typoskripte, auch die Register, hergestellt.

Literaturverzeichnis

Aristoteles: *Aristoteles Opera. Edition Bekker*, Berlin 1830–70, Nachdruck Berlin 1960–61.
–: *Metaphysik*, übers. v. H. Bonitz, Reinbek 1966.
–: *Nikomachische Ethik*, übers. v. F. Dirlmeier, Darmstadt 1956.
–: *Nikomachische Ethik*, übers. v. O. Gigon, München ⁶1986.
–: *Politik*, hg. v. G. Bien, Hamburg 1981.
Barth, H.: *Wahrheit und Ideologie*, Frankfurt a. M. 1974.
Baruzzi, A.: *Alternative Lebensform?*, Freiburg/München 1985.
–: *Die Zukunft der Freiheit*, Darmstadt 1993.
–: *Europäisches „Menschenbild" und das Grundgesetz für die Bundesrepublik Deutschland*, Freiburg/München 1979.
–: *Europas Autonomie*, Würzburg ²2001.
–: *Einführung in die politische Philosophie der Neuzeit*, Darmstadt ³1993.
–: *Freiheit, Recht und Gemeinwohl. Grundfragen einer Rechtsphilosophie*, Darmstadt 1990.
–: *Güter der Polis – Werte der Gesellschaft. Überlegungen zu einem prinzipiellen Wandel*, in: *Bedürfnisse, Werte und Normen im Wandel*, hg. v. Herbert Stachowiak u. a., Bd. 1, München u. a. 1982, S. 51–69.
–: *Handbuch der Wirtschaftsethik in vier Bänden*, in: Philosophisches Jahrbuch 110 (2003) 1, S. 167–176.
–: *Immanuel Kant*, in: H. Maier/H. Denzer (Hg.): *Klassiker des politischen Denkens, Bd. 2: Von John Locke bis Max Weber*, München 2001, S. 87–103.
–: *Machbarkeit. Perspektiven unseres Lebens*, Freiburg/München 1996.
–: *Mensch und Maschine. Das Denken sub specie machinae*, München 1973.
–: *Philosophie der Lüge*, Darmstadt 1996, Sonderausgabe 2005 (Book on Demand).
–: *Philosophieren mit Jaspers und Heidegger*, Würzburg ²2001.
–: *Recht auf Arbeit und Beruf? Sieben philosophisch-politische Thesen*, Freiburg/München 1983.
–: *Rechts-Autonomie und Rechts-Autopoiesis der Gesellschaft?*, in: Philosophisches Jahrbuch 103 (1996), S. 181–190.
–: *„Wir Japaner"*, in: Philosophisches Jahrbuch 104 (1997), S. 406–416.
–: *Vom Tastsinn des animal rationale*, in: *Rehabilitierung des Subjektiven: Festschrift für Hermann Schmitz*, hg. v. M. Großheim u. a., Bonn 1993, S. 111–127.
–: *Wirtschaftsethik – Aufgabe und Disziplin der Philosophie und/oder der Ökonomik?*, in: Philosophisches Jahrbuch 108 (2001), S. 149–166.
Brea, G.: *Wahrheit in Kommunikation. Zum Ursprung der Existenzphilosophie bei Karl Jaspers*, Würzburg 2004.
Canaris, K.-W.: *Grundrechte und Privatrecht*, in: *Archiv für die civilistische Praxis* 184 (1984), S. 201–246.
–: *Grundrechte und Privatrecht – eine Zwischenbilanz –*, stark erweiterte Fassung des Vortrags gehalten vor der Juristischen Gesellschaft zu Berlin am 10. Juni 1998, Berlin/New York 1999.

Chrysipp: *Stoicorum Veterum Fragmenta*, hg. v. H. v. Arnim, 3 Bde., Leipzig 1903, Nachdruck Stuttgart 1968.

Cicero, M. T.: *Atticus-Briefe*, lat.-dt., hg. v. H. Kasten, München [3]1980.

–: *Vom Gemeinwesen*, lat. u. dt., eingel. u. neu übertr. v. K. Büchner, Zürich [2]1960.

Das Neue Testament, Stuttgarter Keppler-Bibel, Stuttgart 1951.

Doderer, H. v.: *Die Dämonen*, München 1956.

Dworkin, R.: *Bürgerrechte ernstgenommen*, Frankfurt 1984.

Entscheidungen des Bundesverfassungsgerichts, 7., 12., 45., 48. Bd., Tübingen 1958, 1962, 1978, 1979.

Entscheidungen des Bundesverwaltungsgerichts, Bd. 7, Berlin 1959.

Häberle, P.: *Die Gemeinwohlproblematik in rechtswissenschaftlicher Sicht*, in: Rechtstheorie 14 (1983), S. 257–284.

–: *Öffentliches Interesse als juristisches Problem*, Frankfurt a. M. 1970.

Habermas, J.: *Faktizität und Geltung. Beiträge zur Diskurstheorie des Rechts und des demokratischen Rechtsstaates*, Frankfurt 1992.

Handbuch der Wirtschaftsethik in vier Bänden, hg. im Auftrag der Görres-Gesellschaft v. W. Korff u. a., Gütersloh 1999.

Hegel, G. W. F.: *Briefe von und an Hegel*, hg. v. J. Hoffmeister, Hamburg [2]1961.

–: *Grundlinien der Philosophie des Rechts*, Hamburg [5]1995.

–: *Philosophie des Rechts. Die Vorlesung von 1819/20 in einer Nachschrift*, hg. v. D. Henrich, Frankfurt a. M. 1983.

–: *Werke in 20 Bänden*, Frankfurt a. M. 1969–71.

–: *Vernunft in der Geschichte*, hg. v. J. Hoffmeister, Hamburg [5]1955.

Heidegger, M.: *Hegels Begriff der Erfahrung*, in: *Holzwege*, Gesamtausgabe Bd. 5, Frankfurt a. M. 1977, S. 115 ff.

–: *Nietzsches Wort „Gott ist tot" (1943)*, in: *Holzwege*, Gesamtausgabe Bd. 5, Frankfurt a. M. 1977, S. 209 ff.

Hesse, K.: *Verfassungsrecht und Privatrecht*, Heidelberg 1988.

Hobbes, Th.: *Leviathan oder Stoff, Form und Gewalt eines bürgerlichen und kirchlichen Staates*, hg. u. eingel. v. I. Fetscher, Frankfurt 1976.

–: *Vom Menschen. Vom Bürger (De homine. De cive)*, eingel. u. hg. v. G. Gawlick, Hamburg [3]1994.

Hölderlin, F.: *Sämtliche Werke und Briefe*, hg. v. M. Knaupp, München 1992.

Jaspers, K.: *Allgemeine Psychopathologie*, Berlin [9]1973.

Jünger, F. G.: *Sprache und Denken*, Frankfurt a. M. 1962.

Kabashima, H.: *Attentat, Terror, Gerechtigkeit. Eine vergleichende Studie zu B. Savinkov, J. Osaragi, K. Takahashi und A. Camus*, Würzburg 2002.

Kant, I.: *Grundlegung zur Metaphysik der Sitten*, Hamburg 1952.

–: *Kant's gesammelte Schriften*, hg. v. der Preußischen Akademie der Wissenschaften, Berlin 1902 ff.

–: *Werke in sechs Bänden*, hg. v. W. Weischedel, Darmstadt 1966.

Kimura, B.: *Zwischen Mensch und Mensch. Strukturen japanischer Subjektivität*, Darmstadt 1995.

Kramer, E. A.: *Die Krise des 'liberalen Vertragsdenkens'*, München/Salzburg 1973.

Kristeller, P. O.: *Humanismus und Renaissance II*, München 1976.

Liebs, D.: *Lateinische Rechtsregeln und Rechtssprichwörter*, München [4]1986.

Locke, J.: *Two Treatises of Government*, hg. v. P. Laslett, Cambridge [2]1967.

Luhmann, N.: *Das Recht der Gesellschaft*, Frankfurt 1993.
Maier, R.: *Internationaler und Europäischer Schutz der Menschenrechte*, in: NJW 53 (2000) 16, S. 1166–1169.
Mann, Th.: *Joseph und seine Brüder*, Bd. l, Frankfurt 1956 (Stockholmer Gesamtausgabe).
Marx, K./Engels, F.: *Werke* (= MEW), hg. v. Institut für Marxismus-Leninismus beim ZK der SED, Berlin 1956 ff.
Maus, I.: *Verrechtlichung, Entrechtlichung und der Funktionswandel von Institutionen*, in: dies.: *Rechtstheorie und politische Theorie im Industriekapitalismus*, München 1986, S. 277–331.
Maydell, B. v.: *Recht auf Arbeit – Völkerrechtliche Aspekte*, in: *Recht auf Arbeit. Vorträge anläßlich des Symposions zum 70. Geburtstag von Karl Josef Partsch*, Bonn 1984, S. 62–75.
Mine, H.: *Das menschliche Dasein als Zwischensein. Grundriss der Philosophie Tetsuro Watsujis*, in: Synthesis philosophica 37 (2004) 1, S. 65–81.
Morisch, C.: *Technikphilosophie bei Paul Virilio – Dromologie –*, Würzburg 2002.
Musil, R.: *Der Mann ohne Eigenschaften*, 2 Bde., hg. v. A. Frisé, Reinbek 1981.
Nietzsche, F.: *Kritische Gesamtausgabe (KGA)*, hg. v. G. Colli u. M. Montinari, Berlin 1967 ff.
Pietzcker, J.: *Recht auf Arbeit – Verfassungsrechtliche Aspekte*, in: *Recht auf Arbeit. Vorträge anläßlich des Symposions zum 70. Geburtstag von Karl Josef Partsch*, Bonn 1984, S. 15–25.
Platon: *Der Staat*, eingel., übers. u. erklärt v. K. Vretska, Stuttgart 1958.
–: *Sämtliche Dialoge*, Bd. V, Hamburg 1988.
–: *Sämtliche Werke*, Bd. III, hg. v. W. F. Otto u. a., Hamburg 1958.
–: *Werke in acht Bänden*, hg. v. G. Eigler, Darmstadt 1970–1983.
Radbruch, G.: *Rechtsphilosophie I–III*, = *Gesamtausgabe in 20 Bänden*, Bd. 1–3, hg. v. A. Kaufmann, Heidelberg 1987 ff.
–: *Rechtsphilosophie*, hg. v. E. Wolf und H.-P. Schneider, Stuttgart 1973.
Raiser, L.: *Vertragsfreiheit heute*, Juristen-Zeitung 13 (1958) 1, S. 1–8.
Rombach, H.: *Drachenkampf*, Freiburg 1996.
Sade, D. A. F. de: *Ausgewählte Werke*, hg. v. M. Luckow, 3 Bde., Hamburg 1962 f.
–: *Œuvres complètes du Marquis de Sade. Edition definitive*, 16 Bde., Paris 1966 f.
Savigny, C. F. v.: *Vom Beruf unsrer Zeit für Gesetzgebung und Rechtswissenschaft* (1814), Heidelberg ^{3}1840.
Scheuner, U.: *Die Funktion der Grundrechte im Sozialstaat. Die Grundrechte als Richtlinie und Rahmen der Staatstätigkeit*, in: DÖV 24 (1971) 15/16, S. 505–513.
Schiff, M.: *Das große Handbuch moderner Zitate des XX. Jahrhunderts*, München 1968.
Schlechta, K.: *Nietzsche-Index zu den Werken in drei Bänden*, München ^{4}1984.
Schmidt, H.: *Regelungstechnik. Die technische Aufgabe und wirtschaftliche, sozialpolitische und kulturpolitische Auswirkung* (1941), in: *Die anthropologische Bedeutung der Kybernetik. Reproduktion dreier Texte aus den Jahren 1941, 1953 und 1954* (= Grundlagenstudien aus Kybernetik und Geisteswissenschaft, Bd. 6, Beiheft), Quickborn 1965.
Schmitt, C.: *Der Begriff des Politischen. Text von 1932 mit einem Vorwort und drei Corollarien*, 3. Aufl. der Ausg. v. 1963, Berlin 1991.

–: *Der Hüter der Verfassung*, Tübingen 1931.
–: *Verfassungslehre*, Berlin 1928, ^{8}1993.
Slanitz, F.: *Wirtschaft, Technik, Mythos. Friedrich Georg Jünger nachdenken*, Würzburg 2000.
Thomas v. Aquin: *Opusculum in duo praecepta caritatis et in decem praecepta legis*, in: Opera Omnia, XXVII. Opuscula varia I, hg. v. S. E. Fretté/P. Maré Paris 1875, S. 144–169.
–: *Recht und Gerechtigkeit*. Nachfolgefassung v. Bd. 18 der DThA, Bonn 1987.
–: *Summa Theologiae*, dt.-lat. Ausg., Salzburg u. a. 1934 ff.
Ulrich, P.: *Der entzauberte Markt. Eine wirtschaftsethische Orientierung*, Freiburg 2002.
–: *Integrative Wirtschaftsethik. Grundlagen einer lebensdienlichen Ökonomie*, Bern/Stuttgart/Wien ^{2}1998.
–: *Von der Metaphysik des Weltmarkts zur globalen Vitalpolitik – Ein wirtschaftsethischer Orientierungsversuch –*, ZfP 48 (2001) 4, S. 375–396.
Voegelin, E.: *Anamnesis. Zur Theorie der Geschichte und Politik*, München 1966.
–: *The Nature of the Law, and Related Legal Writings*, in: The Collected Works of Eric Voegelin, Vol. 2, Baton Rouge/London 1991.
Watsuji, T.: *Fūdo – Wind und Erde. Der Zusammenhang von Klima und Kultur*, übers. und eingel. v. D. Fischer-Barnicol und O. Ryogi, Darmstadt ^{2}1997.
Weber, M.: *Wirtschaft und Gesellschaft*, Tübingen 1956.
Zöllner, W.: *Die politische Rolle des Privatrechts*, in: JuS 28 (1988) 5, S. 329–336.

Register

Personen

Aristoteles 7, 11, 15, 20, 25 f., 30 f., 63, 84, 103 f., 111, 113 f., 129–132, 141, 150, 158 f., 161, 165 f.
Augustinus, A. 20, 95

Barišić, P. 152
Barth, H. 147
Brea, G. 151

Canaris, K.-W. 34, 52, 56 ff., 81 f.
Chrysipp 17
Cicero, M. T. 17, 31, 170

Doderer, H. v. 170
Dostojewski, F. M. 170
Dworkin, R. 31

Fichte, J. G. 24

Galilei, G. 158
Grotius, H. 24

Häberle, P. 150
Habermas, J. 28
Hegel, G. W. F. 11–15, 21, 23 ff., 30, 32, 34 ff., 38, 41–44, 47, 65, 82, 84, 89, 98, 100, 102, 112, 116 ff., 130 f., 142, 146, 148 f., 151, 162 f., 169 f.
Heidegger, M. 128–132, 148, 151, 169 f.
Helvétius, C. A. 147 f.
Hesse, K. 33 f., 38, 52 f.
Hitler, A. 48, 134, 136 f., 139
Hölderlin, F. 156

Jaakob 95 ff.
Jaspers, K. 8, 62, 128, 148, 151, 154
Jesus Christus 101
Johannes Paul II. 151
Joseph 95 ff.

Jünger, F. G. 35

Kabashima, H. 119
Kant, I. 13, 20 f., 23 f., 42, 62, 75, 84, 100, 102, 111 f., 126 f., 129 f., 132 f., 139 ff., 143, 161
Kennedy, J. F. 9, 121
Kimura, B. 152, 162
Kramer, E. A. 34
Kristeller, P. O. 130

Laban 95 ff.
Liebs, D. 47
Locke, J. 22, 44, 97, 99 ff., 150
Luhmann, N. 28, 111

Mann, Th. 95 ff.
Marx, K. 7, 38, 121, 146 f., 150 f., 162, 164
Maus, I. 109
Maydell, B. v. 108
Milošević, S. 115, 134, 136 f., 139
Mine, H. 152, 173
Morisch, C. 155
Musil, R. 156

Nietzsche, F. 15, 126 f., 139, 163, 170

Petrarca, F. 130
Pietzcker, J. 107
Platon 13, 15 ff., 20, 32, 78, 104, 111 f., 118, 133 ff., 142, 149, 157, 163, 165, 169 ff.
Plinius 20
Pufendorf, S. 24

Radbruch, G. 11, 15, 29, 50 ff., 70–78, 83, 110, 115
Rahel 95 f.
Raiser, L. 34

Rawls, J. 28
Rombach, H. 152
Roosevelt, F. D. 122
Rousseau, J.-J. 42, 74

Saddam Hussein 134, 136
Sade, D. A. F. de 126
Savigny, C. F. v. 11, 14
Schelling, F. W. J. 20, 146
Scheuner, U. 123
Schmidt, H. 109
Schmitt, C. 39–42, 44 ff., 49 f., 70, 86, 125, 150
Schneider, H.-P. 50
Slanitz, F. 35, 173
Sokrates 20, 133, 170
Sombart, W. 88
Stalin, J. 48, 120, 134, 136 f.

Stammler, R. 29

Takeichi, A. 173
Thomas v. Aquin 17, 19, 113
Thomasius, Ch. 24

Ulrich, P. 124

Virilio, P. 155
Voegelin, E. 30, 166

Watsuji, T. 152
Weber, M. 84–89, 92
Wiacker, F. 53 f.
Wolf, E. 50

Zöllner, W. 34

Sachen

Achtung 56, 127, 138 f., 141, 143
aida 162
Anerkennung 36, 41, 61, 81–84, 89 f., 92 ff., 151
animal metaphysicum 165
– rationale/-bile 23 f., 104, 131, 139, 158
– sociale/-bile 23 f., 104, 131, 158
Anspruch 8, 16–20, 22, 38, 56 f., 60, 73, 81, 84 ff., 94, 100, 103, 106–110, 114–118, 143 f., 161, 171, → Rechtsanspruch
Anwesen 132, 145, 156, 159, 165, → ousia
Arbeit 39, 50, 71 f., 76 ff., 87, 91, 95 f., 101, 107 f., 121, 125, 138, 156, → Recht auf Arbeit
aretê 16, 113, 135, 160, 166
arm/Armut 9, 16, 61, 66, 92, 96, 121, 123 ff., 154
Aufklärung 13, 99 f., 102, 122, 126, 146 f., 158
Autarkie/autarkeia 63, 111, 160

Auto(mobil) 7 f., 62, 64, 111, 155 f., 173
Autonomie/autonomia 8, 12, 14 f., 17 f., 20, 24, 26, 28 f., 31, 33, 35, 37, 47, 50, 54 ff., 65 f., 69, 73, 75, 77, 80, 87, 89, 91, 99 f., 111 f., 127 f., 142 f., 154, → Privatautonomie
Autopoiesis 15, 17, 28 f., 31

Begierde 15, 112 f., 133, 135 f., 157 f., 161, 163, 171
Besitz 8 f., 22, 37, 43, 47, 65 f., 76 f., 87 ff., 92, 95, 97, 99 f., 121, 124, 126, 150, 161, 163 f.
Besonnenheit 113 f., 135, 166 f.
Beweglichkeit 74, 121, 131, 137–140, 142–145, 156, 162 f.
Bewegung 7 ff., 35, 43, 59, 64, 69, 71 f., 74, 88, 107 f., 124, 128, 131, 134, 136 ff., 141, 144 f., 155 f., 158, 160–164, 169–172
Bewußtsein 67, 130, 140, → Selbstbewußtsein

bios 154, 160 f., 165
Börse 69, 88, 127 f., 155, 161, 163, 169
Böse 19 f., 125
Brüderlichkeit 88, 101 f.
bürgerliche Gesellschaft 25, 38–42

daimonion 20, 170
Demokratie 20, 28, 55, 79, 92, 145–150, 152 ff.
Demoskopie 170
Deshumanisierung 53 ff., 60, 78
dikaion 25 f., 104, 107, 113, 117
Diskurs(theorie) 7, 14, 17, 20, 27 f., 31
Drittwirkung 55 f.
Dummheit 20, 128
dynamis – energeia 170

Eigentum 22, 24 f., 27, 33–44, 49 ff., 54, 59 ff., 65 f., 70 f., 76 f., 79 f., 82, 97 f., 100, 118, → Freiheit, Leben, Eigentum
eleutheria 111
Ethik(en) 7, 26, 31, 63, 88, 113, 127, 141, 145, 149 f., 156, 159, 161, 165 ff., 171
ethos 144, 152, 165 f., → Haltung/Verhalten
êthos 82, 89, 112 f., 123, 126 f., 144, 148, 152, 154, 156 ff., 166 → Haltung/Verhalten
Evolution 11 f., 15, 17, 24, 100, 128

freier Vertrag 38 ff., 44, 47 f., 52, 54, 72, 74, 78, 81, 83, 86 f., 90
Freiheit, Leben, Eigentum 22, 32, 37, 44, 61, 65 f., 68, 76, 79 f., 95, 97, 99, 103, 150
Freund – Feind 125
Freunde des Verbrechens 126 f.
Freundschaft 7, 64, 124, 145, →
philia politikê

Geld 69, 72, 86, 89, 115, 138 f., 151, 154, 161, 163 f., 169
Gemeinwohl 60, 104, 106 f.

Generationen von Menschenrechten 30, 32, 99–103, 107, 118, 122 f., 150, 154, 172
Gerechtigkeit 7, 11, 13, 15 f., 26–31, 45, 48, 60, 64, 69 f., 77, 79, 104, 106, 110–119, 133 f., 137, 142, 166 f., → *dikaion*
Gesellschaftsvertrag 33, 38, 41 f., 44, 50, 59, 73 f., 80, 85, 95, 97
Gesetz 7, 12, 17, 20–25, 29 ff., 37, 47 f., 54, 58, 62, 73 ff., 78, 80–84, 93, 104–107, 110, 116 f., 123, 141, 169, → Natur-, Rechts-, Sitten-, Unrechtsgesetz
Gesetzesrecht 9, 11 f., 14, 26 f., 29, 107, 110, 116, → Rechtsgesetz
Gewissen 19 ff., 28, 125, 170
giri 162
Gleiche 76, 91
Globalisierung 8 f., 121, 123 ff., 127, 137 f., 155, 161, 172
Gott/Göttliches 12, 14 f., 17 ff., 22 ff., 95 ff., 112, 114, 118, 124, 133, 135, 141 ff., 145–148, 151, 155, 157 f., 163–166, 171
Grundrecht 8 f., 25, 34, 37 f., 42, 52, 55–60, 66 ff., 78, 81, 83, 91–94, 99, 101, 105, 117 f.
Gut/Güter 15, 28, 55, 59–70, 78, 112, 117, 138, 140 f., 163

Haltung/Verhalten 14, 21, 30, 58, 60, 144, 152, 154 ff., 165 f.
Historismus 11, 14

Informationsgesellschaft 126, 145, 147, 153, 155
ius 17 ff., 70, 106

Kapitalismus 7 ff., 71 f., 74, 77 f., 85–88, 90, 92, 121, 124, 154
ki 152, 166
Klima 159, 166 f., 171
koinon(ia politikê) 32, 166
Kommunismus 119 ff., 134, 136, 151, 164
Kommunitarismus 31

Kontraktualismus 31, 72

lex 17 ff., 21, 23, 48, 83, 106
Liberalismus 7 f., 33, 35, 49 f., 52, 55, 59, 71, 121, 124, 126, 154
logos 104, 106 f., 112 ff., 131, 133, 144 f., 157, 160, 165 f., 171, → *zoon logon echon*
Lüge 80, 91, 97, 124, 169

Machbarkeit 12, 31, 43 f., 46 f., 72, 80, 86, 88 ff., 93 ff., 109, 118, 121 f., 128
Mafia 68 f., 114
Markt 66, 85–89, 92, 117, 122, 124, 138 ff., 164
Maß 7, 17, 29, 56, 61, 84, 113 f., 135, 157, 166 f., → Besonnenheit
Mauerschützenprozesse 29
Medialität 69, 138, 144, 155 f.
Medien(system) 8, 51–55, 61 f., 65 f., 78 ff., 115, 122, 138 f., 145, 147, 156
Mehr-haben-wollen 15, 37, 47, 65, 68 ff., 87, 89, 91 f., 94, 112, 157, 161, 163
Menschenrechtserklärung 13, 49, 59, 99–103, 105, 114, 120, 146
Metaphysik/-physis 130, 132, 140, 158, 165
Mittel-Zweck 140 f.
Moralität 24, 46, 102

native right 14, 21, 104 f.
Naturgesetz 11, 14, 19, 23 f., 30, 75, 113, 116, 141
nomos 13 f., 18 f.
Norm 26 ff., 45, 56 f., 59 f., 67 f., 73, 81, 83, 87, 93, 109

ousia 132, 145, 159

Person/Personalität 22, 35 f., 39 ff., 52 ff., 57, 81 f., 88, 90, 94, 100, 123, 141
philia (politikê) 124, 145, 165 f.

physis 113, 144, 157 ff., 165 f.
politeia (en auto) 13, 16, 28, 31, 66 f., 111–115, 134 f., 137, 142 ff., 147, 149
praxis 26, 63, 141, 159–163
Preis 87 ff., 139 f.
Prinzip der Subjektivität 42 ff., 47, 131, 162, 170
Privatautonomie 33 ff., 37 f., 50 ff., 54 f., 58, 69, 81–84, 90, 93 f., 97
Privatrecht 8, 25, 32 ff., 37–40, 42, 47, 49–60, 63, 68, 70, 74, 78, 81–86, 92 f., 107, 116, 125
psychê 16, 113 f., 133, 135, 144, 157 f., 165

Rationalismus 7 f., 87 f., 153
Recht → Gesetzes-, Grund-, Privat-, Richter-, Verfassungsrecht
– als/durch Verfahren 9, 25, 27, 33, 43, 106 f., 110 f., 114 ff., 137, 142
– auf Arbeit 60, 66, 99, 101 f., 107 f.
– öffentliches 8, 25, 37 f., 42, 49–52, 57, 59, 78, 86, 89, 93
– positives 11–14, 17, 19, 21, 25 ff., 29 f., 37, 59, 81, 105, 107, 110, → Rechtspositivismus
– sittliches 25, 30, 32, 41, 43 f.
– subjektives – objektives 67, 101, 108
– subjektiv-öffentliches 55, 107 f.
– unrichtiges 29
Rechtsanspruch 18 ff., 22, 25, 85, 100 f., 103, 106–111, 117 f., 143 f., → Anspruch
Rechtsgesetz 11 f., 14, 21, 116, → Unrechtsgesetz
Rechtspositivismus 11 f., 13, 29 ff., → Recht, positives
Rechtsstaat 8, 22, 31, 37 f., 51, 56, 58 ff., 66, 68, 77, 81 ff., 86, 92 f., 115, 123, 150
Rechtszwang 81 ff., 85
reich/Reichtum 9, 16, 61, 65, 92, 121, 123, 154 f.
Richterrecht 29, 32, 105 f., 110, 115

Selbstbewußtsein 112, 115, 130, 142, 145, 169
Selbstsein 142 f., 160, 169
Selbstzweck 141 f., 145
Sittengesetz/-ordnung 27, 52, 54 f., 60, 76, 84, 93, 119, 123, 154
Sittlichkeit 44 ff., 82, 84, 119, 140, 166
sophia 112, 114, 135
Sozialstaat 38, 52 f., 123
Subjekt(ität) 40, 43, 58, 109, 131, 140, 170, → Prinzip der Subjektivität; Recht, subjektives
System 12, 17, 31, 46, 51, 55, 72, 89, 91 f., 111, 115, 117, 120, 127, 130
Systemtheorie 14, 28, 31, 111

Tapferkeit 135, 143, 166 f.
technê 8, 141, 161
Technik 8 f., 19 f., 31 f., 53 ff., 61, 63–66, 69, 79, 92, 113, 115, 138, 141, 144, 146, 153 f., 156, 161–164, 167, 169 f.
Terror(ismus) 114, 119 f., 124, 126 f., 134, 136 f., 142, 145, 169, 172
theion 165
theoria 132, 160
thymos/thymoeides 112, 133 ff., 145, 157, 164
Transzendentalität 14, 131 f., 162
Transzendenz 14, 130 ff., 171
Tugend 16, 64, 101, 113 f., 135, 144, 166 f., → *aretê*

Umwelt 17, 25, 30, 60, 62, 78 f., 117
Unfreiheit 8, 128, 172
Ungeheuer 24, 112, 114, 118, 133–138, 142 f., 145, 156–161, 163 ff., 169–172

Unmenschliches 9, 62, 112, 124, 137, 142, 156, 160 f., 164 f., 169 ff.
Unnatur 156, 161, 163
Unrecht 8 f., 20, 29, 92, 116 ff., 133 f., 172
Unrechtsgesetz (gesetzl. Unrecht) 29, 115–118
Urteilskraft 20, 62
Utopie 66, 74, 171

Verfassungsrecht 26 f., 30, 32 ff., 37 f., 49, 52 ff., 57, 59, 67 f., 78, 84, 93 f., 105
Vernunft 7, 11, 19 ff., 23 f., 74 f., 87, 102, 109 ff., 126, 131, 140, 146 ff., 166, 171
Verrechtlichung 11 ff., 25, 27, 30 f., 107, 109 f., 116 f.
Vertragshandel 92, 94

Weisheit 112, 135, 166, → *sophia*
Werbung 53, 78, 89, 113, 126 f., 138 f., 153, 155, 173
Wert 46, 55 ff., 67, 71 f., 118, 126 f., 139 f., 163
Wille 15, 24, 33–36, 40–49, 65, 73–76, 83, 91, 94 ff., 108 ff., 126 f., 139, 152, 163, 171
Wissenschaft 7, 9, 21, 32, 35, 65 f., 100, 102, 110, 124, 128, 130, 145–149, 153, 157 f., 161 f., 164 f., 167, 171
Würde 53, 56, 68, 76, 104, 111, 114, 127, 139–143

zoon logon echon 104, 114, 131, 158, 166
zoon politikon 104, 114, 131, 134, 158